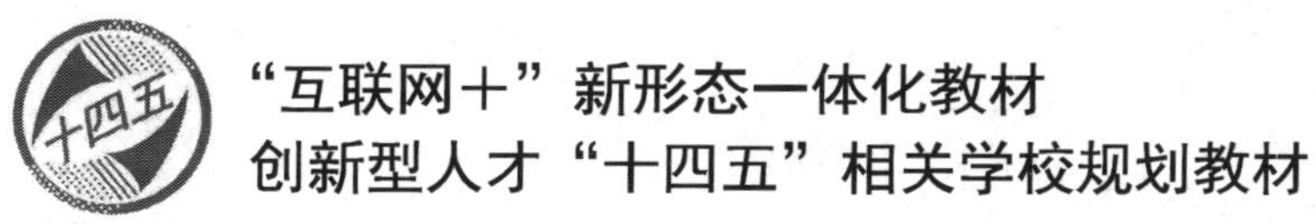


“互联网+”新形态一体化教材

创新型人才“十四五”相关学校规划教材

# 数据营销

主　编　夏治坤　李虹丽　罗慧慧

副主编　黄雨晴　卢海璇　蔡　翔
罗　军　陈慕莹　崔　萌
余　珺　董京霞

中国商业出版社

**图书在版编目（CIP）数据**

数据营销 / 夏治坤，李虹丽，罗慧慧主编. -- 北京：中国商业出版社，2023.12
ISBN 978-7-5208-2849-9

Ⅰ. ①数… Ⅱ. ①夏… ②李… ③罗… Ⅲ. ①网络营销 Ⅳ. ①F713.365.2

中国国家版本馆 CIP 数据核字(2023)第 247301 号

责任编辑：黄世嘉

中国商业出版社出版发行
（www.zgsycb.com 100053 北京广安门内报国寺 1 号）
总编室：010-63180647 编辑室：010-63033100
发行部：010-83120835/8286
新华书店经销
北京宝莲鸿图科技有限公司印刷
*
787 毫米×1092 毫米 16 开 17 印张 378 千字
2023 年 12 月第 1 版 2023 年 12 月第 1 次印刷
定价：52.80 元
* * * *
（如有印装质量问题可更换）

# 前　言

进入新时代，我国开启全面建设社会主义现代化国家新征程。大数据从“前沿技术”变为“重要应用”，将成为实体经济数字化转型的关键动力。大数据本身不仅能代表价值，还能创造价值。数据营销的价值就体现在产业全链条和企业经营各环节上，是产品设计、生产、营销、服务、创新的重要依据，贯穿产品生命周期中的各个阶段。

《数据营销》课程融合电商运营、大数据应用、营销学、统计学等学科，将数据分析运用到网店经营中的技能课程，是电子商务专业群重要的核心骨干课程，也可作为其他专业对数据营销具体运作方式的认知和拓展课程。通过对本课程的理论和实践教学学习，要求学生能够掌握数据营销的基本概念、原理和方法，将所学知识和方法应用于企业的网店运营实践活动中，使学生掌握网店运营相关岗位所需要的专业技能，并通过各种教学活动的设计操作，提高学生走向工作岗位所需的综合性职业素质。通过本门课程的学习，让学生充分利用数据资源，掌握数据营销中常用的工作方法与手段，培养学生具备数据分析师、网站运营专员、网店运营专员等岗位所具备的数据化营销能力，满足企业网店经营需求的电子商务新型人才。

《数据营销》解决网店经营数据视域的“扎下根、留下来、稳得住、上得去”等四个方面的问题，分别是：店铺定位，通过对市场、店铺、产品等维度的分析，明确店铺的定位，解决店铺经营中“扎下根”的问题；流量提升，通过对关键词的优化与匹配和流量的导入，提升店铺的流量，解决店铺经营中的“留下来”的问题；服务与营销，通过对客户数据的分析、店铺主营数据的分析、提供服务质量等开展有针对性的营销，并辅助平台内外的营销工具的使用，解决店铺经营中的“稳得住”的问题；诊断与决策，通过对转化率和客单价等重要指标分析、店铺核心数据的诊断，制订未来店铺发展的计划，解决店铺经营中“上得去”的问题。

本书的主要特色如下。

**1．能满足不同人群学习**

本书资源丰富，课程配套的课件、习题、测试等内容齐全，能满足电子商务专业群学生及电子商务相关从业者的线上线下学习需要。

**2．正视企业经营的数据观**

本书以大数据发展背景为基础，重视电子商务市场变化对职业技能岗位和技能培养提出的新需要，帮助企业通过数据化的思维开展店铺营销。本书不仅是一种营销方法、工具、技术和平台，更是企业经营理念的改进、互联网营销模式的升级、现代服务范式的凝练。

3．突出立德树人的目标

本书课程内容融合素质建设，以围绕人才培养质量的提高为核心，寓价值观引导于知识传授和能力培养之中。课程通过教师、教材、教法等方面的改革，确保“谁来教”“教什么”和“怎么教”三个维度的素质教育效果。

4．注重“八个相统一”

“八个相统一”是习近平总书记对素质教育的重要要求，本书能把握好坚定高校教育的方向问题、确保人才培养的内涵外延、辩证课程素质的正反问题、尊重认知事物的客观规律、理顺教学实施的个性共性、把握教学过程的主观因素、讲究知识汲取的方式方法、优化教育传播的内化效果等方面的统一。

本书由夏治坤、李虹丽、罗慧慧担任主编；蔡翔、罗军、陈慕莹、黄雨晴、卢海璇、崔萌、余珺、董京霞担任副主编。具体编写分工如下：夏治坤负责编写项目三、项目四；李虹丽负责编写项目一、项目二；罗慧慧负责编写项目五；项目六、项目七由蔡翔、罗军、陈慕莹共同编写；项目八、项目九由黄雨晴、卢海璇、崔萌、余珺、董京霞共同编写。全书由夏治坤总纂并统稿。

本书在编写过程中，参考了大量的书籍、文献资料、网络数据等，引用了许多专家学者的研究成果，借鉴了许多一线网店经营和数据营销从业者的做法，在此对他们表示衷心的感谢。同时，在教材编写过程中，得到了刘齐萍的支持和帮助，在此对她表示深深的感谢。为方便教学，本书还配有教学资料包，可联系 bhhwbook@163.com。

由于编写时间仓促，编者水平有限，书中难免有一些疏忽和不成熟之处，恳请读者、专家和同人批评指正，以便进一步修改和完善。由于编写时间仓促，编者水平有限，书中难免有一些疏忽和不成熟之处，恳请读者、专家和同人批评指正，以便进一步修改和完善。

编　者

2023 年 9 月

# 目　录

# 项目一　网店定位数据分析与营销

网店定位是指一个网店瞄准某一些客户群体销售产品。通常结合店铺自身情况开展宏观和微观环境分析，借助网络开展调研，了解产品的行业信息和市场情况，再运用 STP 等分析方法对网店进行定位分析。对网店的产品和人群进行定位，对比竞争对手形成独特的销售卖点，并结合电子商务产品概念，对网店商品进行定义，形成网店的产品结构。

## 任务一　网络市场数据分析与营销

【学习目标】

（一）知识目标

了解店铺市场分析方法的基本构成；掌握 PEST 分析法；掌握 SWOT 分析法。

（二）能力目标

能结合店铺自身情况，运用 PSET 分析法，分析店铺所处的外部环境。

能结合店铺外部环境因素和内部能力因素，运用 SWOT 分析法，制定店铺的营销策略。

能运用赫芬达尔—赫希曼指数来计算店铺主营商品的市场容量和市场竞争程度。

（三）职业目标

通过了解不同店铺市场分析方法创始人的研究思想，培养学生的思维洞察能力。

培养学生店铺市场分析方法、思维能力和创新能力。

【学习关键词】

PSET 分析法、SWOT 分析法、市场容量、市场竞争程度、赫芬达尔—赫希曼指数。

【课程案例】以史为鉴：姜子牙的经商经验

姜子牙垂钓于渭水之滨，遇见西伯侯姬昌，拜为太师，尊称太公望，成为首席智囊，辅佐姬昌建立霸业。但姜子牙在分析市场方面并不高明，《封神演义》原著小说中，姜子牙创业一共做了四回生意，分别是自编笊篱不懂推销、卖面粉被风吹得精光、开酒店猪羊肉都焖蒸腐烂、贩卖牛马猪羊遇上官府禁止屠宰牲口，每次都以失败而告终。姜子牙不懂市场，做了一笔笔赔本生意。他的失败经验告诉我们，做生意有四忌：忌不会推销、忌不因地制宜、忌不合时宜、忌信息不通。

他此前虽历经波折却也从未放弃学习天文地理、军事谋略，研究治国安邦之道。机会总是眷顾有准备的人，姜子牙最终被姬昌赏识，开启了他的从政事业。从姜子牙的一生可以看出，他是一个百折不挠的创业者。虽然历经种种磨难，先后几次创业失败，半生微寒却不折心志，最终才创业成功。

**知识映射：**失败是成功之母。

【课程案例】以今为用：拼多多的错位发展

2012 年后，淘宝上市，出于品牌考量，2015 年开始加大打假力度，低价低质的商品难以获取流量，淘宝流量见底，低端用户在淘宝上难以再买到东西。在阿里巴巴推出天猫商城之后，大量淘宝流量开始向品牌商倾斜，流入天猫商城。2015 年至 2017 年间，在阿里系与京东系的激烈竞争中，两大阵营的客单价在逐渐提升，产品和用户开始升级，导致低端消费市场逐渐被淡化。

拼多多是主打爆款路线、低价路线、性价比路线，把淘宝不那么重视的市场，硬生生地抢了回来。而拼多多通过微信推荐的模式，获得的又正好是那些非常在意性价比的用户，因此，成为一个全新的互联网新平台，并于 2018 年 7 月 26 日正式上市。

对于一线城市来说，拼多多或许是消费降级，而对于三、四、五线城市，拼多多反而做的是消费升级。在阿里巴巴忙着“淘宝农村”、京东抢滩“京东下乡”的时候，拼多多悄无声息在三、四、五线城市做出了一个 3 亿用户的增量市场。

（资料来源：拼多多，社交红利第一拼．知乎．https://zhuanlan.zhihu.com/p/55338821）

**知识映射：**坚持本分的价值观。

## 一、PEST 分析

### （一）PEST 模型概念

PEST 模型是美国学者格里 · 约翰逊与凯万 · 斯科尔斯于 1999 年在《公司战略教程》中提出的，PEST 模型是战略咨询顾问用来帮助组织检阅其外部宏观环境的一种方法。宏观环境的分析，即一般环境，是指影响一切行业和企业的各种宏观力量。不同行业和店铺根据自身特点和经营需要，宏观环境因素分析的具体内容会有差异。

### （二）PEST 分析法的组成

PEST 分析法，是从政治（Politics）、经济（Economic）、社会（Society）、技术（Technology）四个方面，基于店铺战略的眼光来分析企业外部宏观环境的一种方法。

1．政治环境

政治环境包括一个国家的社会制度、执政党的性质、体制、方针政策、法律法规等方面。不同的国家有着不同的社会性质，不同的社会制度对组织活动有着不同的限制和要求。即使社会制度不变的同一国家，在不同时期，由于执政党的不同，其政府的方针特点、政策倾向对组织活动的态度和影响也是不断变化的，这些因素常常影响着店铺的经营行为。其中，不可逆转性政治法律环境一旦影响到店铺，就会发生十分迅速和明显的变化，而店铺是无法逃避和转移这种变化所带来的影响的。

2．经济环境

经济环境包括企业在制定战略过程中需要考虑的国内外经济条件、宏观经济政策、经济发展水平等多种因素，经济环境可分为宏观和微观两个方面的内容。宏观经济环境主要是指一个国家的人口数量及其增长趋势，国民收入、国民生产总值及其变化情况，以及通过这些指标能够反映的国民经济发展水平和发展速度。微观经济环境主要是指企业所在地区或所服务地区的消费者的收入水平、消费偏好、储蓄情况、就业程度等因素。

3．社会环境

社会环境包括一个国家或地区的居民教育程度和文化传统、民族特征、宗教信仰、风俗习惯、审美观点、价值观念等。文化水平会影响居民的需求层次；宗教信仰和风俗习惯会禁止或抵制某些活动的进行；价值观念会影响居民对组织目标、组织活动以及组织存在本身的认可与否；审美观点则会影响人们对组织活动内容、活动方式以及活动成果的态度。

4．技术环境

技术环境包括企业业务所涉及国家和地区的技术水平、技术政策、新产品开发能力以及技术发展的动态等。还包括国家对科技开发的投资和支持重点、该领域技术发展动态和研究开发费用总额、技术转移和技术商品化速度、专利及其保护情况等。

## 二、SWOT 分析

### （一）SWOT 分析法概念

SWOT 方法诞生于 20 世纪 60 年代，最早出现在《业务策略：文本和案例》一书中。后由美国旧金山大学的管理学教授海因茨·韦里克于 20 世纪 80 年代初进行完善，以肯尼斯·安德鲁斯与迈克尔·波特为代表进行扩充，形成了结构化的一种战略分析方法，经常被用于企业战略制定、竞争对手分析等场合，也是用于帮助企业把握与发展目标相关的外部和内部的环境与资源的重要工具。

### （二）SWOT 分析法的组成

SWOT 分析法包括四个方面，分别是：S（Strengths）代表优势、W（Weaknesses）代表劣势、O（Opportunities）代表机会、T（Threats）代表威胁。按照企业竞争战略的完整概念，战略应是一个企业“能够做的”（组织的强项和弱项）和“可能做的”（环境的机会和威胁）之间的有机组合。外部环境因素包括机会因素和威胁因素，它们是外部环境对企业的发展直接有影响的有利和不利因素，属于客观因素，内部环境因素包括优势因素和劣势因素，它们是企业在其发展中自身存在的积极和消极因素，属主观因素。

优势主要包括有利的竞争态势、充足的财政来源、良好的企业形象、技术力量、规模经济、产品质量、市场份额、成本优势、广告攻势等。

劣势主要包括设备老化、管理混乱、缺少关键技术、研究开发落后、资金短缺、经营不善、产品积压、竞争力差等。

机会主要包括新产品、新市场、新需求、市场壁垒解除、竞争对手失误等。

威胁主要包括新的竞争对手、替代产品增多、市场紧缩、行业政策变化、经济衰退、客户偏好改变、突发事件等。

### （三）构造 SWOT 矩阵

将调查得出的各种因素根据轻重缓急或影响程度等排序方式，构造 SWOT 矩阵。在此过程中，将那些对企业发展有直接的、重要的、大量的、迫切的、久远的影响因素优先排列出来，而将那些间接的、次要的、少许的、不急的、短暂的影响因素排列在后面。SWOT 分析矩阵实际上是对企业内外部条件进行综合和概括，进而分析组织的优势劣势、面临的机会和威胁的一种方法。SWOT 分析可以通过 SWOT 分析矩阵图反映企业的战略全景。

一般来说，结论通常情况下是由四个组合，得出不同的战略方向（见表 1-1）。

将内部优势与外部机会进行匹配，得出 SO 战略并填入 SO 的格子中；

将内部劣势与外部机会进行匹配，得出 WO 战略并填入 WO 的格子中；

将内部优势与外部威胁进行匹配，得出 ST 战略并填入 ST 的格子中；

将内部劣势与外部威胁进行匹配，得出 WT 战略并填入 WT 的格子中。

表 1-1 SWOT 战略匹配

| | 优势（Strengths）<br>S1、S2、S3… | 劣势（Weaknesses）<br>W1、W2、W3…… |
|---|---|---|
| 机会（Opportunities）<br>O1、O2、O3…… | S-O 战略<br>（发挥优势利用机会的战略）<br>SO1、SO2、SO3…… | W-O 战略<br>（利用机会克服弱势的战略）<br>WO1、WO2、WO3…… |
| 威胁（Threats）<br>T1、T2、T3…… | S-T 战略<br>（利用优势回避威胁的战略）<br>ST1、ST2、ST3…… | W-T 战略<br>（减少弱势回避威胁的战略）<br>WT1、WT2、WT3…… |

在完成环境因素分析和 SWOT 矩阵的构造后，便可以制订出相应的行动计划。制订计划的基本思路是：发挥优势因素，克服劣势因素，利用机会因素，化解威胁因素；考虑过去，立足当前，着眼未来。运用系统分析的综合分析方法，将排列与考虑的各种环境因素相互匹配起来加以组合，得出一系列店铺未来发展的可选择对策。

## 三、市场容量分析

### （一）电子商务市场容量概念

在对电子商务市场进行分析时，市场容量分析不可缺少，电子商务市场容量分析主要是分析研究市场容量的情况。电子商务市场容量是指在不考虑相关的产品的价格以及相关的供应商的策略下，在一定的时间、一定的平台上，市场能够容纳的单位产品数量。

电子商务市场容量是由通过互联网使用价值需求总量和基于互联网可支配货币总量两大因素构成的。仅有通过互联网使用价值需求的消费群体，而没有基于互联网可支配货币的消费群体，是电子商务市场的贫困消费群体；仅有基于互联网可支配货币的消费群体，而没有通过互联网使用价值需求的消费群体，是电子商务市场持币待购群体或十分富裕的群体。这两种现象均称为因消费条件不足而不能实现的电子商务市场容量。

### （二）电子商务市场容量分析方法

对于电子商务行业来说，在挖掘相应的需求后，决策是否选择进入一个目标行业，是否上架对应产品必须考虑其市场容量。对电子商务市场容量进行分析，是电子商务行业分析和市场调研中的重要手段，主要包括以下两种分析方法。

1．自上而下的电子商务市场容量分析方法

（1）大市场推算法

大市场推算法通常是确定目标市场，从目标市场更大的上一级市场往下推算的方式。上一级市场，既可以是区域意义上的，也可以是行业意义上的。这样的推算通常适合上一级市场规模更易获取数据和进行估算，并且大市场和小市场份额相对稳定或者份额变动易知的情况。

（2）关联数据推算法

关联数据是指和目标市场发展的相关性较高的数据，通常是宏观数据，包括出生率、总人口、GDP、进出口总额等，通过与这些高相关性的宏观数据，进行回归分析，实现预测。

（3）同类对标法

在市场发展的过程中，已经存在的美国、欧洲、日本等市场类似的发展路径时期的规模，以此为据进行估算。估算逻辑如下：

目标行业市场规模=对标同类市场规模/对标同类关联数据×目标行业关联数据

2．自下而上的电子商务市场容量分析方法

（1）细分市场加总法

细分市场是指不同的细分领域加总在一起。通常适用于市场内产品可穷举，并且能够获得精准的数据。估算逻辑如下：

$$目标行业市场规模=\sum 目标行业细分市场规模$$

每个细分市场的销售额都是销量乘以平均单价，销量可以根据当前的销量和发展趋势进行估算。

$$\sum 销售额=\sum 销量\times 平均单价=\sum 当前销量\times（1+发展趋势）\times 平均单价$$

（2）需求渗透率分解法

根据产品的目标人群的需求出发，来测算目标市场的规模。适用于估算大市场，或者没有明显可替代品的市场。估算逻辑如下：

目标市场规模=目标需求人群数量×渗透率×目标行业产品均价

### （三）电子商务市场容量分析的原则

在需要精确估算的时候，电子商务市场容量按照细分市场加总，拆到细分市场上做细致估算。这时候要注意以下几个重要原则。

#### 1．MECE 原则

MECE 原则是由《金字塔原理》作者巴巴拉·明托于 1973 年提出，也是麦肯锡思维过程的一条基本准则。MECE 即为“相互独立，完全穷尽”，也就是对问题的分析，能够做到不遗漏、不重复，从而直达问题的核心，并找到问题的解决方法。不遗漏、不重复是指在将某个整体划分为不同的部分时，必须保证划分后的各部分符合以下要求。

（1）完整性（无遗漏）

完整性是指分解工作的过程中不要漏掉某项，意味着问题的细分是在同一维度上并有明确区分、不可重叠的。

（2）独立性（无重复）

独立性强调每项工作之间要独立，无交叉、不重复，意味着问题的分析要全面、周密。

#### 2．二八法则

二八法则又称“80/20 定律”“帕累托法则”，被广泛应用于社会学及企业管理学等。二八法则是 19 世纪末 20 世纪初意大利经济学家帕累托提出的。他认为，在任何一组事物中，最重要的只占其中的约 20%，其余 80%尽管是多数，却是次要的，因此称为“二八法则”。1897 年，意大利经济学者巴莱多注意到 19 世纪英国人的财富和收益模式。在调查取样，发现大部分的财富流向了少数人手里。研究还发现，生活中也存在这种不平衡的现象。因此，二八法则成了这种不平等关系的简称，不管结果是不是恰好为 80%和 20%。习惯上，二八法则讨论的是顶端的 20%，而非底部的 80%。根据二八法则，电子商务市场容量分析应抓住核心市场，适当舍弃细枝末节。

### （四）赫芬达尔一赫希曼指数

#### 1．赫芬达尔一赫希曼指数的概念

赫芬达尔一赫希曼指数，简称“赫芬达尔指数”，是一种测量产业集中度的综合指数。它是指一个行业中各市场竞争主体所占行业总收入或总资产百分比的平方和，用来计量市场份额的变化，即市场中厂商规模的离散度。

赫芬达尔指数能区别企业以市场占有率为基础的市场结构。赫芬达尔指数（Herfindahl Index）的计算方法如下：

（1）取得竞争对手的市场占有率，可忽略过小的竞争对手。

（2）将市场占有率平方。

（3）将这些平方值加总。

赫芬达尔一赫希曼指数是用某特定市场上所有企业的市场份额的平方和来表示，其公式为：

$$HHI = \sum_{i=1}^{N} (X_i / X)^2 = \sum_{i=1}^{N} S_i^2$$

其中，$X$ 代表市场的总规模，$X_i$ 代表 $i$ 企业的规模，$S_i=X_i/X$ 代表第 $i$ 个企业的市场占有率，$N$ 代表该产业内的企业数。

2．赫芬达尔指数特点

赫芬达尔指数是产业市场集中度测量的重要指标，具有如下特点。

（1）当独家企业垄断时，该指数等于 1，当所有企业规模相同时，该指数等于 1/$N$，故而这一指标在 1/$N$～1 之间变动，数值越大，表明企业规模分布的不均匀度越高。

（2）兼有绝对集中度和相对集中度指标的优点，并避免了它们的缺点。因为该值对规模较大的上位企业的市场份额反应比较敏感，而对众多小企业的市场份额小幅度的变化反应很小。

（3）可以不受企业数量和规模分布的影响，较好地测量产业的集中度。

## 四、店铺选款

### （一）选品的意义

1．行业竞争程度存在着差异

行业竞争太大，类目产品的数量多。在众多电子商务平台上普遍存在的规律就是冷门的竞争小，热门的竞争大。如果店铺目前状态是新店，还没有一定的基础和稳定的货源，可以考虑选择小类目的商品或冷门商品经营。反之，如果店铺在平台之上有一定的积累，可以适当结合店铺的重点选择大类商品或热门商品经营。

2．产品定位的需要

同类目进行比较，定位不同，针对的消费群不同，选品就意味着要充分考虑消费人群。在确立了店铺定位之后，需要结合店铺定位去选择商品。

3．消费群体大小

产品定位、价格直接影响了消费群体。一般来说，高端品的消费人群比低端品的消费人群小。但在长尾理论的支撑下，小众人群也有广泛的市场。

#### 4．消费市场的应季性变化

在普通消费市场上，很多商品都存在明显的季节性，这类产品往往只卖短期。当然，有部分商家也会打出反季销售的旗号，提前将库存的商品进行处理，达到回笼资金、渗透市场的目的。

### （二）热销商品选择注意事项

#### 1．注重消费文化

在消费产品、消费场景、消费升级不断影响消费市场的时候，消费文化的因素也不能忽视。店铺运营需要研究电子商务平台上的消费文化，总结出不同消费习惯和喜好的用户。

#### 2．避免跟风选品

选品主要是解决卖什么、怎么卖的问题。作为商家往往会遇到这样的问题，选品看同行，同行做得好的，自己就去选择做。这种做法无疑是正确的，但往往是很考验运营人员能力的，对市场数据与用户人群做不到精准分享，是很难作出效果的。只以单个平台的热销榜为参考，不进行市场分析，很容易造成产品同质化。

#### 3．避免过分追求差异化

选品时贪多求全、过分追求差异化，也很容易造成运营效果不佳。一款简单的商品，设计出不同的颜色，再贴上不同的 SKU，很容易分散消费者的注意力，且不容易形成商品的特色，销量也就很难做好。

### （三）影响选品的因素

#### 1．消费观念因素

在消费观念日益趋于理性的情况下，“卖什么，怎么卖”是一直困扰商家的问题。商家在做市场调查时，应该走访店面与网上查阅，充分了解消费市场，以及当地二手市场、网红市场情况。

#### 2．平台技术因素

依托平台进行站内选品，评估销量好且利润高的产品，或者通过第三方工具协助选品时，平台数据可以为商家提供有力的支持，以此提升选品的成功率。

#### 3．价格利润因素

在试销阶段，如果产品价格很高，意味着产品生产成本很高。一旦滞销积压，则成本更高。中小商家多数财力有限，只有寻求单件产品的利润才能获取较高的利润。在确定选品后，应根据自己的财力来确定采购量。另外，可将产品设定在一个较低价格区间，增加产品的竞争力，既便于快速出单，又能达到测试市场的目的。

4．风险因素

一般来说，只要符合国家规范的产品大都适于在平台上发布销售。对于部分商务服务、虚拟产品、某些大型设备、原材料类商品、危险品、国内外法律禁止销售的商品，必须避免。同时，选品一定要有质量保证，从店铺的长期发展来看，众多电商平台越来越注重有质量保障的产品。

（四）选款测试类型

测款需要用大数据来测试商品，来帮助店铺分析所测试的商品在市场上有没有竞争力，是不是受买家喜欢。在确定商品受买家青睐之后，再去作决定。通过测款找到热销或者有爆款潜质的商品。选款测试一般包括销量测款、流量测款、直通车测款。

## 五、单元思考

（一）判断题

1．自上而下的电子商务市场容量分析方法主要包括细分市场加总法和需求渗透率分解法。（　　）

2．PEST 分析法，是从政治、经济、文化、技术四个方面，基于店铺战略的眼光来分析企业外部宏观环境的一种方法。（　　）

3．SWOT 矩阵形成战略方向主要包括 SO、WO、ST、WT 四个方向。（　　）

4．选款测试主要参考因素一般包括收藏加购率、转化率、停留时间、访问深度、收藏/加购等因素。（　　）

（二）简述题

1．简述 PEST 分析法的四个因素及其组成。

2．简述 SWOT 分析法的组成。

3．简述电子商务市场容量分析的概念。

（三）课堂讨论

随着行业发展逐渐走向精细化、规范化，产业链底层、后端服务、供应链服务、数据服务、直播电商等对“人、货、场”赋能的重要性愈加凸显。这也给电子商务发展带来了各种不确定性。

讨论：以某个行业为例，谈谈在不确定的市场竞争中，开展网店市场分析的相关想法。

## 六、实战操练：店铺市场分析

（一）任务导入

2020 年 5 月，45 岁的王阿姨下岗了。当地政府组织了下岗职工进行再就业的活动，王阿姨积极参加了这项活动，申请到政府提供的 2 万元创业基金资助。根据能获取的产品资源，王阿姨决定开设一家户外用品的网上商店，结合当季特点，主打防晒类的户外用品。但是，她又非常犹豫，不知道选择哪种商品作为店铺主营商品。

请结合本节 PEST 分析法、SWOT 分析法、赫芬达尔－赫希曼指数等方法，帮助王阿姨选择网店主营商品。

（二）操作思路

1．运用 PEST 分析方法，选择店铺上架的商品，请分别结合国家、地方、行业等层面的政策、文件等，从政策、经济、社会、技术四个方面写出相应理由。

2．以上架商品关键词为对象，从淘宝直通车关键词词表中（https://www.dianchacha.com/），找到对应关键词所在类目对应排名，分别列举店铺的优势、劣势、机会、威胁四个方面因素，并用 SWOT 分析方法进行分析，制定对应策略。

3．运用赫芬达尔－赫希曼指数，计算对应商品的市场容量。

（三）小试牛刀

在淘宝平台上搜索当季商品关键词，开展市场容量与赫芬达尔指数分析。

# 任务二　网店 STP 数据分析与营销

【学习目标】

（一）知识目标

了解店铺产品定位的基本思路。
掌握 STP 的基本概念及组成。
掌握市场细分的作用、标准、步骤、条件。
掌握目标市场的定义、策略、竞争数据分析方法。
掌握波特五力模型。
掌握市场定位的定义、步骤及方法。
掌握 USP 理论的要点与选择方法。

（二）能力目标

能结合店铺商品情况，运用 STP 分析法，选择合适的市场细分标准划分市场。
能结合店铺情况，运用波特五力模型分析竞争环境，选择目标市场。
能结合店铺情况，运用马斯洛需求理论、USP 理论、店铺选款方法等，选择店铺合适的市场定位策略。

### （三）职业目标

适度运用 STP 理论开展店铺分析，避免过度细分市场，培养学生如何有效规避风险，适度调整和优化的能力。

能在充分挖掘用户需求的情况下，确定店铺的市场定位，培养学生团队协作、分析与优化能力。

## 【学习关键词】

STP 分析法、竞争分析法、波特五力模型、USP。

## 【课程案例】以史为鉴：士农工商的人群细分

古代所谓四民，指读书的、种田的、做工的、经商的。《管子·小匡》：“士农工商四民者，国之石（柱石）民也。”《淮南子·齐俗训》：“是以人不兼官，官不兼事，士农工商，乡别州异，是故农与农言力，士与士言行，工与工言巧，商与商言数。”

**知识映射：**审视士农工商的古代文化。

## 【课程案例】以今为用：旗袍先生演绎自己的蝶恋故事

在老家的柜子里，崔万志意外发现母亲的一套带盘扣中式服装，给了他创业的灵感。当时，网络上品质较高的旗袍店却很少。结合“小而美”电商的概念，崔万志决定从女装转为专精旗袍。2007 年他推出自己设计生产的淘宝女装品牌“蝶恋”，并很快占领了市场；2008 年“蝶恋”成为首批入驻淘宝商城（现已更名为天猫）的服饰品牌。2010 年，蝶恋品牌被评为阿里巴巴全球网商三十强，并被评为“我喜爱的女装品牌之一”。2012 年在网商大会荣获“全球十大网商”称号。他的创业经历及自身对旗袍的专业和热诚打动很多消费者，且主打原创设计，别具一格，很多女性购买高端旗袍都会首选“蝶恋”这个品牌。

**知识映射：**破茧成蝶的励志精神。

## 一、店铺市场细分

### （一）市场细分概念

市场细分的概念是美国市场学家温德尔·史密斯于 20 世纪 50 年代中期提出来的，指的是营销者通过市场调研，依据消费者的需要和欲望、购买行为和购买习惯等方面的差异，把某一产品的市场整体划分为若干消费者群的市场分类过程。每一个消费者群就是一个细分市场，每一个细分市场都是具有类似需求倾向的消费者构成的群体。细分市场不是根据产品品种、产品系列来进行的，而是从消费者的角度进行划分的，是根据市场细分的理论基础，即消费者的需求、动机、购买行为的多元性和差异性来划分的。市场细分对企业的生产、营销有着极其重要的作用。

1．有利于选择目标市场和制定市场营销策略

市场细分后的子市场比较具体，容易了解消费者的需求，企业可以根据自己经营思想、方针及生产技术和营销力量，确定自己的服务对象，即目标市场。针对较小的目标市场，便于制定特殊的营销策略。同时，在细分的市场上，信息更容易被了解和反馈，一旦消费者的需求发生变化，企业可迅速改变营销策略，制定相应的对策，以适应市场需求的变化，提高企业的应变能力和竞争力。

2．有利于发掘市场机会，开拓新市场

通过市场细分，企业可以对每一个细分市场的购买潜力、满足程度、竞争情况等进行分析对比，探索出有利于本企业的市场机会，使企业及时作出投产、异地销售决策，或根据本企业的生产技术条件编制新产品开拓计划，进行必要的产品技术储备，掌握产品更新换代的主动权，开拓新市场，以更好地适应市场的需要。

3．有利于集中人力、物力投入目标市场

任何一个企业的资源、人力、物力、资金都是有限的。通过细分市场，选择了适合自己的目标市场，企业可以集中人、财、物及资源，去争取局部市场上的优势，然后再占领自己的目标市场。

4．有利于企业提高经济效益

通过市场细分后，企业可以面对自己的目标市场，生产出适销对路的产品，既能满足市场需要，又可增加企业的收入；产品适销对路可以加速商品流转，加大生产批量，降低企业的生产销售成本，提高生产工人的劳动熟练程度，提高产品质量，全面提高企业的经济效益。

### （二）市场细分标准

市场细分标准有地理、人口、心理、行为等四个标准。

1．地理细分因素

地理细分因素有区域（国家、地区、城市、农村）、地形、气候、城镇规模、交通运输条件、人口密度等。

2．人口细分因素

人口细分因素有年龄、性别、家庭人口、家庭收入、职业、教育、文化水平、信仰、种族、国籍、家庭生命周期、宗教、社会阶层等。

3．心理细分因素

心理细分因素有生活方式、社交、态度、自主能力、服从能力、领导能力、成就感、社会阶层、生活方式、个性等。

#### 4．行为细分因素

行为细分因素有时机、追求利益、使用者地位、产品使用率、忠诚程度、购买准备阶段、对产品的态度，购买动机、购买状况、使用习惯、对市场营销因素的感受程度等。

### （三）市场细分步骤

#### 1．选定产品市场范围

店铺应明确自己在某行业中的产品市场范围，并以此作为制定市场开拓战略的依据。

#### 2．列举潜在客户的需求

可从地理、人口、心理等方面列出影响产品市场需求和客户购买行为的各项变数。

#### 3．分析潜在客户的不同需求

店铺应对不同的潜在客户进行抽样调查，并对所列出的需求变数进行评价，了解客户的共同需求。

#### 4．制定相应的营销策略

调查、分析、评估各细分市场，最终确定可进入的细分市场，并制定相应的营销策略。

### （四）市场细分条件

企业进行市场细分的目的是通过对客户需求差异予以定位，来取得较大的经济效益。产品的差异化必然导致生产成本和推销费用的相应增长，所以，企业必须在市场细分所得收益与市场细分所增成本之间做好权衡。由此，得出有效的细分市场必须具备以下特征。

#### 1．可衡量性

可衡量性是指各个细分市场的购买力和规模能被衡量的程度。如果细分变数很难衡量，就无法界定市场。

#### 2．可盈利性

可盈利性是指企业新选定的细分市场容量足以使企业获利。

#### 3．可进入性

可进入性是指所选定的细分市场必须与企业自身状况相匹配，企业有优势占领这一市场。可进入性表现在信息进入、产品进入和竞争进入。考虑市场的可进入性，实际上是研究其营销活动的可行性。

#### 4．差异性

差异性是指细分市场在概念上能被区别，并对不同的营销组合因素和方案都有不同的反应。

## 二、店铺目标市场

### （一）网店目标市场策略

目标市场是企业营销活动应该要满足的市场，也是企业为了实现经济效益、预期目标而要进入的市场。企业要投其所好，给目标消费群体提供产品和服务。企业确定目标市场之后，所有的活动都要围绕目标市场进行。

1. 填补市场空位

店铺把产品定位于目标市场上的空白处，避开市场的激烈竞赛，使店铺有一个从容发展的机会。但策略实施前应明确三个问题。一是市场空白处的潜在客户数量。市场出现空白，也许并非其他竞争者熟视无睹，而是该处缺少需求。二是技能上的可行性。企业要有足够的技术生产出市场所需求的产品，否则，企业即使选择了这种战略也只能望洋兴叹。三是经济上的合理性，企业填补市场空白能有利可图。

2. 与现有竞争者共存

店铺把自己的产品定位在某一个竞争者的同一位置上，与现有竞争者和平共处。对于竞争者，如果有足够的市场份额，其既得利益没有受到多大损害，一般是不会在乎身旁多出一个竞争对手的。由于剧烈的竞争常常会两败俱伤，许多实力不太雄厚的企业常常采用这种定位战略。

3. 逐步取代现有竞争者

当店铺实力非常雄厚，具备比竞争者更多的资源，能生产出比竞争者更好的产品时，不甘于与竞争者共享市场，则能够发动一场攻坚战，把现有竞争者赶出，取而代之。选用这种战略的原因：一是与店铺条件相符合的市场已被竞争者占据，并且这个市场的需求不够大，不足以让两个企业共同分享；二是店铺有雄厚的实力，想成为行业领先者。

### （二）竞争环境分析

细分市场可能具备理想的规模和发展特征，然而从盈利的观点来看，它未必有吸引力。波特认为有五种能力决定整个市场或任何一个细分市场的长期的内在吸引力。波特五力模型是迈克尔·波特于 20 世纪 80 年代初提出，五种能力分别为同行业内现有竞争者的竞争能力、潜在竞争者进入的能力、替代品的替代能力、供应商的讨价还价能力与购买者的议价能力。

1. 细分市场内激烈竞争的威胁

如果某个细分市场已经有了众多的、强大的或者竞争意识强烈的竞争者，该细分市场就会失去吸引力。如果该细分市场处于稳定或者衰退，生产能力不断扩大，固定成本过高，撤出市场的壁垒过高，竞争者投资很大，情况就会更糟。这些情况常常会导致价格战、广告争夺战，新产品推出，企业参与竞争，就必须付出高昂的代价。

2．新竞争者的威胁

如果某个细分市场可能吸引一些新的竞争者，而这些竞争者会增加新的生产能力和大量资源，并争夺市场份额，该细分市场就会没有吸引力。如果新的竞争者进入这个细分市场时遇到森严的壁垒，并且遭受到细分市场内原来企业的强烈抵触，便很难进入。保护细分市场的壁垒越低，原来占领细分市场的企业的抵触心理越弱，这个细分市场就越缺乏吸引力。某个细分市场的吸引力随其进退难易的程度而有所区别。最有吸引力的细分市场应该是进入的壁垒高、退出的壁垒低的市场。

3．替代产品的威胁

如果某个细分市场存在着替代产品或者有潜在替代产品，该细分市场就会失去吸引力。替代产品会限制细分市场内价格和利润的增长，企业应密切注意替代产品的价格趋向。如果在这些替代产品行业中技术有所发展，或者竞争日趋激烈，这个细分市场的价格和利润就可能会下降。

4．购买者讨价还价能力加强的威胁

如果某个细分市场中购买者的讨价还价能力很强或正在加强，该细分市场就没有吸引力。购买者便会设法压低价格，对产品质量和服务提出更高的要求，并且使竞争者互相斗争，所有这些都会使销售商的利润受到损失。如果购买者比较集中或者有组织，或者该产品在购买者的成本中占较大比重，或者产品无法实行差别化，或者客户的转换成本较低，或者由于购买者的利益较低而对价格敏感，或者客户能够向后实行联合，购买者的讨价还价能力就会加强。销售商为了保护自己，可选择议价能力最弱或者转换销售商能力最弱的购买者。较好的防卫方法是提供客户无法拒绝的优质产品。

5．供应商讨价还价能力加强的威胁

如果企业的供应商和设备供应商、公用事业、银行等，能够提价或者降低产品和服务的质量，或减少供应数量，该企业所在的细分市场就会没有吸引力。如果供应商集中或有组织，或者替代产品少，或者供应的产品是重要的投入要素，或转换成本高，或者供应商可以向前实行联合，供应商的讨价还价能力就会较强大。因此，应与供应商建立良好关系，积极开拓多种供应渠道。

（三）网店目标市场选择模式

市场中分布着各个年龄阶段、各个社会层次、各种兴趣爱好的消费者，需求是无限的，而企业所生产的产品或提供的服务是有限的，营销岗位的人员、资源同样有限，无法满足所有消费者的需求。因此，选择自己有能力占领和开拓，并且能带来最佳营销机会与最大经济效益的某个或几个细分市场，充分发挥现有的人、财、物优势是企业应有的策略。目标市场选择，一般包括以下五种模式。

1．市场集中化

企业选择一个细分市场，集中力量为之服务。较小的企业通常以这种形式填补市场的某一部分。集中营销使企业深刻了解该细分市场的需求特点，采用针对性较强的产品、价格、渠道和促销策略，从而获得强有力的市场地位和良好的声誉，但同时也隐含较大的经营风险。

2．产品单一化

企业集中生产某种产品，并向所有客户销售这种产品。这样，企业在这种产品方面具有较高的市场占有率，一旦出现其他品牌的替代品或消费者偏好转移，企业将面临较大威胁。

3．市场单一化

企业专门服务于某特定客户群，尽力满足各种需求。企业专门为这个客户群服务，能建立良好的声誉。一旦这个客户群的需求潜量和特点发生突然变化，企业需要承担较大风险。

4．有选择的单一化

企业选择几个细分市场，每个市场对企业的目标和资源利用都有一定的吸引力。但各细分市场彼此之间很少或没有任何联系。这种策略能分散企业经营风险，即使其中某个细分市场失去了吸引力，企业还能在其他细分市场盈利。

5．完全市场覆盖

企业力图用各种产品满足各种客户群体的需求，即以所有的细分市场作为目标市场，企业为不同年龄层次的客户提供各种档次的产品，一般只有实力强大的企业才能采用这种策略。

## 三、店铺市场定位

市场定位是在 20 世纪 70 年代由美国营销学家阿尔·里斯和杰克·特劳特提出的，其含义是指企业根据竞争者现有产品在市场上所处的位置，针对客户对该类产品某些特征或属性的重视程度，为本企业产品塑造与众不同的、给人印象鲜明的形象，并将这种形象生动地传递给客户，从而使该产品在市场上确定适当的位置。

### （一）市场定位方法

市场定位的核心是与众不同，即差异化。因此，市场定位战略可以理解为差异化战略，差异化可表现在许多方面。

1．产品差别化

产品差别化多种多样，企业要将各种差别化进行有效的组合，特别是在产品质量、价格、渠道、促销、款式、功能、使用场合、目标客户群体等方面进行有效的整合。

2．服务差别化

服务差别化是指企业向目标市场提供与竞争对手不同的优质服务。现代企业的竞争，既是产品的竞争，又是服务的竞争，特别是技术复杂的产品更强调服务。消费者特别重视厂家及商家提供的相应服务。当今市场，各个企业生产的产品，同价格水平的产品，其质量并无多大区别，比的就是产品服务水平。企业打造服务差异化，就要及时准确地传递产品各方面

的信息、订货的方便性、交货的及时与方便性，帮助客户安装调试，为客户提供培训、客户咨询、维修等服务。

3．企业形象差别化

企业形象是一个十分广泛的概念，泛指企业的厂容厂貌、建筑、设备、产品、员工、经营理念、价值观念、广告等。企业形象在消费者心目中是一个总体的印象，消费者购买了企业形象好的产品会感到放心，因此，企业要树立良好的企业形象，形成良好的企业文化。

## （二）市场定位的影响因素

不同的企业会采用不同的方式进行产品的市场定位，当然有时同一个企业也会运用不同的方式对产品进行市场定位，但是要保证定位的排他性特征。影响企业定位的主要因素有产品属性、产品的性价比、产品功能、使用者、产品类别和竞争者。

1．产品属性

每个产品都有其不同的属性，企业可以依据产品鲜明的属性特征定位。

2．产品性价比

产品性价比是一种产品区别于另一种产品的重要特征，基于产品性价比优势进行市场定位是一种有效的战略选择方式。

3．产品功能

强调产品的独特的功能会吸引相当一部分消费者，原因在于现在的消费者越来越追求独特功能的产品。

4．使用者

因此，必须关注不同的用户类型对产品有不同的需求，不同类型的产品应适应不同的用户。

5．产品类别

企业可以根据产品类别的不同（如餐饮类、卫生用品类等）进行产品的市场定位，以突出不同产品种类的差异。产品类别和特定需求直接能够产生品牌联想。例如，一提到快餐就联想到麦当劳。

6．竞争者

针对同行竞争对手的市场定位而确立自己企业产品的市场定位，也是一种有效的定位方法。

## （三）马斯洛需求挖掘策略

马斯洛理论把需要分成生理需要、安全需要、社交需要、尊重需要和自我实现需要五类，依次由较低层次到较高层次，从企业经营消费者满意战略的角度来看，每一个需求层次上的消费者对产品的要求都不一样，即不同的产品满足不同的需求层次。将营销方法建立在消费者需求的基础上考虑，不同的需求也即产生不同的营销手段。

1．马斯洛需求层次消费市场

根据五个需要层次，可以划分出五个消费者市场。

（1）生理需要

马斯洛需求层次中的生理需求是指人类生存必不可少的需求，一旦缺少，人类的生命就会受到威胁。满足最低需求层次的市场，消费者只要求产品具有一般功能即可。用户购买衣食住行的商品是满足生理需求，是产品的核心需求。对应在互联网产品中，就是指产品所满足的最基本的用户需求，即用户最开始使用此产品的原因。而要满足用户使用产品的“生理需求”，需要做到功能有效，即用户使用产品时能够达到自己的目的。

（2）安全需要

马斯洛需求层次中的安全需求是指人们对于安全感的追求。满足对“安全”有要求的市场，消费者关注产品对身体的影响，包括人身安全、健康保障、资源财产所有性等。关注喜欢的商家，追求固定可靠的店面消费，满足用户对产品的质量安全。商家了解物品销售情况，关注买卖趋势，满足商家财产安全需求。对应在互联网产品中，安全需求指的是用户在使用产品时反映的某一类需求。

（3）归属和爱的需要

马斯洛需求层次中的情感和归属需求是指对于人与人之间关系的需求，所以一般也叫作“社交需求”或“社会需求”。满足对“交际”有要求的市场，消费者关注产品是否有助于提高自己的交际形象，包括人与人之间的关系、互动、爱情、友情等。买卖产品的时候，与客户交流，寻求解疑，满足社交需求；与其他买家交流沟通，满足社交需求。这层需求是很多互联网产品的突破口。

（4）尊重需要

马斯洛需求层次中的尊重需求是指每个人都渴望得到个人和社会的尊重与认可。满足对产品有与众不同要求的市场，消费者关注产品的象征意义，希望个人能力获得认可，包括内部尊重和外部尊重。VIP 用户可以彰显用户身份，满足消费者的尊重需求。在互联网产品中，这意味着提供给用户“参与感”。

（5）自我实现需要

马斯洛需求层次中的自我实现需求是指实现个人理想、抱负的需求。满足对产品有自己判断标准的市场。消费者拥有自己固定的品牌需求层次越高，就越不容易被满足。因此，努力实现自己的潜力，使自己越来越成为自己所期望的人物。顶尖旗舰店是行业巨头，参与商品定价，管理其他旗下产品，是销售终端，满足自我实现需求。而互联网产品中，意味着用户可以通过产品，实现自己的个人价值。

2．马斯洛需求挖掘过程

（1）记录客户的反馈

在线客服是与客户离得最近的一个部门，无论是询单还是纠纷处理都可以掌握第一手的

客户真实需求资料。对询单内容和纠纷内容进行认真仔细的分析，是非常有必要的。

（2）要具备“发现需求”的能力，拥有“共鸣”的能力

要和客户产生“共鸣”，就必须是和客户密切相关的，店铺能做的就是换位思考，站在客户角度去思考问题，才能利用“共鸣”机制发现客户的潜在需求。很多客户的潜在需求是依靠自己去发现的，不断地用换位思考的方式，发挥共情的机制，就是同理心，只要能发现需求，就能产生价值和利润。

（3）验证需求，剔除伪需求

观察客户做了什么而不是说了什么。由于客户大多数情况下都不知道自己实际的需求究竟是什么，通过客户调查报告得出的需求要经过验证，有的时候甚至从评价和聊天记录获得的需求都是“伪需求”，所以必须通过观察客户的实际行为和反馈，来验证这些需求，并且作出及时的调整动作。

## （四）USP 理论

独特的销售主张（Unique Selling Proposition，USP），表示独特的销售主张或“独特的卖点”，是罗瑟·瑞夫斯在 20 世纪 50 年代首创的。他认为，一个广告中必须包含一个向消费者提出的销售主张，而不是广告人员硬性赋予广告的东西。USP 理论着重对产品的聚焦，要么是在产品身上找差异；要么调整，制造产品差异；实在无法找到差异，就展现产品的另外一个方面。

### 1．独特卖点的三个要点

（1）独特，在竞争层面，独一无二占位

这种特殊性是竞争对手无法也不能提出的，必须是具有独特性的。每个 USP 必须对目标消费者作出一个主张，让消费者为之信服的品牌利益承诺，而且这个品牌承诺是独特的。

（2）利益承诺，在产品层面，有独特利益卖点

他强调产品有哪些具体的特殊功效，能给消费者提供哪些实际利益。它必须是其他品牌未能提供给消费者的最终利益，使品牌在消费者头脑中占有一定的位置，从而使消费者坚信该品牌所提供的最终利益是该品牌独有的、独特的和最佳的。

（3）有强劲的销售力，在用户层面，能够吸引购买

销售力要强劲有力，要做到集中，这是消费者相当关注的。因此，USP 理论对消费者的需求有实际和重要的意义；能够与消费者的需求直接相连，吸引消费者作出行动；必须是有说服力和感染力，从而为该品牌引入新的消费群，或从竞争品牌中把消费者吸引过来。

### 2．独特卖点的选择

构建独特的销售主张的可能性是无限的，最好的办法是发现市场上可以填补的空白点。需要注意的是，如果企业仅仅承诺而无法达到，这样的独特销售主张也可能会适得其反。常见的销售主张包括以下几点。

（1）最低的价格。

（2）最高的质量。

（3）独家提供者。

（4）最佳客户服务。

（5）最广泛的选择。

（6）最好的保障。

因此，在运用 USP 理论的时候，首先要研究产品，再提炼独特销售主张，通过合适的方式传播给消费者，以满足消费者利益，进而吸引大量消费者购买。实际操作中，往往是从产品众多价值点中选中一个真正有效的价值点，并且以创意加工的形式，推出一句有效的广告语。

## 四、单元思考

### （一）判断题

1．市场细分标准有地理、人口、心理、行为四个标准。（　　）

2．填补市场空位就是店铺把自己的产品定位在某一个竞争者的同一位置上，与现有竞争者和平共处。（　　）

3．服务差别化是本企业向目标市场提供与竞争对手不同的优质服务。（　　）

4．马斯洛需求层次中的情感和归属需求是每个人都渴望得到个人和社会的尊重与认可。（　　）

### （二）简述题

1．简述 STP 的组成。

2．简述掌握波特五力模型。

3．简述马斯洛需求理论。

4．简述 USP 理论。

### （三）课堂讨论

在市场竞争激烈、产品同质化严重的今天，任何一款新品的问世都是一场无声的宣战，要想让自家产品率先拔得头筹，就需要店铺做好这“卖点”二字。

讨论：在商家个性化需求挖掘与消费者的理性消费之间，电商从业者应该如何做好自己的工作。

**知识映射**：理解理性消费。

## 五、实战操练：店铺 STP 分析

**知识映射**：通过实践，解决店铺定位分析的问题。

### （一）任务导入

改革开放以来，随着市场经济的不断发展和完善，国内服装市场将越做越大，市场细分则越来越小，国内服装市场的消费趋势将集中在精品化和个性化上。

王山山经营汉服网店，面临众多汉服网店同质化，无法找到其汉服经营的方向。王山山决定在网上开设店铺，经过前期市场分析，已经选择好对应的商品。首先，进行市场细分标

准；其次，根据网店目标市场策略、网店目标市场选择模式和波特五力模型选择目标市场；最后，运用马斯洛需求理论、USP 理论等，明确市场定位。

（二）操作思路

1．第一步

根据传统细分标准和电子商务市场细分规则，进行市场细分。

2．第二步

根据波特五力模型，研究现有竞争者的竞争能力、潜在竞争者进入的能力、替代品的替代能力、供应商的讨价还价能力与购买者的议价能力；根据店查查平台数据查询对于关键词的价格、月销量、收藏数、评价数、DSR、信用、所在地等，选择网店的目标市场。

3．第三步

运用马斯洛需求理论，分析消费者所在需求层次，并结合 USP 理论分析找出商品独特卖点，确定店铺商品的市场定位。

（三）小试牛刀

结合拟开设网店的商品，开展店铺市场细分、店铺的目标市场选择、店铺市场定位。

# 任务三　产品结构数据分析与营销

## 【学习目标】

（一）知识目标

了解电子商务产品的概念、分类、层次及产品特点。
了解电子商务商品类目与分类。
了解波士顿矩阵的基本概念及产品类别划分。
了解商品结构规划的概念和意义。

（二）能力目标

能区分电子商务产品与传统产品的特点。
能结合店铺情况和类目管理，商品上架管理。
能分析店铺的明星类产品、瘦狗类产品、问题类产品、金牛类产品。
能结合店铺需要，打造店铺的引流款、利润款、活动款、日常款、形象款。

（三）职业目标

理解商品规划在店铺运营中的作用，熟练掌握商品类目与商品结构之间的关系，培养学生正确的规划和策划能力。

能灵活地运用波士顿矩阵分析法，提高学生的理解能力和实践分析能力。

【学习关键词】

电子商务产品、商品类目、波士顿矩阵、商品结构、引流款、利润款、活动款、日常款、形象款。

【课程案例】以史为鉴：白圭的选品之道

白圭施展治水才能，解除了魏都城大梁的黄河水患，后弃政从商。《汉书》中说他是经营贸易发展生产的理论鼻祖，即“天下言治生者祖”。不同于别的商人喜欢经营珠宝玉器等赚钱的行业，白圭另辟蹊径，开辟了农副产品贸易这一新行业。提出“欲长钱，取下谷”的经营策略。白圭认为“下谷”等生活必需品，虽然利润较低，但是消费弹性小，成交量大，以多取胜，一样可以获取大利。他在谷类成熟的时候收购粮食，出售丝织品、漆类；在蚕丝收获的季节，收购帛絮，出售粮食，生意也因此越做越大。白圭的经商理论，为后世商人效法和借鉴。古代商人把他奉为祖师爷，宋景德四年（1007），真宗封其为“商圣”。

**知识映射：**中国传统“乐观时变”的经营理念。

【课程案例】以今为用：小米手机为发烧而生

小米手机目标市场定位于发烧友手机（18～30 岁），即习惯网络购物和从网络获取信息、对价格敏感的中等收入年轻人群。小米手机 Logo 蕴含着制造优良、工艺精良、耐用、便宜。其中，小米手机的操作系统由小米的近百万发烧友粉丝参与开发并改进，小米的 MIUI 系统每周一更新，系统更新的功能很大程度上由粉丝来决定。粉丝们投票选出最想得到的功能，由小米公司组建技术团队进行研发。MIUI 系统按照用户的需求进行大规模定制功能，准确地把握了市场的风向，赢得了良好的口碑。

**知识映射：**让所有人能够享受科技的乐趣。

## 一、电子商务产品

### （一）电子商务产品概念

电子商务产品是指在互联网经济条件下物质产品、信息产品和网络服务等的总称。它包括通过网络改造后的机器设备所生产出来的各种物质产品，在网络上所生产、流通的各类信息产品，还有网上所提供的各种劳动服务。

### （二）电子商务产品分类

依照产品的生产、使用和存在方式与信息网络关系的程度不同，把电子商务产品划分为网络生产产品、网络信息产品和网络服务三大类。网络生产产品的生产，直接或间接利用计算机技术和网络信息技术，但这些技术只是生产的必要条件，自然资源仍然是生产的主要资

源和基本要素。而网络信息产品和网络信息服务生产则完全依赖网络，网络成为生产它的必要和充分条件，对自然资源的依赖程度降到了次要地位。

### （三）电子商务产品层次

1988 年美国市场营销专家菲利普·科特勒出版了《市场管理：分析、计划、执行与控制》一书，提出了产品的三层结构理论。该理论认为，任何一种产品都可被分为三个层次：核心利益、有形产品、延伸产品。随着互联网出现，电子商务的学者又新增了期望产品和潜在产品。

#### 1．核心利益层次

核心利益层次是指产品能够提供给消费者的基本效用或益处，是消费者真正想要购买的基本效用或益处。

#### 2．有形产品层次

有形产品层次是产品在市场上出现时的具体物质形态，主要表现在五个方面：品质、特征、式样、商标、包装，是核心利益的物质载体。

#### 3．期望产品层次

以客户作为主导地位，消费呈现出个性化的特征，不同的消费者可能对产品要求不一样，因此产品的设计和开发必须满足客户这种个性化消费需求。

#### 4．延伸产品层次

延伸产品层次是指由产品的生产者或经营者提供的购买者需求，主要是帮助用户更好地使用核心利益和服务。

#### 5．潜在产品层次

潜在产品层次是在延伸产品层次之外，由企业提供能满足客户潜在需求的产品层次。它主要是产品的一种增值服务，它与延伸产品的主要区别是：客户没有潜在产品层次，仍然可以很好使用客户需要的产品的核心利益和服务。

## 二、网店产品结构

无论淘宝店铺大小，都必须考虑什么样的产品结构、流量结构，才能使商品销量达到理想的状态。产品结构失衡会影响店铺的经营，每个网店商家都需要对店铺进行合理的规划，以适应电商平台的变化和市场需求。

### （一）波士顿矩阵

#### 1．波士顿矩阵概念

波士顿矩阵（BCG Matrix），又称“市场增长率—相对市场份额矩阵”“波士顿咨询集团法”“四象限分析法”“产品系列结构管理法”等。波士顿矩阵由美国著名的管理学家、波士顿咨询公司创始人布鲁斯·亨德森于1970年首创。波士顿矩阵认为，一般决定产品结构的基本因素有两个：市场引力与企业实力。市场引力包括整个市场的销售量（额）增长率、竞争对手强弱及利润高低等。其中，最主要的是反映市场引力的销售增长率，这是决定企业产品结构是否合理的外在因素。企业实力包括市场占有率，技术、设备、资金利用能力等。其中，市场占有率是决定企业产品结构的内在要素，它直接显示出企业的竞争实力。通过以上两个因素的相互作用，会出现四种不同性质的产品类型，形成不同的产品发展前景：一是销售增长率和市场占有率“双高”的产品群（明星类产品）；二是销售增长率和市场占有率“双低”的产品群（瘦狗类产品）；三是销售增长率高、市场占有率低的产品群（问题类产品）；四是销售增长率低、市场占有率高的产品群（金牛类产品）。

2. 波士顿矩阵应用

波士顿矩阵对于企业产品所处的四个象限具有不同的定义和相应的战略对策。

（1）明星产品

明星产品是指处于高增长率、高市场占有率象限内的产品群，这类产品可能成为企业的金牛产品，需要加大投资，以支持其迅速发展。采用的发展战略是：积极扩大经济规模和市场机会，以长远利益为目标，提高市场占有率，加强竞争地位。发展战略以及明星产品的管理与组织最好采用事业部形式，由对生产技术和销售两方面都很熟悉的经营者负责。

（2）金牛产品

金牛产品又称“厚利产品”，是指处于低增长率、高市场占有率象限内的产品群，已进入成熟期。其财务特点是销售量大，产品利润率高、负债比率低，可以为企业提供资金，而且由于增长率低，也无须增大投资。因而成为企业回收资金，支持其他产品，尤其明星产品投资的后盾。金牛业务是指低市场成长率、高相对市场份额的业务，它是成熟市场中的领导者，是企业现金的来源。由于市场已经成熟，企业不必大量投资来扩展市场规模，同时作为市场中的领导者，该业务享有规模经济和高边际利润的优势，因而给企业带来大量财源。企业往往用金牛业务来支付账款并支持其他三种需大量现金的业务。

（3）问题产品

问题产品是指处于高增长率、低市场占有率象限内的产品群。前者说明市场机会大，前景好，而后者则说明在市场营销上存在些问题。其财务特点是利润率较低，所需资金不足，负债比率高。在产品生命周期中处于引进期、因种种原因未能开拓市场局面的新产品即属此类问题的产品。对问题产品应采取选择性投资战略。因此，对问题产品的改进与扶持方案一般均列入企业长期计划中。对问题产品的管理组织，最好是采取智囊团或项目组织等形式，选拔有规划能力，敢于冒风险、有才干的人负责。

（4）瘦狗产品

瘦狗产品又称“衰退类产品”，是处在低增长率、低市场占有率象限内的产品群。其财务特点是利润率低、处于保本或亏损状态，负债比率高，无法为企业带来收益。对这类产品应采用撤退战略：首先，应减少批量，逐渐撤退，对那些销售增长率和市场占有率均极低的产品应立即淘汰。其次，是将剩余资源向其他产品转移。最后，是整顿产品系列，最好将瘦狗产品与其他事业部合并，统一管理。

3．波士顿矩阵店铺对策

波士顿矩阵店铺对策，如表 1-2 所示。

表 1-2　波士顿矩阵对策

| 产品类别 | 产品对策 |
|---|---|
| 明星产品 | 在价格、款式、颜色等方面有一定卖点；训练员工销售中可能会遇到的问题；让客户相信店铺的商品是最好的；针对现有的客户群，激发新的创意；营造不一样的营销场景；改造原有的商品组合配套；创意营销主题；吸引客户进店；令客户眼前一亮；具有潮流感；具有一定特色；销售业绩有向上发展的趋势 |
| 金牛产品 | 大众化的价格、颜色及款式与其他的款式搭配；周六、周日放大陈列版面；针对现有客户的喜好设计产品组合；给客户营造主流品牌的感觉；重点搭配产品；有针对性地重复摆设；销售情况平稳 |
| 问题产品 | 考虑产品到底适合哪种客户；了解客户不接受产品的原因；往期产品风格与现有设计有哪些不同；让时尚度高的员工开展推荐；了解市场是否有上升的趋势；留意客户的关注度；注意特色的展示；持续不断地开展创新 |
| 瘦狗产品 | 只吸引老客户、年纪稍长的客户；产品存在风格老化与变化不大的情况；搭配畅销款产品；测试搭配新产品的效果；开展不同形式的产品展示；销售情况有下滑趋势；开展促销活动 |

## （二）商品结构规划

商品结构的布局与规划，不但影响到店铺的销售业绩，还影响到店铺抵御风险的能力。目前，市面上最常见且比较合理的商品结构规划也就是五大矩阵规划，包括引流款、利润款、活动款、日常款、形象款。

1．引流款

引流款是每一个店铺必备的产品款，引流款的主要作用是为店铺引流量，吸引更多的有意向的客户来店铺选购，提高店铺的人气。引流款一般是大众款，也就是很多客户可以接受的款式，产品质量过关，价格要实惠。一般来讲，引流款的利润很低甚至没有利润，其作用是能带动店铺的其他款的销售。引流款应具备以下特征。

（1）市场需求大，必须是属于大众款。

（2）必须满足点击率和转化率高的条件。

（3）价格有一定优势，供货必须稳定。

总之，引流款必备条件有大众款、物美价廉、转化高、高流量、高爆款、地域款式限制较少。对于引流款的营销策略，一般店铺前期都会依靠直通车或者参与钻石展位等付费手段快速地积累销量和抢占排名，去获得大量的免费流量。预算的很大一部分都要安排在引流款上。同时，引流款还要能够与店铺其他款搭配销售来提升销量。

2．利润款

利润款是店铺必备的产品款，是店铺长期运营的重要利润支撑，是为店铺带来最高利润的产品款。利润款产品一般会有一个特定的客户群体，产品要有独特的卖点、价格区间、商品款式等，这类产品可能价格设置稍高，但销量不高。利润款应具备以下这些特征。

（1）一般是小众产品，而不是大众产品。

（2）市场竞争相对来说会较小，产品的利润空间较大。

利润款应适用于目标客户群体里面某一特定的小众人群。这些人追求个性，利润款产品卖点及特点必须符合这一部分小众人群的心理。利润款前期选款对数据挖掘的要求较高，应该精准分析小众人群的偏好，分析出适合他们的款式、设计风格、价位区间、产品卖点等多方面因素。推广方面需要以更精准的方式进行定向推广，推广前同样需要少量的定向数据进行测试，或者通过预售等方式进行产品调研，以做到供应链的轻量化。

### 3．活动款

活动款一般是店铺开展促销活动的时候使用的，这类产品主要目的是店铺冲量或获取利润的目的、清仓、塑造品牌度等。因此，店铺必须根据自己要达到的目的来选款，冲量就选择库存多的；清仓就选尺码、规格不全的；曝光更高的商品选款为大众款。活动款一般包括以下几类。

（1）清仓产品。

（2）冲量产品。

（3）提升客户体验产品。

在活动款产品推出过程中，要有效地过滤贪图便宜产品的客户，这类客户不是店铺最终端的目标客户。活动产生的客户复购仅为一小部分，给老客户提供优惠及福利是提升复购率的有效办法。

### 4．日常款

日常款是也是店铺商品结构规划中必备的产品。日常款一般来说款式是多样的，会根据实际情况发生变化，可以在引流款快要衰退的时候变成引流款，也可以在活动的时候变成活动款，甚至必要的时候还可以成为利润款等。很多日常款本身也是围绕引流款展开。引流款可能没有满足引进流量中的某一类人群的需求，店铺就可以拓展这样的款式为日常款，尽量满足客户的需求。

对于日常款，店铺不会一开始直接安排大量的推广费。每个店铺预算都有限，不会直接利用大量的付费推广对其进行测款或者主推，而是先利用自身店铺引流款的流量，先观察日常款的表现趋势，如果日常款各项数据表现不错，有可能成为主推款的时候，店铺开始给它更多的推广预算，让它成为引流款。同时，当店铺引流款快要进入衰退期的时候，要在日常款中迅速地找出一个有潜力成为引流款的产品，然后把原本引流款的预算大部分都转移到这个潜力日常款上，迅速地把该产品发展成为引流款。

### 5．形象款

形象款主要承担的是品牌和店铺的形象，是支撑店铺的调性和信任感的产品，也是店铺品牌的门面。形象款可以帮助店铺提高消费者对店铺的形象和质量的认可。不过，形象款在

很多店铺中是没有规划的，特别在规模较小的店铺中，这一类款式的规划非常少。

形象款应该选择一些高品质、高调性、高客单价的小众产品，可以有3～5款，适合目标客群体里面的3～5个细分人群。形象款仅会占产品销售中极小一部分，店铺可以仅保留线上产品处在安全库存中，目的是提升店铺品牌的形象。

## 三、单元思考

### （一）判断题

1．电子商务产品层次一般包括核心利益层次、有形产品层次、延伸产品层次。（　　）

2．金牛产品是指处于高增长率、低市场占有率象限内的产品群。（　　）

3．利润款是店铺必备的产品款，是店铺长期运营的重要利润支撑，是为店铺带来最高利润的产品款。（　　）

4．电子商务产品的营销是传统产品营销在网络环境下的继承、发展和创新，建立在因特网上的网络产品营销不受时间和空间的限制。（　　）

### （二）简述题

1．简述电子商务商品类目与分类。

2．简述波士顿矩阵的基本概念。

3．简述引流款、利润款、活动款、日常款、形象款。

### （三）课堂讨论

部分网店抱着“广撒网”的营销思路，同时上架多个商品，指望能从平台获取一定流量。然而，上架的产品虽然非常多，很有可能新上架的商品都没有销量，这是会影响店铺的权重的，越没动销权重越低，权重越低越没动销。

讨论：新商品上架和旧商品下架对于商品的结构和店铺的影响。

**知识映射：**新旧事物的更替体现在每个领域，包括日常产品运营，是普遍规律。

## 四、实战操练：产品结构分析

**知识映射：**通过实践，解决产品结构分析的问题，提高解决问题的能力。

### （一）任务导入

小张所经营的店铺是一个三年店铺，目前还没对店铺进行产品结构规划。由于网店发展需要，拟对部分产品进行下架处理。请为小张梳理竞争对手店铺产品结构，帮助其对店铺进行产品结构规划。

### （二）操作思路

1．梳理店铺经营商品的市场销售增长率、市场占有率、利润等数据，以波士顿矩阵分析店铺的产品结构。

2．进入竞争对手店铺，分别梳理其引流款、利润款、活动款、日常款、形象款等，并分析其各款开展的营销策略。

### （三）小试牛刀

按照给定数据，分析以上数据，制作波士顿矩阵图。

# 项目二　关键词数据分析与营销

网店关键词是一个网店给商品设定的词汇或词汇组合，以便用户通过电子商务搜索引擎能搜到网店商品，网店关键词代表了网店的市场定位。如果选择的关键词不当，不仅使网店偏离市场定位，还会导致店铺商品无法被用户发现。

不同的搜索引擎有着不同的搜索算法，掌握搜索引擎算法和原理，有助于选定商品标题关键词。通过关键词优化，提高店铺和商品的搜索排名。

## 任务一　搜索引擎数据分析与营销

### 【学习目标】

（一）知识目标

了解搜索引擎的基本概念、发展历史、基本原理组成。理解搜索引擎的影响因素、搜索引擎算法。

了解搜索引擎的主要模式，并分别理解登录分类目录、搜索引擎优化、搜索引擎广告的应用。

（二）能力目标

理解搜索引擎中的抓取页面、预处理、建立索引、查询服务的运作流程。

能结合搜索引擎算法，分析影响因素。理解免费登录分类目录与收费登录分类目录不同的作用。

理解搜索引擎中关键词广告、关键词竞价、网页内容定位广告等广告形式。

（三）职业目标

从搜索引擎影响因素中得到启发，开展网站优化，提高网站排名，培养学生的思维拓展和迁移能力。

### 【学习关键词】

搜索引擎、搜索引擎的影响因素、搜索引擎算法、搜索引擎主要模式、登录分类目录、搜索引擎优化。

【课程案例】以史为鉴：子贡获取市场信息的方式

相传，孔子病危时，子贡未赶回。子贡觉得对不起老师，别人守墓三年离去，他在墓旁再守三年，共守六年。子贡在跟老师孔子周游列国期间，注重搜集商业信息，及时掌握行情，善于把握商机，有一年冬天，当他获知吴国军队将远赴北方作战时，便准备往吴国贩运丝绵。子贡组织人马，分成若干小组到鲁国各地采购丝绵，然后安排快车运往吴国。果然不出所料，啼饥号寒的吴国军队很快将丝绵抢购一空，子贡也大赚了一笔。

**知识映射：**不取不义之财的经营理念。

【课程案例】以今为用：携程网的 SEO 优化难以模仿

2016 年中国旅游集团二十强名单发布，携程旅游集团获得第一位。携程获得第一，业务的多少与网站的流量是分不开的。当今旅游网站的流量大部分是来自搜索引擎。携程网的很多关键词都有排名，这样就可以获得大量的流量。想要大量的流量，就需要大量的关键词，想获得大量的关键词，就需要做好网站的前期规划。对于大型旅游网站的 SEO 而言，要解决 SEO 策略问题，从关键词布局策略、内容优化策略、网站整体架构策略、反向链接策略等，都需要一个高度的策划思维。携程网充分了解各搜索引擎算法，对其算法的变化很快跟进，从而获取百万级别的免费搜索流量。

**知识映射：**一丝不苟的敬业精神。

## 一、搜索引擎概念

搜索引擎（Search Engine）为用户提供的搜索服务系统，收集了互联网上几千万到几十亿个网页并对网页中的每一个词（关键词）进行索引，建立索引数据库的全文搜索引擎。当用户查找某个关键词的时候，所有在页面内容中包含了该关键词的网页都将作为搜索结果被搜出来。再经过复杂的算法进行排序后，这些结果将按照与搜索关键词的相关度高低依次排列。

搜索引擎的工作原理可以分为四步：抓取页面、预处理、建立索引、查询服务。

### （一）抓取页面

搜索引擎本身并不生成内容，搜索引擎派出一个能够在网上发现新网页并抓文件的程序，这个程序通常称为“蜘蛛”（Spider），在网上爬行和抓取页面内容。搜索引擎从已知的数据库出发，就像正常用户的浏览器一样，访问这些网页并抓取文件。搜索引擎通过这些爬虫去爬互联网上的外链，从这个网站爬到另一个网站，去跟踪网页中的链接，访问更多的网页，这个过程就叫“爬行”。

总体来说，搜索引擎就是利用蜘蛛程序从互联网上自动访问互联网，将访问的网页进行收集和抓取，沿着任何网页中的所有统一资源定位系统（Uniform Resource Locator，URL）爬行到其他网页，重复这个过程，并把爬行过的所有网页收集回来。

## （二）预处理

### 1. 提取文字

搜索引擎以文字内容为基础。蜘蛛抓取到的页面中的 HTML 代码，除了用户在浏览器上可以看到的可见文字外，还包含了大量的 HTML 格式标签、Javascript 程序等无法用于排名的内容。搜索引擎预处理首先要从 HTML 文件中去除标签、程序，提取出可以用于排名处理的网页面文字内容。除了可见文字，搜索引擎也会提取出一些特殊的包含文字信息的代码。

### 2. 中文分词

分词是中文搜索引擎特有的步骤。搜索引擎存储和处理页面，以及用户搜索都是以词为基础。英文等语言单词与单词之间有空格分隔，搜索引擎的索引程序可以直接把句子划分为单词的集合。而中文词与词之间没有任何分隔符，一个句子中的所有字和词都是连在一起的。搜索引擎必须首先分辨字、词及字词组合的含义。

### 3. 去停止词

无论英文中文，页面内容中都会有一些出现频率很高，却对内容没有任何影响的词，搜索引擎在索引页面之前会去掉这些停止词，使索引数据主题更为突出，减少干扰因素。

### 4. 消除噪声

页面上还有对主题没有贡献的内容，如版权声明文字、导航条、广告等。以常见的博客导航为例，几乎每个博客页面上都会出现文章分类、历史存档等导航内容，但是这些页面本身与“分类”“历史”这些词都没有任何关系。用户搜索“历史”“分类”这些关键词时仅仅因为页面上有这些词出现而返回博客帖子是毫无意义的，完全不相关。搜索引擎需要识别并消除这些噪声，排名时不使用噪声内容。消噪的基本方法是根据 HTML 标签对页面分块，区分出页头、导航、正文、页脚、广告等区域，在网站上大量重复出现的区块往往属于噪声。对页面进行消噪后，剩下的才是页面主体内容。

### 5. 去重

搜索引擎还需要对页面进行去重处理。同一篇文章经常会重复出现在不同网站以及同一个网站的不同网址上，搜索引擎并不喜欢这种重复性的内容。用户搜索时，如果看到的都是来自不同网站的同一篇文章，虽然都是内容相关的，但是用户体验就很差。搜索引擎希望只返回相同文章中的一篇，所以在进行索引前还需要识别和删除重复内容，这个原理就称为“去重”。去重的基本方法是对页面特征关键词计算指纹，即从页面主体内容中选取最有代表性的一部分关键词，然后计算这些关键词的数字指纹。

## （三）建立索引

网页预处理最主要过程是为网页建立全文索引，之后开始分析网页，最后建立倒排文件（又称“反向索引”）。Web 页面分析有以下步骤：判断网页类型，衡量其重要程度，丰富程度，对超链接进行分析、分词，把重复网页去掉。经过搜索引擎分析处理后，Web 网页已经不再是原始的网页页面，而是浓缩成能反映页面主题内容的、以词为单位的文档。数据索引中结构最复杂的是建立索引库，索引又分为文档索引和关键词索引。

建立索引数据库，就是由分析索引系统程序对收集回来的网页进行分析，提取相关网页信息，根据一定的相关度算法进行大量复杂计算，得到每一个网页针对页面内容中及超链中每一个关键词的相关度或重要性，然后利用这些相关信息建立网页索引数据库。将蜘蛛抓取的页面文件分解、分析，并以巨大表格的形式存入数据库，这个过程就是索引（Index）。在索引数据库中，网页文字内容，关键词出现的位置、字体、颜色、加粗、斜体等相关信息都有相应记录。

### （四）查询服务

用户在搜索引擎界面输入关键词，单击“搜索”按钮后，搜索引擎程序即对搜索词进行处理，如中文特有的分词处理，去除停止词，判断是否需要启动整合搜索，判断是否有拼写错误或错别字等情况。

搜索词的处理，用户输入关键词进行检索，搜索引擎在索引数据库中搜索排序，从索引数据库中找到匹配该关键词的网页。首先，从索引数据库中找出所有包含搜索词的网页，并且根据排名算法计算出哪些网页应该排在前面。其次，按照一定格式返回到“搜索”页面。为了便于用户判断，除了网页标题和 URL 外，还会提供一段来自网页的摘要以及其他信息。因为所有相关网页针对该关键词的相关度提前算好，所以只需按照现成的相关度数值排序，相关度越高，网站排名越靠前。最后，由页面生成系统将搜索结果的链接地址和页面内容摘要等内容组织起来，按照一定格式返回到“搜索”页面。

## 二、搜索引擎影响因素

搜索引擎算法涉及的因素主要分为关键词、域名权重、外链分数、用户数据、内容质量、人工干预等六大因素。

### （一）关键词

#### 1. 网页 title 中关键词的处理

网页标题是对一个网页的高度概括。一般来说，网站首页的标题就是网站的正式名称，而网站中文章内容页面的标题就是文章的题目，栏目首页的标题通常是栏目名称。在浏览一个网页时，通过浏览器顶端的蓝色显示条出现的信息就是网页标题。在网页 HTML 代码中，网页标题位于<head></head>标签之间，其形式为<title>网页的标题</title>。

#### 2. H 标签中关键词的处理

H 标签是 HTML 语言对文本标题所进行的着重强调的一种标签，以标签<h1>、<h2>、<h3>到<h6>定义标题头的六个不同文字大小的标签，本质是为了呈现内容结构。H 标签共有六对，文字从大到小，依此显示重要性的递减，也就是权重依次降低。

3. 文本内容中关键词的密度

关键词密度是指在一个页面中，关键词占所有该页面中总文字的比例。该指标对搜索引擎优化起到关键的作用。相对于页面总字数而言，关键词出现的次数越多，关键词密度也就越大。其他文字出现的次数越多，关键词的比例就越低，则关键词密度越小。为提高在搜索引擎中的排名位置，网站中页面的关键词密度不能过高，也不要过低，一般在 2%～8%较为合适。

4. 外链中关键词的选择

外链是指在别的网站导入企业网站的链接，导入链接对于网站优化来说是非常重要的一个过程，导入链接的质量间接影响了网站在搜索引擎中的权重。其中，外链所依附的关键词，对于导入网站具有推荐作用，能提高网站在搜索引擎中的排名。

5. 域名中的关键词

国外电子商务网站中，域名含有关键词并不会觉得突兀，因为网址与关键词都是英文。而在国内，尽管可以采用中文域名，但有两方面的因素影响中文关键词的使用：一方面，是搜索引擎能否识别；另一方面，从访问者角度而言，英文域名也是被广泛接受的，建站时要尊重用户习惯，不要采用一些标新立异的手法，建议使用相关关键词的拼音作为域名。

## （二）域名权重

1. 域名注册前的历史问题

域名历史是一个域名的综合历史，包括域名建站时间、域名外链数量、域名的页面评级情况、域名评级等。如果注册了一个做过灰色历史的相关网站域名，对后面进行网站建设和优化影响会比较大，所以切记不要使用有灰色历史建过站的域名。如果能注册到和当前所从事的行业性质相关的网站域名，是非常合适的，对后面网站优化也会大有助益。

2. 域名注册时间的长短

老域名比新域名更容易获得搜索引擎的信任。随着网站运营时间越长，搜索引擎对网站的信任度就越高，网站权重也就越高。老域名有权重是有一定前提条件的，这个网站是一个长期正常运营的网站，时间越久，搜索引擎会越信任，其权重也就越高。如果一个网站注册了很久，但是一直未使用过，这样的域名其权重基本为零。

## （三）外链分数

1. 外链是否锚文本

锚文本可以作为对锚文本所在页面的内容进行评估的方式。首先，合理的站内锚文本外链指向会使引擎更加准确地认识文章的内容所要描述信息，从而使长尾关键词排名提升，网站权重增加。外部链接的锚文本也会给网站带来较高的关键权重。其次，外链的锚文本有助于搜索引擎抓取。锚文本外链具有强大的引导作用，合理地分布站外锚文本，会使搜索引擎蜘蛛更快速地抓取到本站。最后，外部链接的锚文本有助于增加用户体验。当用户浏览某一个页面的时候，可能文章的内容对用户而言不是非常有用，这个时候锚文本就起到了一种引导性的作用，通过锚文本，用户往往会更快更准确地找到需要的资料。

2．外链网站的权重

外链是指从其他网站导入自己网站的链接。这些导入的链接是网站优化的一个非常重要的过程，导入链接的质量直接确定搜索引擎中的站点的权重，高质量的外链可以为网站带来良好的排名和流量。

3．外链的相关度

导出外链的网站的关键词决定着它的主题性，与主题越相关，网站导出链接的相关性越高；与主题相关性越弱，网站导出链接的相关性越低。内容相关度既适用于整个网站的级别，也适用于页面级别。外链网站主题相关性对获得外链页面的作用影响比较大，外链建设时，要选择从主题相关的网站中获取外链，以此来提高网站关键词的排名。

### （四）用户数据

1．搜索引擎结果页面的点击率

搜索引擎结果页（Search Engine Results Page，SERP）是指搜索引擎对某个搜索请求反馈的结果页面。通常，一个典型的搜索结果页面包含了一个搜索结果的列表，大多数网站都有自己的搜索功能，而使用这个搜索功能就会出现一个搜索结果页来展示符合搜索要求的结果。用户往往从搜索引擎结果页面找到所需的信息，搜索引擎结果页面的点击率越高，说明呈现给用户的信息越有价值。

2．用户在网页上停留的时间

首先，用户停留时间是判断网站应用对用户价值的重要依据。当搜索引擎把导入流量给网站后，如果访客在网站中停留时间很短，搜索引擎就会判定该网站没有得到访客的认可，对访客价值不高，接下来搜索引擎就会减少流量导入。其次，用户在网页上停留时间的长短是判断网页对访客是否有价值的重要依据。如果访客进入网站在短时间内就离开，说明网站对其没有吸引力。最后，停留时间也是用户黏性及贡献的重要依据。用户停留的时间长，说明应用对用户的价值大，网站的黏性强。

3．域名的搜索量

用户通过直接输入域名进行搜索，说明用户的针对性很强。域名的搜索量越高，说明网站域名被认可的程度越高。点击搜索的时候，提升了关键词的搜索排名，域名相关搜索也会计算排名加分。

4．访问量

访问量即 Page View，简称“PV”。即页面浏览量，用户每一次对网站中的每个网页访问均被记录一次。用户对同一页面的多次访问，访问量累计。符合用户浏览的网站结构、高质量的网站主题内容、丰富而有价值的相关性外部链接，都能使提高网站的友好度，以获得在搜索引擎上的优势排名，为网站引入流量。

## （五）内容质量

### 1．内容的相关度

简单地说，网站内容相关度是指标题和内容的匹配和相关程度。如果标题里面有的关键词，而页面内容里面没有，这样就属于不相关。除了要求标题里面含相关内容，还需要标题含有的关键词在内容里面占有主要位置。标题是页面的主题中心，页面内容是围绕标题而展开的，都要符合用户需求。

### 2．内容的原创性

原创的内容可以让最终的浏览者停留时间变长，提升搜索体验。主流的自媒体平台有百家号、头条号、微信公众平台、搜狐号、企鹅号、大风号、网易号等。这些平台各有特点，但有一个共同的特点，是对高质量的原创内容的推荐程度非常高。各平台对于内容质量度都有自己的评估体系，总体来说包括有推荐、阅读、时长、评论、点赞、收藏、分享等指标。

### 3．内容的独特性

不管从网站优化角度还是内容营销的角度来看，内容的独特性都是非常重要的。搜索引擎会过滤掉重复的内容或者是完全堆砌而成的内容。独特的创作内容，不仅便于平台创作者形成自己独有的特色，还有利于搜索引擎的收录。

### 4．内容的时效性

时效性是指用户对搜索结果新旧程度的感知。对于用户来说，在满足需求的前提下，用户更加希望获得相对新鲜的资源。对于开发者来说，持续生产时效性高的优质内容，有利于获得更多的内容分发机会。时间因子是搜索引擎搜索判断收录、展示、排序结果的重要参考依据，目的是给用户提供更好的搜索体验，所以对于符合时间因子要求且时效性高的优质内容，搜索引擎会给予更快收录、更多展示、更好排名。

## （六）人工干预

### 1．投票机制干预

Web 2.0 时代内容创造的主体渐渐变为用户自身，搜索算法也逐步扩展为多重投票机制。主要针对搜索引擎自身产品和一些带有用户直接参与功能的网站。

### 2．人工干预选择

对于时政、财经等新闻需要人工进行强干预，弥补机器只能识别关键词和点击量，而无法准确地判断新闻价值的弊端。另外，视频的审核要比文字难得多，无法精确到具体每帧里面的文字和画面内容，选取一定数量帧来识别里面的内容画面有没有违规重复等，机器无法做所有的工作，更不能准确地判断网站有没有违规，视频的质量如何。因此，需要人工进行干预。

## 三、搜索引擎主要模式

### （一）登录分类目录

#### 1．免费登录分类目录

分类目录是将网站信息进行系统的分类整理，提供一个按类别编排的网站目录，在每类中，排列着属于这一类别的网站站名、网址链接、内容提要，以及子分类目录，可以在分类目录中逐级浏览寻找相关网站。

分类目录专案是建立在开放资源共享的理念上的，是唯一完全免费的大型目录。提交一个网站或使用目录数据不需要支付任何费用。开放目录专案的数据在同意遵守免费使用条款的情况下，任何人都可以免费使用，但是有很多权重比较高的分类目录一般网站是很难提交成功的。

#### 2．收费登录分类目录

收费登录分类目录，类似于原有的免费登录，仅仅是当网站缴纳费用之后才可以获得被收录的资格。一些搜索引擎提供的固定排名服务，一般也是在收费登录的基础上开展的。此类搜索引擎营销与网站设计本身没有太大关系，主要取决于费用。只要缴费，一般情况下就可以被登录，但正如一般分类目录下的网站一样，这种付费登录搜索引擎的效果也在逐渐降低。

搜索引擎注册是将网站基本信息（包括网址和摘要信息等）提交给搜索引擎的过程。由于分类目录本身所具有的特点，为了获得分类目录快速收录，在网站登录分类目录型搜索引擎时，避免使用“搜索引擎自助登录软件”进行提交。

### （二）搜索引擎优化

搜索引擎优化（Search Engine Optimization，SEO），又称“网站优化”，是通过对网站本身的优化以符合搜索引擎的搜索习惯，从而获得比较好的搜索引擎名次。搜索引擎优化不仅要符合搜索引擎的搜索习惯，更应该符合用户的搜索习惯。通过搜索引擎优化不仅要使网站获得好的搜索引擎名次，更应该使网站可以获得更多的业务机会和效益。搜索引擎优化对网站进行有针对性的优化，提高网站在搜索引擎中的自然排名，吸引更多的用户访问网站，提高网站的访问量，提高网站的销售能力和宣传能力，从而提升网站的品牌效应。

主要优化策略包括：在设计制作网站之前，要清晰设定网络的主题、用途和内容；创建有人气化的、有意义的引出链接，提高链接广泛度，既能提高在搜索引擎的排名，同时也可以起到互相宣传的作用；关键词设定要突出，它决定网站是否能被用户搜索到，因此在关键词的选择上要特意注意；网站架构层次要清晰；页面容量要合理化，网站要尽量使用静态网页，减少使用动态网页；网站导航要清晰化，网站地图可增加搜索引擎友好度，可让蜘蛛程序快速访问整个站点上的所有网页和栏目；网站发布要更新，进行有规律的更新，更容易被搜索引擎收录。

### （三）搜索引擎广告

搜索引擎广告（Search Engine Advertising，SEA）是指广告主根据自己的产品或服务的内容、特点等，确定相关的关键词，撰写广告内容并自主定价投放的广告。当用户搜索到广告主投放的关键词时，相应的广告就会展示，并在用户点击后按照广告主对该关键词的出价收费，无点击不收费。

#### 1．关键词广告概念

关键词广告，是每则广告都会提供一些关键词，当用户使用搜索引擎，搜索到这些关键词的时候，相应的广告就会显示在某些相关网站的页面上，这样以快捷、灵活、迅速的方式给客户以大量的相关信息。关键词广告是一种文字链接型网络广告，通过对文字进行超级链接，让感兴趣的用户点击进入企业网站、网页或企业其他相关网页，实现广告目的。

#### 2．关键词广告类型

（1）企业关键词

即网页中凡涉及企业名称、产品或服务品牌，都以超级链接方式，链接到企业相关的主页或网站。这种形式是网络广告的早期形式。

（2）公众关键词

即将网页中出现的公众感兴趣的关键词链接到企业产品相关网站或主页。如果企业经营与这些关键词相关，并与企业的整体营销活动相结合，公众关键词具有较好的补缺作用。

（3）语句广告

即以一句能够引起网民注意的话语超级链接到企业相关网站或主页，吸引网民点击进入浏览。这种关键词广告是当前广告主最常用的广告类型。

（4）搜索关键词

即企业预先向搜索引擎网站购买与企业、产品和服务相关的关键词，在网民使用搜索引擎，用到企业所购买的关键词搜索其所想找的信息时，与企业网站或网页超级链接的相关信息，就出现在搜索结果页面突出位置，这也是一种关键词广告形式。

（5）竞价排名广告

这种形式的广告是企业注册属于自己的“产品关键词”，这些“产品关键词”可以是产品或服务的具体名称，也可以是与产品或服务相关的关键词。当潜在客户通过搜索引擎寻找相应产品信息时，企业网站或网页信息出现在搜索引擎的搜索结果页面或合作网站页面醒目位置。由于搜索结果的排名或在页面中出现的位置是根据客户出价的高低进行排列，故称为“竞价排名广告”。

## 四、单元思考

### （一）判断题

1．英文等语言单词与单词之间有空格分隔，搜索引擎的索引程序可以直接把句子划分为单词的集合，中文分词的方法与之相同。 （ ）

2．网页 title 中关键词的处理与关键词分数无关。 （ ）
3．外链是指从其他网站导入自己网站的链接。 （ ）
4．简单地说，网站内容相关度就是指标题和内容的匹配和相关程度。 （ ）

### （二）简述题

1．简述搜索引擎的工作原理组成。
2．简述搜索引擎的影响因素。
3．简述搜索引擎的主要模式。

### （三）课堂讨论

搜索引擎和互联网深刻地改变了我们记忆信息和思考问题的方式，搜索引擎首先对注意力造成了影响，人们难以集中注意力，即使是在使用互联网的时候，人们也忍不住在不同的媒介中来回切换。

讨论：搜索引擎的使用，是否限制电子商务的发展和创新。

**知识映射：**理解互联网领域的相关性。

## 五、实战操练：搜索指数分析

**知识映射：**通过实践，解决搜索挖掘需求的问题。

### （一）任务导入

小金经营的汉服网店，由于对消费者的需求并未全面了解，店铺不能确定其销售的淡旺季。依据行业销售淡旺季规律与销售数据中的销售行程进行对比，可以分析淡旺季发展规律，为客户提供渠道压货规则及生产运作规划。为了能较好地开展汉服的经营，首先需要对汉服的关注指数和需求展开分析，并挖掘潜在的搜索词。

### （二）操作思路

1．根据百度指数和 360 指数的搜索，确定商品的搜索热度，确定消费市场的淡旺季。
2．根据百度指数和 360 指数的搜索需求分布，确定消费者的需求情况。
3．运用站长工具，搜索商品的长尾词挖掘、竞价词挖掘、指数词挖掘、相关词挖掘、下拉词挖掘等，确定商品可能使用的关键词。

### （三）小试牛刀

结合拟开始网店的商品，开展汉服搜索指数分析，确定商品的搜索热度，确定消费市场的淡旺季；开展搜索需求分析，确定消费者的需求情况；搜索商品的关键词，确定商品可能使用的关键词。

# 任务二　电子商务搜索引擎数据分析与营销

## 【学习目标】

### （一）知识目标

了解电子商务搜索引擎的基本概念、特点。

了解电子商务搜索引擎的工作原理、排名影响因素。

了解电子商务搜索引擎的搜索模型。

了解店铺优化原则。

### （二）能力目标

理解电子商务搜索引擎的提取关键词、对关键词进行排序的原理。

结合电子商务搜索引擎原理，分析店铺权重、单品权重、关键词权重以及人群标签等影响因素。

结合店铺排名，分析不同电子商务搜索模型的不同类别。

根据电子商务搜索引擎排名影响因素和店铺优化原则，开展店铺优化。

### （三）职业目标

引导合理有效地进行搜索引擎推广营销，避免虚假广告、不良竞争等行为，培养学生诚信经营的优秀品质。

## 【学习关键词】

电子商务搜索引擎、排名影响因素、电子商务搜索引擎模型、店铺优化原则、店铺等级。

## 【课程案例】以史为鉴：古丝绸之路促进商业信息交流

春秋战国时期，地处中原内陆的农桑经济不断发展和繁荣，丝绸、谷物产量丰富，而远在西北的内陆草原地带，多马、牛、羊等畜产品，游牧经济趋向发达。在此背景下，各地互通有无，以丝绸与马牛等交易为主的商贸之路的开辟与繁华成为一种必然趋势。以战国末期秦国的乌氏倮为代表的大商人们密切关注到了各地区间不同产品互换的可能性，把握商机，调剂余缺。到后来，汉代的张骞，先后于公元前 139 年和前 119 年两次出使西域，在大夏的集市上他看到许多东西方的产品，其中还有四川产的邛竹杖和蜀布，产生了和西域国家进行经济贸易往来的想法。并在第二次出使西域过程中，与乌孙国、大宛、康居、大月氏、大夏、安息等国家建立了关系。随后，各国使团纷纷来到长安，建立了丝绸之路。

**知识映射：**欣赏古丝绸之路文化。

## 【课程案例】以今为用：新品打爆，抢占搜索关键词

某内衣商家推出“新年大红保暖套装”冲刺2021年货节，目标是卡住搜索关键词。主要步骤是：首先，借助淘客力量，私域高效种草，快速实现新品破零；其次，评价回流完成初始好评积累，刺激更多购买转化；最后，冲量实现关键词卡位，抢占淘内搜索关键词，锁定消费者心智。

通过与淘客合作，销量快速破零，短时间内帮助品牌冲榜至行业Top销量；同时也帮助品牌在综合、销量的搜索类目里冲到手搜第一屏，抢占淘内消费者心智。原本靠新品打爆周期是1～2个月，借助淘客力量，可以1天内完成新品破零和初始销量积累；同时，借助销量带来的搜索提升，2～3轮即可实现新品到爆款。上新效率大大提升，好评率也大幅上升。

**知识映射：**发扬“初生牛犊不怕虎”的精神。

# 一、电子商务搜索引擎

## （一）电子商务搜索引擎概念

搜索引擎是指根据一定的策略、运用特定的计算机程序搜集互联网上的信息，在对信息进行组织和处理后，为用户提供检索服务的系统。而电商搜索引擎和普通搜索引擎有很大的差别，普通搜索引擎主要是解决用户“搜什么”，电商搜索引擎主要是解决用户要“买什么”。电子商务搜索引擎，是针对电子商务平台内提供商品搜索服务的搜索引擎。

## （二）电子商务搜索引擎与普通搜索引擎区别

首先，电商搜索引擎要处理的原始数据本身是结构化的，通常来自数据库，且有多个数据源。相比于普通搜索引擎，电商搜索在数据采集方面更侧重于各种数据源的数据更新。

其次，电商搜索引擎的过滤功能比搜索功能要常用，甚至大于搜索本身。电商搜索面对的通常是商品名称，而商品名称是一个短文本标题，很难从文本相关性方面得到非常明显的差异。

再次，电商搜索引擎支持各种维度的排序，包括支持好评、销量、评论、价格等属性的排序，对数据的实时性的要求非常高。电商搜索对数据的实时性要求主要体现在价格和库存两个方面。

最后，电商搜索引擎的效果不仅要考虑买家，还得考虑卖家。

## （三）电子商务搜索引擎工作原理

电子商务搜索引擎原理一般包括两个阶段。

### 1. 提取关键词

电子商务搜索引擎首先根据用户输入的词，推测用户的搜索意图，并将对应的分析结果提取并推荐出来。电子商务搜索引擎推测的过程分为三个阶段。

（1）第一阶段：匹配词

电子商务搜索引擎推测的依据主要是通过用户的关键词搜索行为进行积累，并进行概率统计，可能是最近30天的，也可能是最近一年的。

（2）第二阶段：分配类目

在确定用户搜索意图之后，电子商务搜索平台会对提取出来的商品进行类目的匹配。大部分电子商务平台的商品都归属于在相应的类目属性体系下面，每个商品都有相应分类。在搜索过程中，同一搜索词的大量用户行为数据很容易聚焦到相应的热点类目。

（3）第三阶段：个性化搜索

很多电子商务平台为了给用户更多个性化的需求，往往会对用户网络行为进行读取，包括曾经购买过的商品、已经放入购物车的商品、收藏过的商品或者店铺等。根据用户的网络行为去判断用户的本次搜索的倾向，并针对性地推荐用户更感兴趣的商品。从价格、性别、品牌、爱好、地域等方面来看，个性化搜索的排序都能给用户更好的购物体验。

#### 2. 对关键词进行排序

电子商务搜索引擎排序的主要计算方式分为两部分。

（1）店铺模型部分

这部分主要是考量店铺的整体情况是否健康和正常，是最基础的因素。包括店铺的好评率、是否被处罚、是否被举报、是否被投诉、店铺装修的基本情况等。

（2）产品模型部分

这部分主要是考量产品的局部情况，包括相关性筛选（类目－属性－标题－店铺）、违规过滤、优质店铺筛选、下架时间筛选（越靠近下架时间排名越靠前）、个性化定向筛选（千人千面）、优质宝贝筛选（销量、收藏加购量、点击率、跳失率、DSR 评分、回购率）等。

### （四）电子商务搜索引擎影响因素

影响电子商务搜索引擎排名因素包括店铺权重、单品权重、关键词权重以及人群标签。

#### 1. 店铺权重

店铺权重的影响因素同样很多，主要有以下几个因素。

（1）对店铺作弊的扣分

淘宝给予店铺的作弊行为每个卖家一年12分的标准，若卖家在这一年内由于触犯某些淘宝规则，就会被扣分。而且店铺违规扣分越重，淘宝对其信任度也就越低，店铺的排名自然也不会太高。另外，如果店铺因为销售假货而扣分，店铺后期就很难获得较好的流量。

（2）售后率与纠纷率

造成买家退货的原因主要包括：一是缺货引起的退款，卖家们没有及时更新商品信息，当消费者拍下商品时，却发现缺货了；二是发货的速度太慢，不仅影响买家的退款率，还会严重影响到商品的评价，从而对权重产生影响；三是商品的质量问题，若商品的质量不过关，很容易造成退款。纠纷率则是买家退款后卖家不同意退款，买家向淘宝小二提出的申诉。

（3）店铺的好评率及 DSR 评分

消费者对店铺的评分，是很多电子商务平台都非常重视的。店铺的动态评分低、好评率低，则会影响到店铺权重，还会对商品的权重高低产生重要的影响，甚至还会直观地反应到店铺产品的转化率上来。因此，做好售前售后工作是非常有必要的。对于 DSR 评分提升策略一般包括利用老客户去维护店铺动态评分、淘金币活动、店铺促销、优惠券、店铺红包、满就送等。

（4）店铺的动销率

动销率的计算公式：

动销率=店铺销售商品数量/店铺出售商品总数×100%

店铺的动销率除了对店铺权重和排名有影响，还对自然流量、参加官方活动、店铺层级等都会产生影响。动销率低的原因也有很多，包括商品的市场需求小、同类店铺或同类产品过多、定价与市场价相差很大、新商品没有推广优化、店铺层级过低等。

（5）店铺的滞销率

一般来讲，淘宝平台上的商品在 30 天没有任何产品销量，就属于滞销产品。滞销率高，店铺权重就会降低，总体表现为店铺综合运营能力不足。

滞销率的计算公式：

滞销率=（进货量-实销量）/实销量×100%

（6）店铺的上新率

如果店铺长时间没有新款，店铺权重也会拉低。如果上新率太低，平台会评估店铺活跃度较低。如果单品销量不好，每款单品一个月内也应保持少量的成交量，维持动销率。如果长期没销量的产品可以考虑下架，重新换个标题主图上架。

2．单品权重

（1）销售额

平台把商品展示到某一个展示位，平台就能够带给店铺一定的销售额。如果销售额不达标，平台可能会考虑将这个展示位换给其他商品。

（2）收藏加购率

在淘宝平台上，店铺的收藏、加购占比能够提升店铺权重，还能增加商品在淘宝搜索的排名人气，进而提高自然搜索权重。

（3）商品停留时长、跳失率

如果客户进入店铺查看商品，但很快跳出该店铺，这种流量就很难产生权重，甚至还会影响到平台对于产品的判断，因为平台认为其所呈现的商品与用户点击意图不符。因此，主图、详情页、商品卖点一定要能刺激到买家，让消费者有深度浏览的欲望，甚至转化下单。

（4）点击率、转化率、复购率

商品的点击转化率越高，权重值就越高。老客户复购，平台会认为店铺的产品为优质产品，对产品进行加权。平台会根据这些数据来判断店铺商品的优势，数据越好的商品，权重就越高。对于商家来说，需要考虑有针对性地提高老客户的复购率。

3．关键词权重

店铺权重和单品权重是影响店铺自然搜索排序的间接因素，关键词权重是影响店铺自然搜索排序的直接因素，产品在搜索页面位置的决定性因素是商品标题关键词的权重。关键词权重又细分为三个层级的体验标准。

（1）初级体验

关键词有一定人气，即有买家通过搜索某个关键词看到店铺的产品并且点击进店。

（2）中级体验

关键词有一定成交量，即买家通过某个关键词进店之后下单成交产生相应的销售额。

（3）高级体验

买家下单之后，是否会给这个订单一个好的服务反馈。

初级体验产生的人气权重给排名的提升效果比较低，中级体验产生的销售额权重才是最主要的排名提升方式，高级体验产生的服务好评权重反过来会提升店铺权重和单品权重。

4．人群标签

电子商务平台会根据买家登录的设备、设备上的应用、登录账号后的浏览习惯、买家附近的人、朋友圈等搜集到的数据，综合判定买家标签，然后再通过买家号的访问、收藏、加购、购买等不同维度权重反向给产品打上相应的标签，最终实现产品标签与用户标签自动匹配，也就是被广泛提及的千人千面。人群标签越精准，就越容易得到匹配的流量。

如果店铺拥有老客户资源，就是最大的精准人群标签库，通过以往的销售数据给老客户打上标签，并附上标签权重。如果是新店，只能通过促销活动和直通车精准关键词的方式给产品打上相应的标签。

## 二、电子商务搜索模型

### （一）类目模型

类目模型是根据商品发布的唯一分类和属性来判断的。商品发布过程中，如果类目或属性发布错误，将直接影响商品不能被搜索或者正常推荐，如类目发布错误、属性发布错误。类目模型是最基础的模型，类目或属性设置错误，商品搜索也就无法进入后面的模型。

### （二）反作弊模型

搜索平台的反作弊团队根据商家作弊数据的分析，对商家实施不同程度的处罚措施，包括商品处罚、商家处罚两大类。在严重的情况下，整个商家的所有商品都将被限制展示。为了维护整个平台经营秩序的公平、公正、公开，反作弊模型也随着作弊手段升级而不断地发生着变化。需要特别注意两个问题：一是切忌自卖自买，二是切忌超低价格引流。

### （三）文本模型

文本模型是指搜索关键词与商品标题中关键词的匹配，主要是指商品标题中合理包含用户搜索的热门关键词。用户搜索关键词时系统会匹配标题中包含对应的关键词的产品，而且标题默认主搜关键词是搜索词时系统会优先展现，关键词是默认主搜关键词，并且权重高的商品优先展现。当前主要依据标题中是否包含用户搜索关键词来推荐商品结果，因此，商品标题的选择需要尽可能包含这个商品的热门关键词。

### （四）时间模型

时间模型是根据时间原则匹配展现机会，即根据商品的上下架时间，对即将下架的商品进行优先推荐。在淘宝上，商品在临近下架的时间时，排名会比较靠前，但天猫平台的商品是不计上下架时间的。因此，此种模型主要在淘宝主搜应用，在天猫并未生效。优化建议主要包括以下两个方面。

#### 1. 商品上架时间的均分策略

按均分法分配每日上架产品数（即总产品数/天数=每日产品上架数）

例如，按天均分产品：324/6=54（注：周末两天均分）

#### 2. 商品上架品类的均分策略

以均分法打散各品类商品发布，即

上架间隔时间=60 分钟/（每日上架产品数/每日小时数）

例如，按公式得出 60/（54/9）=10。最终得出本店产品上架间隔时间为 10 分钟。

### （五）卖家模型

根据统计数据，评估商家的活跃程度与综合质量。卖家自身因素的考核维度众多，体现的是商家综合能力。其中，值得重点关注的包括 DSR、店铺转化率、旺旺响应、动销率。

卖家模型的算法商品推荐机制能有效解决当前爆款营销中存在的问题，为搜索用户推荐真正服务过硬、商品高质量的商家。从这个角度来说，商家需要考虑改变原有爆款营销的经营思路，从企业全面管理提升的角度去做长远的发展规划，只有这样才能赢得消费者支持，获取搜索排名的优先。

### （六）服务模型

根据统计分析商家为消费者提供的服务质量。服务模型体现的是一个卖家的整体服务能力，决定其能否为搜索用户提供高品质的服务。服务模型的主要指标有投诉率、纠纷率、退款率、旺旺响应率、旺旺响应速度、物流时效。

除了以上指标，还包括平均每天旺旺在线时间、旺旺平均第一响应时间、举报无货次数、店铺 DSR 评分、支付宝使用率、商品属性正确率、买家好评率等。

### （七）人气模型

统计评估消费者对产品的认可程度。人气模型是所有模型的基础模型，做单品搜索主要是做商品在某个关键词下的同比和环比数据，对比的数据都是以近七天为一个周期。人气模型的主要指标包括转化率、销售额（量）、收藏数、评分、熟客率、UV、PV。

除了以上指标，还包括橱窗推荐比率、热销商品靠前、收藏量、近 30 天总交易笔数、单个商品浏览量、近 30 天商品好评率、回头客总比例、上直通车排序优先等。

### （八）个性化模型

统计分析消费者的购物偏好，包括范围较为广泛。天猫平台上，个性化模型通过用户个性化匹配、品牌分层、市场化价格引导等多维度进行导购干预；而在淘宝平台上，个性化模型主要以用户个性化匹配为主。此模型更加善于把握消费者对品牌的购物倾向性、对品类价格的购物敏感性。店铺必须跟随行业主流价格进行商品经营，比追求低价爆款，更容易赢得搜索的推荐。

### （九）商业模型

商业模型主要考察品牌，以及商家参与提供的特色服务。同一类目同类型商品，在其他因素相同的情况下，品牌的权重高，非品牌权重稍低。在淘宝和天猫各个行业市场下，都会有一些特色服务，对提供特色服务的商家和商品将会更容易获得搜索的流量。在淘宝平台上，主要的特色服务包括金牌卖家、15 天退货、公益宝贝、当季新品等。例如，天猫电器城推出的“电”字标认证，就包含了“时效展示、送货上门、顺丰包邮、全国联保、延长保修”等系列服务。搜索电器城相关商品时，带有“电”字标认证的商品会被优先推荐。

### （十）新品模型

很多电子商务平台为了扶持新品的发展，会开辟一定流量分给新商品。新品的流量获取能力远远大于老品，所以持续上新获得优质流量是一种重复迭代加权的方法。新品上架后，系统会在某个不定期时间段内分配给商品流量，即展现曝光机会。在这个时间段内，如果商品点击率高，点击反馈效果好，商品将会持续得到更多流量。

### （十一）价格模型

统计分析最优价格区间和品牌限价规则包括：淘宝和天猫对品类的限价原则；商品成交付款价格和价格稳定性；搜索结果内的产品代表了行业的标杆形象，价格、销量、款式和规格都是代表行业的标准。

### （十二）学习模型

电子商务搜索系统会根据各个维度的主要考核维度建立索引数据库，并对数据库的维度阈值进行自动更新和学习，以发现更多有价值的数据和模型。

## 三、店铺优化原则

### （一）平台排名规则

#### 1．销量不是唯一的决定因素

如果以销量的高低来决定商品排名，那些新品、小卖家、客单价高的商品很难超过老品、大卖家、低客单价的商品的。对于新品、小卖家、客单价高的商品来说，这一规则体现了平台的公平性。

2．从不同渠道进店的所产生的销量对搜索加权的影响是不一样的

如果通过直通车把销量做起来，大卖家的强大资金续航能力无疑让小商家无法承受。因此，区别对待不同渠道的销量将进一步保护小商家的权益。

### （二）影响商品排名因素

1．商品越“新”，机会越多

一般电商平台对于新品都有相应的扶持，以支持新品在平台上的销售。只要店铺商品被系统判定为新品，平台就会给这样的新品一定的展现机会。同时，由于没有历史销量数据作为依据，一般电子商务搜索引擎暂时无法判断这款新品是否受市场的欢迎，平台会从标题、首图、详情页、重要属性这四个方面进行判断。因此，对于新品，应着重从这四个方面进行优化。

2．店铺层级越高，在新品期可以获得的排名越高

店铺层级是制约免费自然搜索流量获取的重要因素，在相同条件下或者其他条件不变的情况下，店铺层级越高，获得的机会也就会越多。店铺层级对排名的影响主要体现在层级质变和层级量变这两个方面，层级的量是指在同一层级内排名的上升或者下降，这个变化是动态的。

3．店铺转化率

店铺转化率是电子商务平台运营的一个重要数据。影响转化率的因素有很多，而且不确定因素也会有很多。如果店铺要提升产品的转化率，就需要在产品的质量、产品的定位、产品的定价、产品的主图、产品的详情页、产品的推广的方式和服务质量等环节进行优化。

4．店铺停留时间越长，机会就会越多

消费者在店铺停留的时间越长，证明店铺客户黏性做得就越好，转化率也会大大增加。想要增加客户黏性，可以从店铺设计和详情页设计入手。例如，在店铺首页增加轮播图和优惠信息展示，吸引消费者的关注，延长消费者停留时间；在产品详情页中加入关联销售或套餐搭配，使消费者能更多地了解店铺活动和产品，减少跳失率，店铺会给搜索引擎一个很不错的印象，进而给店铺更多的机会。访客在店铺停留时间越长，说明对产品越有兴趣，转化的可能性就越大。长时间的停留给搜索引擎留下非常好的印象，并为店铺提供更多的展示机会。

5．新品标签与店铺标签吻合度越高，机会就越多

相关性是指店铺的商品与用户搜索关键词的相关性。相关性是基础，如果相关性不高，即便其他的因素优化得很好，排名也不会靠前，或者根本就没有展现机会。相关性主要包括类目相关、属性相关、标题相关。很多电子商务平台都专注优化个性化搜索，随着电子商务平台个性化搜索的发展，店铺标签、产品标签、人群标签等也变得越来越重要。

6．竞争激烈的大类目越接近下架时间，排名会越靠前

新品上架时会获得搜索引擎给的搜索权重扶植，除了关键词搜索外，还有下架时间的影响因素。这个下架时间不是指真正的下架，而是系统根据商品搜索排名设置的商品虚拟自动上架和下架。大类目中商品数量众多，而展现资源相对有限，因此，商品之间的竞争十分激烈。为了公平起见，一些新品在搜索关键词的时候，就有可能会通过下架时间权重来匹配展现机会。越是接近下架时间，排名就会越靠前。

7．收藏加购指标越好，排名也会越靠前

很多情况下，淘宝店铺的收藏加购占比能够提升店铺权重，还能增加商品在淘宝搜索的排名人气，继而提高店铺的自然搜索权重。对新品和新店来说，收藏加购占比这个指标更加重要。新品上架后第一周时，收藏加购的指标是非常重要的，这个指标店铺在第一周的时候做得越好，后期的排名就会越好。可以通过查看店铺所在类目的收藏和加购平均值来衡量，如果店铺两个指标均高于类目平均值，说明商品表现不错，即使销量不高，后续也能获得不错的排名。

8．客单价越高，获得的机会就越多

在机会均等的情况下，店铺所创造的客单价越高，就越容易得到搜索引擎的青睐。虽然低价引流可以为店铺带来更多的销量，但是由于产品的价格低，同样的销售额，也就意味着店铺需要付出更多的努力才能达成目标。对于本身客单价较低的产品，可以采取组合销售或者套餐搭配的方式进行销售。

### （三）淘宝搜索排名

淘宝搜索排名主要分为五种，第一种是综合排序，在整个搜索排名里面占比 80%；第二种是销量排序，占比 10%。价格排序、人气排序和信用排序，占比 10%。

1．人气排序

人气排序，主要影响因素有三个：一是商品销量的增速，增速越快排名越高；二是商品的收藏量，商品收藏量人数越多排名越高；三是商品的复购率，复购率越高，排名越高。一种商品的回头客越多，说明店铺这件商品的人气越高，人气排序的时候排名就会比较靠前。

2．销量排序

销量排序是按照系统的确认收货人数来进行排序的。商品确认收货人数越高，销量排序越靠前。确认收货的收货人数是当消费者确认收货之后才进行统计的，不等同于月销笔数和付款人数。

3．信用排序

店铺的信誉值越高，排名就越靠前。

4．价格排序

按价格从低到高和价格从高到低来排序，需要注意选择价格从低到高排序的时候，它是有一个最低价的限制的。因此，并不是说商品价格越低就越好，排名就越靠前。当店铺上传一件商品，要参考一下这个价格从低到高排序的最低价，将价格设置高于最低价。

5．综合排序

综合排序是一个多因素的加权计算法则，通过将影响排名的各个因素，依据重要程度进行加权计算，从而最终得到一个综合分值，按这个综合分值来排序。主要影响因素包括标题、上下架时间、橱窗推荐、商品销量、消费者保证金、退款投诉和纠纷、访问深度、点击率和转化率、旺旺在线和回复时间。

## 四、单元思考

### （一）判断题

1．电子商务搜索引擎与传统搜索引擎基本无区别。 （ ）

2．在确定用户搜索意图之后，电子商务搜索平台会对提取出来的商品进行类目的匹配。 （ ）

3．所有电子商务平台的搜索模型都相同。 （ ）

4．时间模型是根据时间原则匹配展现机会，即根据商品的上下架时间，对上架较长的商品进行优先推荐。 （ ）

### （二）简述题

1．简述电子商务搜索引擎的基本概念。

2．简述电子商务搜索引擎的影响因素。

3．简述电子商务搜索引擎的搜索模型。

4．简述淘宝搜索排名规则。

### （三）课堂讨论

电子商务搜索引擎满足了用户有明确目的时的主动查找需求，而推荐系统能够在用户没有明确目的的时候，帮助他们发现感兴趣的物品。智能算法有助于精准投放，但仅凭点击浏览行为来判断用户标签，会局限用户的浏览范围，拉低用户体验。

讨论：千人千面在电子商务发展中的利弊。

**知识映射：**电商推荐系统的推荐服务未必就能满足消费者的需求。

## 五、实战操练：关键词提取

**知识映射：**通过实践，解决关键词精准选取的问题。

### （一）任务导入

小赵经营一家家纺的网店，店铺经营的连衣裙销量也非常好。由于店铺发展需要，需要再开发一款日常款连衣裙商品，小赵打算对淘宝平台进行直接的调研。关键词的相关性与店铺的精准流量有着密切的关系，精准的流量才能够带来转化。不相关的关键词选择不能给店

铺带来流量，还会扰乱店铺中的标签，甚至会招到平台的处罚。

（二）操作思路

1．在淘宝平台上搜索商品关键词，通过网页源代码提取网店标题关键词。

2．运用分词工具，对提取的店铺标题关键词进行分词，提取高频关键词。

（三）小试牛刀

请结合小赵所经营的店铺，提取拟开发店铺日常款商品的关键词。在相关电商平台上搜索连衣裙关键词，获取其他网店标题关键词，提取高频关键词。

# 任务三　商品关键词优化与营销

## 【学习目标】

（一）知识目标

了解关键词的概念、分类、关键词选择的原则。

了解淘宝关键词的概念、分类。

了解直通车关键词的概念。

了解商品标题优化的意义、淘宝标题分词原则、商品标题优化注意事项。

了解商品关键词搜集、商品标题构建。

（二）能力目标

能结合店铺标题，对关键词进行分类。

能结合店铺资金和排名情况，选择直通车关键词。

能针对店铺关键词存在的问题，优化店铺标题。

能及时收集和处理企业日常的碎片化数据，形成数据整理的习惯。

（三）职业目标

通过商品关键词的挖掘和分析，培养学生探究精神，提高学生的实践能力。

通过理解店铺的持续性优化，培养学生持续学习、终身学习的优秀品质。

## 【学习关键词】

关键词、直通车关键词、商品标题、商品标题优化、关键词搜集原则、关键词质量分。

## 【课程案例】以史为鉴：鹤觞酒更名擒奸酒

晋惠帝永熙年间，商人刘白堕酿制的鹤觞酒在当地颇有名气，亦名“骑驴酒”。青州刺史毛鸿宾带着这种“骑驴酒”上任，路遇强盗。强盗抢劫财物后又痛饮了毛刺史所带的酒，饮后皆烂醉，束手就擒。此事在民间一传开，刘白堕趁机将酒改名为“擒奸酒”，巧妙利用舆论扩大影响。果然，“擒奸酒”声名远扬，《洛阳伽蓝记》中记载为“不畏张弓拔刀，唯畏白堕春醪”，意思是不怕拉弓动刀，只怕刘白堕的春醪酒，表达擒奸酒的酒力诱人的意思。

**知识映射：**人人都应有惩恶扬善的精神。

## 【课程案例】以今为用：指甲刀关键词的特色

某网店经营指甲刀，先将商品的标题设置为【皇冠店】飞科出品、飞科美容套装、修甲刀、指甲刀、不锈钢、限量版。

该店铺关键词在以下几方面需要进一步修改。

首先，标题要做到产品词、品牌词突出醒目。店铺要卖的商品是指甲刀的套装，标题里存在的主要问题是没有讲清楚套装的产品组件，而这会直接影响到用户的购物体验。因此，可以根据产品套装包含的组件，突出产品词，如指甲刀、掏耳、美甲、套装等。

其次，突出店铺特色。淘宝上卖指甲刀的商家众多，使用“德国”关键词，可以强调产地和技术标准；指甲刀的品种也很多，使用“限量”关键词，又可以去掉部分竞争对手。因此，就这个案例而言，为了体现自己店铺和商品的特色，店铺可使用关键词德国、限量等。

最后，方便客户检索商品。标题中产品词再突出，特色再明显，如果客户找不到店铺的商品，那仍旧功亏一篑。因此，要让客户能够找到店铺的标题，可以尝试修甲刀、指甲刀、指甲钳、美甲刀等关键词，方便用户找到商品。

鉴于标题最多只能 60 个字符，将上面的标题修改为：德国/飞科出品限量版不锈钢修剪美指甲刀/钳/锉工具礼品套装黑。

**知识映射：**小众商品也有运营之道。

# 一、关键词

## （一）关键词概念

关键词是英语“Keywords”的译文，是图书馆学的词语。用户通过关键词搜索，就能找到满足自己需求的结果。关键词是用户获取信息的词或词语的组合，在搜索引擎中，用户键入的词语都可以叫作“关键词”。关键词是用户需求的一种表达，是用户需求的简洁词语，也是用户表达核心思想的词语。

用户要获取资讯，就必须通过词语、短语、句子进行搜索，搜索引擎通过输入框输入的字词进行全网资讯匹配，而能被匹配上的就是关键词。在搜索引擎使用过程中，每个人的搜索习惯、用语习惯都不一样。企业网站或者网页需要找到最适合自己网站或网页的词语，被用户搜索到，并在同样的产品搜索结果中，以优于其他网站的排名和内容呈现在用户面前。

## （二）关键词分类

### 1．按照关键词热度分类

（1）热门关键词

主要是搜索量比较高的词语。

（2）一般关键词

搜索量一般的词语。

（3）冷门关键词

用户搜索目的性很强、搜索量很小的词语。

### 2．按照关键词重要程度分类

（1）核心关键词

核心关键词是指经过分析后，确定下来的网站核心的关键词，是网站主题最简单的词语，同时也是搜索量最高的词组。核心关键词特点如下：搜索量很大，核心关键词数量少，一般情况下出现在网站的首页。

（2）相关关键词

相关关键词是对核心关键词的一个扩展。

（3）长尾关键词

长尾关键词是对于相关关键词的一个扩展，长尾关键词可以为网站带来少量有效流量。有些长尾关键词是由词组组成的，有些是由句子组成的。长尾关键词特点如下：长度比较长，是由词组或者短语组成的；搜索量比较少，且不太稳定；正常情况下，添加在内容页中；数量较多。

### 3．按照关键词营销属性分类

（1）品牌关键词

企业品牌或特有产品，主要用来向已有用户或有品牌倾向的潜在用户推送信息，同时防止竞争对手使用企业自有品牌词来抢夺目标客户。因为从搜索品牌词来的客户是非常精准的，这些客户对品牌的需求意图非常明确，所以转化率很高。品牌度较高的网站具有品牌关键词的优势。

（2）产品关键词

不包含品牌名的，带修饰限定的产品相关词，包括产品名称、型号等。搜索这些词的网民已有了比较明确的产品需求，是值得争取的潜在用户。对于电商企业主，其网站上销售的产品。对于品牌度不高的网站来说，围绕产品进行措辞是一项非常重要的一项工作，尽可能全面、细致地进行分组。

（3）通用关键词

不包含品牌，被网民大量使用的搜索词。这些关键词表明网民有一些模糊的欲望和兴趣，其中有一些用户是可以争取的潜在目标受众。这类关键词转化率往往不高。

（4）人群关键词

与产品直接相关性小，却是目标受众所表现出的主流兴趣点。人群属于拓展流量的关键词，对于有着鲜明定位的网站来说，需要紧紧抓住定位人群，不断增强特定人群的认可度。

（5）活动关键词

节假日或网站促销活动的类别、名称。这类词通常用来做节日、周年庆等营销活动的曝光。活动词需要通过营销活动来造势，让网民了解到这个活动，才会产生搜索活动词的行为。与品牌词相似，一个网民搜索活动词，说明他有参与活动的意愿，因此，转化率也会高。活动词的流量受限于企业进行活动的频率以及造势程度，流量会比较低，能锦上添花，但无法雪中送炭。

（6）行业关键词

同行业的一些其他企业名称和产品名称，又称为“竞品词”。不过竞品词要慎用，产生投诉会扣账户信誉成长值分。竞品词的效果是因行业而异的，有的行业如果普遍品牌忠诚度不太高，通过竞品词截流形成转化的可能性就大大增加。建议在投放初期进行尝试，并有优化一段时间，如果转化结果不理想，可以取消。

### （三）关键词选择原则

网站有了明确的定位后，就要结合网站定位选择对应的关键词，决定了网站的推广效果。网站关键词选择的原则主要包括以下几点。

#### 1．内容相关性

目标关键词必须与网站内容或产品有相关性。关键词的选择应避免在页面上设置与本网站无实际相关性的关键词。即使通过设置与网站无关关键词带来了一定的流量，也不会产生实际效应。网站需要的不仅仅是流量，而是有效流量，可以带来订单的流量。通过搜索不相关的关键词客户，会引发很高的跳失率。

#### 2．搜索次数多，竞争小

搜索次数最多，竞争度最小的关键词，是网站优化最优的选择。一方面能给网站带来巨大流量；另一方面网站优化的难度不大，较容易实现。根据搜索次数和竞争程度可以大致判断出关键词效能。在投入相同的情况下，关键词效能高的词获得好的排名可能性较大，可以带来更多的流量。搜索次数一般可借助 Google 关键词工具、百度指数、百度竞价后台等，提供搜索量数据。竞争程度的确定比较复杂，需要考虑的数据比较多，而且带有比较大的不确定性，需要借助爱站长、站长工具等第三方工具进行查询，来确定竞争程度。

#### 3．具有商业价值

不同的关键词有不同的商业价值，即使搜索量、难度、长度相同，也会导致不同的转化率。通过各种方式查询到与企业或产品相关的搜索词，能判断出不同关键词的竞争程度、购买可能性。购买意图强烈、商业价值高的关键词在优化时，需要优先考虑。

## 二、网店关键词

### （一）淘宝关键词分类

对于淘宝卖家来说，淘宝内的搜索是最优质的流量，这种流量比外部引流的成交率高，在淘宝上搜索的用户目的性很强。能够定位出最有效的商品标题，就能够获得更多的淘宝搜索引流。

1．品牌词

品牌词是企业自有品牌的名称，一般情况下都有品牌商标证明或者授权，另外还有一些专业知识产权相关的词。买家购买大品牌商品，一般会按品牌来搜索，因此，把品牌放在标题最前面是很重要的。当然，如果不是品牌的网店，就不需要将品牌名作为最前的标题。

2．商品名

商品名是店铺提供的产品或者服务，包括大类的产品词。这类词的特点是需求明确、竞争激烈，值得用这些产品词争取潜在用户。每天搜索人气最多，其竞争最大。

3．季节词

按季节来定关键词，首先是夏季、冬季等词汇。冬季的羽绒服热销，如果网店经营羽绒服类目，可以把冬天几个字放在前面，以吸引流量，让店铺的商品容易被搜到。

4．地域词

按商品的地区来定关键词，很多人在搜食品和特产时，都喜欢按地区来搜，如果店铺的商品是食品，建议在关键词上写上地域。地域词不一定需要放在前面，可以放在标题中，很多买家青睐某生产产地，会直接搜地方名的特产。

5．功能词

要按商品的质量来定关键词。如果店铺的商品是其他日用品的，那就得按这个商品的功能和性质组合关键词。

6．风格词

要按商品的风格来定关键词。如果店铺的商品是服装类的，是休闲的，还是时尚的、运动型的，要进行归类。网店经营什么风格的产品，就把这关键词写在靠前位置。白领人士喜欢穿时尚的，他们会搜索“时尚”这个词。如果店铺将商品进行这样的定位，把关键词排在前面，搜索率就会有所提高。

7．定位词

针对销售群体的定位，可以有不同性别、不同年龄、不同消费档次等情况，可以设定关键词。搜索能直接表达对产品/服务的需求，搜索词表达了其他相关的兴趣点，可能与潜在客户群有重合，还包括休闲、瘦身、修腰等符合消费者特殊需求的词汇，因此，要把常规词进行细分定位。

8. 属性词

属性词表示事物的属性或等级，属性词能组合的实词，绝大多数是名词，属性词往往表达事物的属性或特征，具有区别或分类的作用。

9. 促销词

在商品后面能够添加一些和促销相关的词语，会成为一些想要优惠的客户的搜索目标，店铺就有机会排在其他搜索关键词的前面。

10. 潜在词

与其他词相比，淘宝搜索量少，潜在词的竞争程度也小。这类词就是做关键词优化需要挖掘的，又称为“蓝海词”。这些词一般需要在店铺经营过程中慢慢摸索，通过敏锐的洞察力，挖掘与店铺相关的关键词。

（二）直通车关键词

1. 淘宝直通车关键词

淘宝直通车是为淘宝和天猫卖家量身定制的，按点击付费的效果营销工具，为卖家实现商品的精准推广。进行淘宝直通车推广，在给商品带来曝光量的同时，精准的搜索匹配也给商品带来了精准的潜在买家。淘宝直通车推广，用一个点击，让买家进入店铺，产生一次甚至多次的店铺内跳转流量，这种以点带面的关联效应可以降低整体推广的成本和提高整店的关联营销效果。同时，淘宝直通车还给用户提供了淘宝首页热卖单品活动和各个频道的热卖单品活动以及不定期的淘宝各类资源整合的直通车用户专享活动。

2. 淘宝关键词质量分

关键词质量得分主要用于衡量店铺的关键词与商品推广信息和淘宝网用户搜索意向之间的相关性，其计算依据涉及了多种因素。展示给关键词的质量得分的分数是一个相对的分值，不是绝对分值，是为了方便了解商品在当前竞争中处在什么水平。质量得分有助于通过淘宝直通车向淘宝网用户展现与其购买意愿更相关的商品。具有相关性的商品推广信息往往能够吸引更多的点击次数，赢得更高的排名，从而给淘宝直通车用户带来更理想的推广效果。只要商品相关信息质量够高，就可以用更少的服务费把更优质的商品信息展现在更适当的展示位置上，让买卖双方获得双赢的局面，让买家更快、更准确地找到想购买的商品，同时也让卖家拥有更精准的商品流量。

3. 淘宝关键词质量分影响因素

（1）关键词

关键词相关性，即关键词和商品本身类目及属性的文本相关性。添加关键词时，需要选择和商品所属类目、属性和标题相关的关键词。关键词一定要将商品属性体现在标题中，这

样质量得分上会有较高的分值。为了有效地提升关键词和标题的匹配程度，关键词尽量不要拆分或者分开，否则会影响关键词的效果，标题关键词应该围绕字数较多的关键词书写，多词关键词不调整前后顺序，尽量覆盖更多的关键词。

（2）商品信息

类目、属性相关性：商品本身的类目、属性、标题、图片、详情页等信息和买家搜索意向要相符合。卖家一定要把自己的类目设置清楚，如果类目发布错误，商品的质量分会非常低。要把商品放在最相关的类目进行推广，遵守淘宝商品发布规则；上传商品时，认真填写相关属性。不论是必选项还是选填项，都按商品的实际情况填写清楚，这是关乎商品质量分，也就是商品搜索排名最为重要的属性值，属性填得越准确，商品总体质量得分越高。商品属性和买家的搜索需求越吻合，质量得分越高。

（3）图片优化

增强商品本身的吸引力，提高图片、详情页面质量，增加点击率。客户是否会进店看看，靠的是吸引眼球的主图。如果无法吸引客户进店，就谈不上商品的转化，因此，店铺经营者要请专业美工来制作精美的主图。

（4）用户体验

客户反馈或者使用感受等信息，也就是用户体验，用户体验是指从下单到确认收货、评价的整个过程，具体包括以下多方面：收藏和加购人数、好评率、转化率、详情页、旺旺回复速度、跳失率、平均浏览时间等。

（5）创意效果

创意效果就是商品标题的创意，直通车图的创意，品牌的创意，色彩及文案的创意。创意效果主要体现在点击率上。创意效果越好，质量分越高，点击率也就越高。提高创意效果主要包括表 2-1 所示内容。

表 2-1　创意效果衡量指标

| | |
|---|---|
| 创意标题 | 标题中包含关键词 |
| 创意品牌 | 利用品牌吸引买家 |
| 创意图片 | 直通车图，款式清晰明了，细节、色彩、品牌、标题一目了然 |
| 创意文案 | 针对商品的卖点，从视觉上冲击买家的眼球 |

（6）其他商品的相关因素

当店铺的关键词对应的各项分值越来越大时，说明店铺商品的关键词效果就越好。反之，当店铺的关键词质量分较低时，店铺的 PPC 付费广告也会相应提高，进而影响商品排名。现在市场竞争激烈，同行越来越多，出价方面及推广优化方面都在抢位置排名，因此，直通车是需要长期优化的。

（7）商品数据

商品浏览量、收藏加购数、成交转化率等数据，特别是转化率对权重的影响至关重要。数据越好，权重越高，系统分配的流量越多。因此，卖家要时刻关注自己商品直通车的各项数据，一旦发现哪个数据不理想，就要想办法优化。

## 三、商品标题优化

### （一）商品标题优化意义

用户在搜索时，一般会搜索商品的名称或者属性。电商平台的搜索引擎排序的规则又有别于传统搜索引擎。传统搜索引擎往往会结合网页的 Title、Keywords、Content 等标签和网页正文中的关键词分布情况，来判断网页排序，而电商商品页的详情页决定了电商平台的搜索引擎在排序上，非常依赖商品描述。因此，针对商品的名称和属性来优化的标题就显得尤为重要。

做好商品标题优化的意义主要有：一是商品标题优化做得好，可以从平台搜索出带来大量流量；二是从搜索处搜索商品标题或者类目时进入的流量都是免费的；三是一旦做好标题优化，排名相对稳定，流量相对稳定；四是搜索商品标题进入的流量都是优质的精准客户，转化率更高；五是做好商品标题优化，开直通车的时候会更得心应手。

### （二）商品关键词搜集

要做好商品标题优化，必须了解商品标题的关键词，商品标题关键词设置得好坏，很大程度影响着商品的排序。好的商品标题能增加商品被搜索的概率，提高商品在搜索页的排名，从而增加店铺的流量。标题尽量写满 30 个字，不浪费搜索资源。

#### 1．系统推荐关键词

根据电商平台后台系统推荐结果的相关度、搜索量和市场平均出价三个指标，能挑选出较多的合适关键词。需要注意的是，一定要选择跟店铺商品类目相同的关键词，否则，会事倍功半，而且容易被认为作弊。同时，也可以使用手动查询相关关键词的方法。另外，平台内置的关键词查找工具也能为商品提供有价值的关键词。

#### 2．根据搜索下拉框查找

电商平台为了提供更加个性化的搜索服务，一般都会根据用户的搜索习惯、搜索历史以及登录状态提供搜索框下拉词。当用户输入商品相似的词的时候，下拉框就会推荐很多与商品相似的词。这部分关键词一般都是比较热门的关键词，流量相对较高，但是词量较小，可以适当选取。由于词量较小，可以将这些推荐词保存下载，相关查询工具查询进行再挖掘，找出更多的相关词和长尾词。

#### 3．第三方关键词查询工具

淘宝排行榜整合全网资源，每日给出各个类目下热门搜索词和品牌词、上升的搜索词和品牌词。排行榜数据基本是每日变化，需要每日关注。

#### 4．生意参谋找词

在订购市场洞察后，打开生意参谋>市场>搜索排行，可以看到搜索词排行，有热搜词和飙升词两种，每个子类目都有 100 个热搜词和 100 个飙升词。这些都是行业前 100 的关键词，可以把这些词纳入词库中。

5．直通车后台系统推荐词

在直通车工具中的流量解析功能中，查找关键词时会有相关词推荐，把这些关键词复制到店铺的词库中。进入直通车，点击推广，选择一个商品，添加关键词，可以看到直通车系统推荐的词，将这些词复制到店铺的词库中。直通车找词在直通车计划中，添加关键词搜索框中输入关键词，会出现很多下拉框推荐词。直通车系统推荐词，相关性比较高。同时，这里的关键词竞争度也很高，可以根据自己的需求来使用，建议测款不要出太高的价格。

6．筛选重要关键词

在有了大量与店铺相关的关键词后，需要根据关键词的相关数据进行筛选，选择质量更优的关键词。筛选重要关键词主要依据搜索量、点击率与转化率、在售商品数量。

（三）淘宝标题分词原则

设置吸引人的商品标题是增加商品展现和点击率的关键，能够更加符合客户的需求，从而有一个好的排名。商品标题构建的原则有两方面：首先，以淘宝为例，商品标题限定在 30 个汉字（60 个字符以内），否则会影响发布；其次，标题要尽量简单直接，突出卖点，让用户能直观地了解商品的特点。进行淘宝分词的原则主要有五个，按照重要程度依次包括权重原则、减少分权原则、紧密优先原则、前后无关原则、偏正组合原则。

1．权重原则

打开淘宝首页，搜索关键词。如果搜索全标题，系统并没有自动推荐一些权重高的词，则说明系统没有更好的高权重词推荐，当前的全标题词优化水平较高。

2．减少分权原则

分词的目的主要是便于搜索和关键词加权。标题中的 30 个字，按照淘宝的分词原则，分成若干个词组。商品在成交之后，成交的关键词是有权重的，淘宝是给加分的，如果分词分成两个词，分数会分给两个词；若分成三个词，则分数将分给三个词。因此，标题尽可能使用分词少的，这样增加权重是最快的，排名起来也是最快的。

3．紧密优先原则

紧密优先是关键词中间没有空格，或者关键词中间没有其他关键词。紧密优先原则只适用于两个商品在其他权重相近的情况。在商品权重比较低的情况下，组合标题时需要考虑紧密优先原则。在商品优化两周、权重上来后再优化修改标题时，可以不考虑紧密优先原则。

4．前后无关原则

如果一个词是用一个或几个空格隔开的，分开的小词的排列顺序不做特殊要求。

5．偏正组合原则

偏正组合是指修辞词放在商品标题前面，而名词放在后面。

## （四）商品标题优化注意事项

### 1．忌关键词堆砌

标题堆砌是指店铺为使发布的商品引人注目，或使买家能更多地搜索到所发布的商品，而在商品名称中滥用与本商品无关的关键词，扰乱电商平台正常运营秩序的行为。标题中不要堆砌一些品牌词或者过量的关键词，要用和商品相匹配的关键词。不要将多个与产品相关的关键词直接罗列出来。

### 2．忌使用违禁词、敏感词

有些敏感词会自动过滤掉，因此，不要滥用关键词。

### 3．忌滥用关键词

不要试图去“蹭”不相关品牌关键词的流量，这样非常容易被判定为作弊而降权，侥幸“蹭”来的流量也不是买家所需要的产品，转化率也较低。另外，标题中不能滥用品牌名称或和与产品介绍无关的字眼。

### 4．忌使用重复的标题

有的卖家店铺里同质商品较多，对不同商品使用了高度相似甚至完全相同的标题，这种现象在新开店铺中尤为明显，重复标题容易被判定为重复铺货作弊。

### 5．忌频繁或大幅度修改标题

频繁或大幅度修改标题有可能被判定为换商品而被降权。每修改一次标题，淘宝就要对店铺的商品进行重新收录，这会增加淘宝服务器的负担。过于频繁修改标题会导致商品降权。修改标题最好一周不超过两次，标题调整周期为 7 天，7 天之后还是没有流量就可以对标题进行调整或修改。

### 6．忌长时间使用相同的标题

不要频繁或大幅度修改标题，但也不应长时间使用相同的标题。主要原因有：首先，在商品成长的不同时期，新商品期、商品成长期、商品爆款期，应该采用不同的关键词选择策略；其次，许多商品有显著的季节性，可能需要随季节而调整标题；最后，商品标题应配合节日、促销活动等进行适当的优化。

### 7．忌滥用符号

有些卖家会在商品标题中随意使用符号，一般来说这些符号会被搜索引擎直接忽略掉或等同于空格，还有种说法认为括号中的关键词会被降权。滥用符号对于商品标题无益，一般情况下在需要断句的地方加入空格即可。

### 8．忌关键词重复

关键词重复虽然不会违规，但也不会因为重复而提升排名。关键词重复是对字数的浪费，是完全没有必要的。不要将大量的商品使用相近或者类似的标题，两个商品标题相似度最好不要超过 50%。

9. 忌商品标题中包含店铺名称

标题是用来给买家搜索用的，对于小卖家，一般没必要把自己的店铺名称加到标题中，因为根本不会有人通过搜索店铺名称而去找需要的商品。因此，标题中加入店铺名称是对资源的浪费，应该节约出来多加些商品的属性关键词。

10. 忌商品标题中包含对赠品的描述

根据规则，不允许在商品标题中恶意添加对赠品、奖品的描述，否则属于乱用关键词。可以将相关促销内容添加到商品描述中，但参加淘宝活动有另行规定的除外。

11. 不要照搬竞争对手的标题

因为销量高的标题是有权重累积的，店铺的商品权重和同行的不一样。照搬竞争对手的标题，有的词适合同行的商品，但不一定适合店铺的商品，标题要与自己的产品相匹配。

12. 其他

（1）忌夸大或过度承诺商品效果及程度；
（2）忌乱用淘宝服务关键词；
（3）避免频繁使用核心词。

淘宝标题组合要遵循一定的比例，那就是一个标题里一类词应该占比例的 80%，二类词占标题的 20%。一类词是有一定搜索但竞争力很低，可以给店铺轻松带来流量的词，二类词就是精准长尾词。相比起来，二类词的精准、转化及搜索流量会远大于一类词，但竞争度也会非常大，这样的词是淘宝关键词优化后期主攻的词。

## 四、单元思考

### （一）判断题

1. 不同的关键词有不同的商业价值，就算搜索量、难度、长度相同，也会导致不同的转化率。（　　）

2. 针对销售群体的定位，可以有不同性别、年龄、消费档次等情况，设定关键词。（　　）

3. 关键词质量得分主要用于衡量您的关键词与商品推广信息和淘宝网用户搜索意向之间的相关性，与直通车关键词排名关系不大。（　　）

4. 为了获得更好的商品排名，应该经常调整关键词，对店铺优化起到非常大的作用。（　　）

### （二）简述题

1. 简述关键词的分类。
2. 简述关键词选择的原则。

3. 简述淘宝关键词分类。
4. 简述直通车关键词的概念。
5. 简述商品标题优化。

### （三）课堂讨论

商品的关键词，就像一个标识一样。当买家在搜索关键词的时候，商品关键词的匹配程度越高，就越利于商品排名靠前，这就直接影响到商品的曝光率。社会热点话题，对于网店经营者始终是一个巨大流量来源。

讨论：商品标题的蹭热点行为是否合理？

**知识映射：**经营中应避免盲目跟风。

## 五、实战操练：关键词价值分析

**知识映射：**通过实践，解决关键词价值评估的问题。

### （一）任务导入

某网店经营连衣裙，店长李可掌握多种渠道选词的方法，熟知筛选优质关键词的原则，能使用流量解析工具筛词的方法。长期的经营中，根据店铺市场行情选择符合店铺标签定位的关键词。然而，对于已经掌握的关键词数据，出现了选择困难症。

### （二）任务思路

1. 根据项目评价需要，从店铺后台系统导出店铺关键词数据。
2. 运用雷达图对关键词进行评价，选择得分高的关键词作为店铺商品备选关键词。

### （三）小试牛刀

按照给定数据，结合实际情况，帮助李可选择合适的产品关键词，开展营销分析。

# 项目三　网店流量数据分析与营销

流量是店铺的生命线，是所有网店必须关注的数据。网店流量是指一切进店查看的或浏览产品的点击量，在一定程度上可以代表某个产品或网店的受欢迎程度。按照电子商务平台规则，流量越大，在搜索同类产品的时候排名越靠前，越有利于产品销售。

随着越来越多的实体店投身电商平台中，网店之间的竞争也愈演愈烈，大卖家分到更多流量，网店越买越好，中小网店能得到的流量越来越少，销量难以提升。因此，引流成为网店经营的重要工作。给店铺引入有效流量，才能把这些流量更好地转化为销量，让店铺盈利。

## 任务一　付费流量数据分析与营销

### 【学习目标】

#### （一）知识目标

了解淘宝主要流量构成。
了解付费流量构成。
了解直通车的概念、收费机制、分值说明。
了解钻展的概念、收费机制。
了解淘宝客的概念、方式。
了解活动流量的概念。
了解店铺不同阶段流量策略。

#### （二）能力目标

能规划店铺直通车的推广计划。
能进行钻石展位的推广及成本控制。
能够进行淘宝客的推广费用规划。
能及时收集和处理企业日常的碎片化数据，养成良好的数据分析习惯。

#### （三）职业目标

引导学生诚信运营，避免电商刷单等不诚信行为，培养学生诚信、自律的品质。

【学习关键词】

付费流量、直通车、钻展、淘宝客、活动流量、流量策略。

【课程案例】以史为鉴：伯乐代言

《战国策·燕策》中记录了这样一个故事：有人在马市卖马，一连三天没人光顾，于是，他找到了伯乐，希望伯乐能到马市上关注他的马，离开时再看一眼他的马，如果这样的话，伯乐能得到一天的酬劳。第二天，伯乐来到马市，按照事先约定的计划，伯乐“还而视之，去而顾之”，结果“一旦而马价十倍”。伯乐做了历史上的一位名人代言广告，也拿到了一笔代言费。

**知识映射：**千里马也需要伯乐。

【课程案例】以今为用：直通车的反噬

2008 年，掌柜刘晓在白沟当地一家外贸工厂打工。受金融风暴影响，工厂积压了不少库存。经厂家同意后，颇有经商头脑的刘晓便开了一个淘宝店，卖起了东家的库存。半年过去，淘宝店做得有声有色，刘晓辞职，成为专职的淘宝卖家。2009 年销售好的时候，店铺一天的销售额能有 2 万元。之后，为了扩展品类，皮带、女包陆陆续续上架，果然，在短时间内，店铺其交易额快速增长。虽然刘晓不断遇到关卡，但是仍能过五关斩六将，两年的时间，店铺又升至三皇冠。可惜的是，好景不长，三皇冠之后，店铺却面临着可能无法开张的局面。

2010 年，刘晓意识到淘宝规则发生了变化，身边的淘宝店铺都做起了直通车。刘晓也开始店铺的直通车推广，一段时间过后，入不敷出的情况发生了。与很多卖家一样，刘晓意识到盲目开直通车的危险，便停掉了直通车。可是，因为之前太关注直通车的竞争，店铺对其他流量入口的获取方法并不关注，所以直通车停掉后，刘晓也寸步难行，店铺的流量从几千骤然下降到一千左右。

**知识映射：**商业经营中也有物极必反。

## 一、直通车流量

### （一）直通车概念

淘宝直通车是淘宝官方获取流量的工具，是按照用户点击产生流量后才收费的。店铺给淘宝交的广告费越多，店铺排名越靠前，获得展现的机会也就越大。淘宝直通车流量的获取，一般主要从关键词和定向获取。关键词包括品牌词、热词、类目词、长尾词等；定向则包括智能投放与展示位置、购买意向、年龄、性别方面出价获取。对于关键词的设置，中小卖家将投放资金集中在一些已经设置好关联属性的长尾词以及类目词进行投放，大卖家可以投放在热门关键词，热门关键词的点击量较大。在做关键词投放的时候，可以先调查客户的搜索习惯，针对客户关键词，通过直通车流量解析工具进行流量分析。定向流量的获取也是非常重要的，对于一般店铺来讲，可以采取先出高价冲流量，在流量效果明显出来后，再逐次降价，达到关键词出价与流量数量的一个平衡。

淘宝直通车的排名是由关键词出价和关键词质量分两个因素来综合决定的。出价是每次点击支付的价格，出价越高，越有可能获得更好的排名；质量分是系统根据产品的推广效果、关键词、商品相关性等因素给出的一个综合评价分值。质量分对直通车卖家来说非常重要，好的质量分可以帮助店铺节省资金，获得更靠前的位置和更多的流量。

### （二）直通车收费机制

#### 1．直通车收费机制

直通车是按照点击收费的，只展示没有点击的图标，是不会收取费用的。只有买家点击了网店的商品，才会产生相应的费用，因此，直通车广告展示产生的费用与日限额定时投放等有关。

#### 2．直通车点击费用

用户可以设置每个关键词的点击出价，设置得越高，扣费越多。

#### 3．加价提排名

本来设置的竞价词价格为 0.30 元，排在第三名，但店铺想要排到第二名，这就要求出价高于第二名 0.01 元，这时就能上升到第二名，以此提升点击率。

### （三）直通车收费计算

#### 1．直通车收费说明

直通车扣费=下一名的出价×下一名的质量得分/当前店铺质量得分+0.01

这个公式解读：

（1）扣费和出价无关，实际扣费往往与出价不相等；

（2）扣费和下一名的出价、质量分以及自己的质量分相关；

（3）下一名的出价和质量分无从得知，无法控制；

（4）店铺可以控制的是店铺设置的关键词质量分和出价；

（5）当前关键词的质量分越高扣费越低，质量分越低扣费越高；

（6）扣费因素主要有直通车出价关键词的排名位置和质量分；

（7）同一个关键词的质量分可以进行比较，不同关键词质量分和出价无法比较。

#### 2．直通车收费计算

直通车扣费单价是根据店铺对推广的商品，关键词、类目等设置的相应出价，扣除的费用总是小于或等于店铺的出价。直通车后台关键词看到的 1～10 分，实际上都是系统经过和同行进行对比，并且四舍五入后的结果。所以即使是同样的满分 10 分，也是有差别的。因为 9.5 分后台显示也是 10 分的，10 分以上也是显示 10 分。直通车这个扣费公式中，不能改变的是这个下一名的出价和下一名的质量得分，而且 0.01 元这个是固定的，因此，唯一能改变的是店铺直通车关键词的质量分。

（1）当多个不同商家出价相同，谁的质量越高，排名越靠前。

（2）当多个不同商家出价不同，比较综合得分的大小，综合得分=关键词出价×质量分。

（3）当多个商家的质量分相同，出价高排名更靠前。

结合上面分析，可以清楚地看到直通车关键词的排名和出价的关系。

### （四）直通车分值说明

（1）0 分，1 分。不存在这种情况的分值。

（2）2 分。类目错误，关键词和产品类目不对。

（3）3 分。直通车曾经被处罚过。

（4）4 分。怀疑类目错误，重点属性明显错误。

（5）5 分。系统不认识的词，随着时间慢慢降低。

（6）6 分。一种情况是直通车本来高分，被在推广中因点击率太低而分值降低；另外一种情况是基础分权重太低。

（7）7 分。一般的账户分，勉强及格。

（8）8 分。基础分还不错的质量得分。

（9）9 分。质量得分高分。

（10）10 分。最高分数。当然这个 10 分是没有上限的，只是显示 10 分，可以有更高的实际分，从 PPC 和首屏预估价去判断。

### （五）关键词质量分影响因素

影响直通车效果的重要因素之一就是质量得分，质量得分的存在给了很多中小卖家提升直通车投放效果的机会，主要影响因素包括以下几点。

#### 1．创意质量

创意质量是指关键词所在商品的推广创意效果，包括推广创意的关键词点击反馈、图片质量等。创意质量在很大程度上就是点击率的反馈，点击率可分为创意图点击率、关键词点击率、账户点击率，其中最重要的就是创意图的点击率。产品不同，主要消费人群的喜好也不一样，因此，直通车的创意图片一定要多测试才能选出点击率最好的创意图片。创意图片必须抓住淘宝买家的眼球，通过分析他们的消费需求，在标题和图片中展示出卖点，提起他们的点击浏览欲望，可以参考那些优秀竞品的创意图设计吸取灵感。直通车创意质量尽量做到高于行业平均值点击，反馈要做好才能占据更有效的地位。

#### 2．相关性

关键词与商品本身信息的相关性，包括商品标题、推广创意标题、商品类目、商品属性的相关性。有些卖家开直通车，创意图片选得不错，但是质量得分较低，很大程度就是因为相关性。直通车的相关性主要包含文本相关性和推广相关性。相关性是指关键词与商品类目、属性及产品本身信息的相符程度，卖家在上传商品时要设置好正确的类目，把产品的各

种属性描述清楚。

3．买家体验

买家体验包括直通车转化率、收藏与加入购物车、关联营销、详情页加载速度、好评与差评率、旺旺反应速度等影响购买体验的因素。买家体验是买家点击浏览、收藏、加购、转化率、访问深度、停留时长以及店铺后下单购买后的反馈。因此，直通车要设置好直通车投放时间、地区，选好关键词、图片等吸引精准人群，同时要保证产品详情页、基础销量数据、店铺 DSR、店铺信誉、产品质量等相关环节不出错。

要保留质量分较高的关键词，删掉质量分较低的关键词，然后把剩余的关键词提高到较前的排位。另外，直通车的关键词要注意删减增添，删除那些展现低、点击反馈不佳的词，再选取新词。

## 二、钻展流量

### （一）钻展概念

钻展是一种类似于直通车的付费推广模式，同样是通过点击来进行扣费的，不同的是钻展有较于直通车更加优质的资源位的流量投放。猜你喜欢属于一种个性流量推广，消费者本身通过购物就有了不同的人群标签，而钻展的引流就是针对这些标签来进行商品展示的。比起直通车，钻展有更高的精准性和针对性。同时，单品推广又是可以辅助整个店铺的推广的，即通过钻展单品的推广流量是可以带动整个店铺的转化率和个性流量的。

钻展界面的主题模式包括：一个是全店推广，另一个是单品推广。两者在推广方式上没有太大不同，主要是针对不同层级的卖家来进行不同的选择，如果是新店卖家，适合选择单品推广。新店、小店的发展宗旨是先将店内的某一款产品打爆，随后带来大量的附加流量，再去带动店铺内其他商品的流量增长。

### （二）钻展收费机制

钻石展位是按照展现收费和按点击收费的。

1．按展现收费（CPM），精准化圈定人群

按照 CPM 竞价收费，即按照每千次展现收费，点击不收费。按照竞价高低进行排名，价高者优先展现。钻展系统会自动统计展现次数，并在钻展后台报表中给予反馈，不满 1000 次的展现（PV）系统自动折算收费。公式为：

实际扣费=按照下一名 CPM 结算价格+0.1

2．按点击收费（CPC），点击成本可控

按照 CPC 竞价收费，即展现免费，点击收费。点击付费投放模式下将“点击出价”折算成“千次展现的价格”折算后的 CPM 出价与其他商家进行竞争，价格高的优先展示。公式为：

$$CPM=CPC\times CTR\times 1000$$

CPC 是自己在后台的设置出价，系统会参考创意的历史 CTR 来计算预估 CTR。如果创意是新上传的，没有历史 CTR，则会先参考同行在相同定向、资源位上的平均 CTR 作为初始 CTR。在投放过程中，用最新的 CTR 来修正预估 CTR。

竞价成功后，按照下一名 CPM 结算价格+0.1 元作为实际扣费的 CPM 价格，根据公式换算成点击扣费 CPC。根据公式 CPM=CPC×CTR×1000，推算出 CPC=CPM/1000/CTR。

（1）参与竞价的 CPM=CPC×CTR×1000=0.8×5%×1000=40（元）

用点击付费模式设置的出价是 0.8 元，实际是以 40 元的 CPM 参与竞价，最后根据 CPM 出价高低进行展现排序。

（2）假设下一名的结算价格为 29.9 元，商家 A 投放结算的 CPM 价格=29.9+0.1=30（元）

最终通过下一名的 CPM 结算价格+0.1 元，即 30 元，作为最后实际扣费的 CPM 价格。

（3）实际扣费 CPC=30 元/1000/5%=0.6 元，实际扣费低于出价 0.8 元。

### （三）钻展加入条件

1．淘宝网和天猫卖家店铺 DSR 每项必须在 4.4 及以上。

2．淘宝店铺店铺信用等级一钻及以上，天猫店铺无此要求。

3．店铺无任何违反淘宝或天猫严重违规行为、出售假冒商品、虚假交易相关规定的处罚记录等。

4．店铺主营类目在支持投放的主营类目范围内。

### （四）钻展成本控制

钻展推广的费用一般较高，主要用于商品或者品牌的推广。如果大量投入而产出较低，可能存在定位不准、资源位选择错误等问题，需要及时调整推广计划。

#### 1．投放钻展一定做好定向设置

不管是对于投放的目的还是通过店铺访客的情况都可以定向，不管是维护老客户还是挖掘新客户都可以做定向设置。如果是挖掘新客户定向的就是竞争对手的店铺或客户的兴趣点，维护老客户就是定位于自己的店铺，希望更多的新客户进入店铺。如果是维护老客户，可是店铺整体流量小，圈定的人群少，即使预算较低，但是人群还是不够，就需要去增加辅助人群，可以选择差不多的产品和风格类似的店铺作为辅助，这样客户也比较容易接受。

#### 2．钻展对投放资源的选择

投放钻展要对资源位作出选择，帮助商家选择最合适、最优质的展位。还可以了解钻展的热门资源位，点击看下资源位对应的类目最近 7 天的展现和点击情况。最后还需要经常浏览自己店铺和竞争对手店铺，这样更容易达标。

#### 3．钻展如果是单品计划，可以结合直通车一起推广

钻展单品计划可以在前期固定预算在 100～200 元，也可以结合直通车一起进行。这个时候需要对区域、时段、图片等都作出不断的调整，选择出最合适的方案推广。

4．钻展如果是全店计划，则需要控制预算

全店计划就是说按照千次展示去收费，这就需要做到人群最优选择，对于制图和创意也有较高的要求。

## 三、淘宝客流量

### （一）淘宝客概念

淘宝客引导淘客推广店铺主推商品，由于主推商品佣金较高，一般寻求大淘客合作，报名参加淘宝客活动。

淘宝客属于后付费模式，商品售卖后才需要支付佣金，没有售卖出去则不收费。在“推广管理”下“互动招商”，找到“淘宝客活动管理”，就可以开通淘宝客，开通后可以设置主推商品佣金和类目佣金，具体设置比例根据店铺的利润来定，佣金设置得越高，推广的人群就越多。

### （二）淘宝客方式

1．自建高佣金计划

通过设置手动审核高佣金计划，高佣金可能导致店铺的利润降低或者负利润。在完成计划设置后，应结合店铺的爆款和当季商品，吸引更多的淘宝客加入。主要方法是到各大论坛、帮派、江湖、贴吧等发帖，吸引淘宝客。

2．报活动

一般来讲，曝光大、成交量大、价格相对较低的商品能吸引淘宝客的加入。在淘宝平台上，聚划算、淘抢购、淘金币这些大型活动，容易招到淘宝客推广。在店铺推广活动结束后，主动找到淘宝客佣金支付的后台，筛选出支付最多的淘宝客，主动联系，开展合作。

3．找站外大型淘宝客网站

淘宝客在搜索推广商品的时候，往往找支付佣金最多的商品，按销量进行排序。如果店铺的商品能排在淘宝客佣金支付排名非常靠前，店铺被大站收录的机会也就很大。

### （三）淘宝客推广费用标准

淘宝客推广是一种按成交计费的推广模式，淘宝客只要从淘宝客推广专区获取商品代码，任何买家经过淘宝客的链接、个人网站、博客或者社区发的帖子推广，进入淘宝卖家店铺完成购买后，就可得到由卖家支付的佣金。同时，卖家还需要支付平台一些费用。淘宝客推广的费用标准如下。

（1）类目佣金比率主要是用于没有特别设定佣金比例的商品。

（2）在没有设定或无法设定的情况下，佣金比例将被默认为不低于0.5%。

（3）卖家在使用了淘宝客推广后需要向淘宝联盟平台支付一定的服务费，其中包括推广服务费和技术服务费。

（4）委托人应该在点击确定协议后的三天内为店铺的商品设定服务费率，其比例最低不得低于0.5%，最高不得高于50%。

总的来说，淘宝客推广是按成交量收费的，收费的比例在卖家签订推广协议时就已经设定好，因此每件成交所要支付的费用是卖家自己可以控制的。当然，设置的佣金比例越高，就会吸引更多更优秀的淘宝客来帮助店铺进行推广。

## 四、活动流量

### （一）淘宝活动概念

活动流量分为官方活动和非官方活动，官方活动主要有淘宝聚划算、天天特卖、淘宝金币、淘宝试用等，另外，淘宝和天猫还会经常举办专题讲座主题活动。其中，淘宝聚划算、天天特卖和淘宝金币、使用是收费的。非官方活动有淘宝U站、折800、卷皮折扣、抢牛品等，这些活动的好处是计为淘宝客流量，也计入搜索销量，利于排名靠前，更利于店铺打造爆款。

### （二）淘宝活动注意事项

不一样等级的店铺可参加的主题活动要求也不同。对于中小店铺，尤其是刚开张的店铺，一般都会存在店铺等级低，缺少流量，没有销量。当店铺等级达到一钻或之上，就能报名参加天天特卖、阿里试用。店铺DSR得分≥4.6，淘宝网卖家开实体店时间≥90天等，就能够依据自身店面的信用等级挑选相匹配的活动。淘宝金币抵税活动，淘宝金币内设许多主题活动，主题活动不一样，实际合作规范也不一样。

## 五、不同阶段流量策略

一般来讲，自然流量占比一定要比付费的高，不然自然搜索流量就会被抑制。付费流量当然是越低越好，然而在激烈的竞争中，不投入一定比例的付费广告，已很难维持一个店铺的正常运转。不同阶段的店铺的流量情况各不相同，需要根据店铺的整体情况灵活调整投入。

### （一）店铺初创期策略

流量没有特定的比例，如果没有其他流量的手段，全靠付费广告的话，付费流量占比达到90%以上都是有可能的。但是，这种情况无法一直持续。

### （二）店铺稳定期策略

当店铺有了一定的销量和搜索流量后，付费流量占比会逐渐下滑，店铺正常销售时期，一般以不超过40%的付费流量占比为合理的。其实，看店铺付费免费流量比例是否健康，不是看流量占比，而是应该看广告费用在全店销售额的占比，大多数店铺应该控制广告费用占比在10%左右，利润率高的类目可以提高广告费用占比。付费流量占比并不需要去控制，需要控制的是广告费用占比，降低广告费用，付费流量占比则相应提高。运营店铺期间，应该

主动从各渠道争取流量，而不是等待平台的流量。店铺流量是提升店铺成交量的关键所在，要想订单量有质的提升，依然是从流量入手。

（三）店铺大促期策略

在大促来临之前，利用直通车为店铺产品助推。大促预热期一定要抢核心关键词排名，增加购物车数量，直通车如果利用得好，将会事半功倍。直通车是一种提升店铺流量和选品的营销工具，对于要不要开直通车这个问题，不同店铺的情况存在差异。因此，直通车只是店铺运营的一种辅助工具，对于新店来说，可以利用直通车进行测款，而老店铺则是可以借助直通车稳住排名的，并打造新的主推款。

## 六、单元思考

（一）判断题

1. 付费流量是四种流量中最容易获取的流量，其特点是精准、流量大。（　　）
2. 同一个关键词的质量分可以进行比较，不同关键词质量分和出价也可以比较。（　　）
3. 关键词与商品本身信息的相关性，包括商品标题、推广创意标题。（　　）
4. 按照 CPM 竞价收费，即按照每千次展现收费，点击也要收费。（　　）

（二）简述题

1. 简述付费流量构成。
2. 简述直通车的收费原理。
3. 简述钻展的概念。
4. 简述淘宝客的概念与方式。

（三）课堂讨论

淘宝刷单是指淘宝店铺为了获得单品或店铺较好的淘宝搜索排名而采取的作弊行为，刷单的同时往往配合海淘刷流量和快递发空包，刷单一般可分为刷销量为做爆款等作准备和刷信誉以提高店铺整体信誉度，方式一般为销售作假。

讨论：电商刷单这类不诚信的行为，触犯到哪种法律？又给社会造成怎样的影响？

**知识映射：**树立正确的交易道德。

## 七、实战操练：店铺流量结构分析

**知识映射：**通过实践，解决流量分析的问题。

（一）任务导入

小王是一家天猫网店的运营主管，该店铺主营数码产品。表 3-1 是某店铺 4 月流量数据，请根据以双层饼状图的形式表达店铺几类流量情况。请结合店铺当前运营情况，分析当前店铺经营状况，提出店铺流量对策。

表 3-1　店铺四大流量汇总

| 周期 | 第 1 周 | 第 2 周 | 第 3 周 | 第 4 周 |
|---|---|---|---|---|
| 聚划算 | 97 | 61 | 62 | 42 |
| 天猫专题 | 26111 | 75252 | 64625 | 15825 |
| 天猫搜索 | 41417 | 31356 | 20285 | 18713 |
| 淘宝搜索 | 21887 | 22324 | 13001 | 10288 |
| 淘宝站内其他 | 11386 | 10276 | 13063 | 17022 |
| 天猫频道 | 26 | 12 | 5 | 14 |
| 淘宝类目 | 2177 | 1902 | 1205 | 1166 |
| 阿里旺旺非广告 | 5022 | 4897 | 5276 | 4721 |
| 淘宝店铺搜索 | 254 | 275 | 181 | 222 |
| 淘宝信用评价 | 181 | 163 | 179 | 188 |
| 淘宝首页 | 130 | 131 | 149 | 129 |
| 天猫首页 | 6 | 6 | 8 | 5 |
| 店铺动态 | 901 | 681 | 563 | 822 |
| 淘金币 | 4 | 5 | 3 | 7 |
| 淘宝客搜索 | 51 | 45 | 74 | 33 |
| 淘宝其他店铺 | 43 | 86 | 54 | 17 |
| 促销汇 | 39 | 57 | 38 | 30 |
| 淘女郎 | 1 | 7 | 14 | 15 |
| 试用中心 | 18 | 29 | 13 | 8 |
| 清仓街 | 5803 | 2043 | 7432 | 8802 |
| 直接访问 | 35666 | 39878 | 40122 | 32646 |
| 我的淘宝 | 7002 | 7121 | 8255 | 7933 |
| 宝贝收藏 | 10332 | 10456 | 10677 | 9233 |
| 购物车 | 9367 | 9466 | 10723 | 8236 |
| 店铺收藏 | 9553 | 9188 | 8355 | 8411 |
| 卖家中心 | 673 | 722 | 762 | 633 |
| 钻石展位 | 43798 | 37517 | 45662 | 27233 |
| 直通车 | 14002 | 13585 | 21875 | 15113 |
| 淘宝客 | 8255 | 11489 | 13682 | 12053 |
| 其他 | 702 | 935 | 735 | 667 |
| 淘宝站外——搜索引擎 | 41 | 62 | 52 | 61 |
| 一淘 | 17 | 17 | 20 | 12 |

（二）任务思路

1. 提取店铺某月流量数据，对流量进行归类，制作旭日图。

2. 结合店铺所处阶段，分析各流量占比情况，诊断流量分布是否健康，并有针对性地提出流量提升对策。

（三）小试牛刀

按照给定数据，结合实际情况，开展营销分析。

# 任务二　免费流量数据分析与营销

【学习目标】

（一）知识目标

了解免费流量的概念。

了解淘宝搜索流量、淘宝类目、阿里旺旺非广告的概念。

了解商品分类、店铺类目、类目管理、产品属性等概念。

了解 SKU 概念、功能。

（二）能力目标

能根据店铺访问数据，分析淘宝搜索流量、淘宝类目、阿里旺旺非广告的构成。

能根据店铺商品，管理好类目管理与产品属性。

能结合店铺商品销售情况，开展 SKU 指标分析。

（三）职业目标

通过案例分析，引导学生跳出传统思维局限，提高创新和解决问题的能力。

树立学生的团队意识，针对店铺免费流量存在的问题，制定淘宝搜索流量、淘宝类目、阿里旺旺非广告等流量提升策略。

【学习关键词】

免费流量、商品类目、SKU 概念、淘宝类目。

【课程案例】以史为鉴：丝绸的商品名称

“丝绸”进入英语词汇是伴随中国陆上丝绸之路传入欧洲形成的。陆上丝绸之路经由长安传至敦煌，又经过帕米尔高原一路西行至阿富汗的赫拉特，再穿过叙利亚的大马士革，抵达地中海东岸的黎巴嫩、希腊等国，然后经希腊来到欧洲，最后到达英国。据《中国丝绸艺术史》《锦程》等记载，中国古代丝绸面料其实有很多不同的名字和分类。如缟、素、纨、绡、练、缯、绢、帛、纱、绨、缣、絁、縠、绉、绸、绮、绫、缎、纱、罗、锦。

**知识映射：**丝绸，蕴含着中华悠久的灿烂文化。

【课程案例】以今为用：百雀羚借势营销，撬动千万流量

2019 年 9 月 17 日，周杰伦粉丝“今日铁粉榜”发现了一件奇怪的事，占据“今日铁粉榜”榜首的竟然是品牌主百雀羚。周杰伦新歌 9 月 16 日晚上 11 点准时发布，经过一天的发酵，9 月 17 日，百雀羚就买了周杰伦 6666 张电子专辑，占领了榜头。与此同时，微博话题#原来都爱周杰伦#当天也直冲微博热点事件，话题量突破了 3500 万次，讨论量达到了 1.2 万次。除了微博话题营销，百雀羚还从微博辐射到朋友圈、豆瓣等社交媒体主阵地，引发了一次流量与口碑的双重爆发。主要方式：30+微博各领域头部 KOL 讨论助阵、100+朋友圈红人分享事件。一时间，百雀羚与周杰伦新歌捆绑营销引发豆瓣热议，豆瓣网友们纷纷表示百雀羚营销手段值得学习。

**知识映射：**中国传统品牌的复兴，是国人对民族品牌的热爱。

## 一、免费流量

免费流量主要包括淘宝搜索流量、淘宝类目、阿里旺旺非广告、淘宝站内其他等。

### （一）淘宝搜索流量

对于普通店铺，需要通过累积各类流量，逐渐形成免费流量高于付费流量的店铺，以给店铺带来利润。买家有明确需求，通过搜索行为产生的搜索流量，搜索产品关键词，以及标题中的词根。因此，要了解买家搜索需求点，避免无效流量进店。

搜索流量的影响因素主要包括以下几点：首先，店铺层级。店铺可以分为七个层次，层级对各个店铺来说，最明显的区别就是流量上限，每个层次的店铺能获取的流量都是有限的，平台会把 70%的流量分发给头部商家。其次，店铺动销率。最后，店铺的售后服务。店铺处理售后问题的速度和处理结果，对于买家的任何疑问，能否及时解决，以及买家对服务的满意度等。一般对退款率影响最大的因素就是品质退款率，退款率过高对流量也有较大影响。

### （二）淘宝类目

淘宝类目一般为类目词、品类词、属性词，通常情况为搜索指数在 3 万以上的都算作大词。淘宝类目是根据店铺商品属性分类的。

淘宝类目优化的意义主要体现在以下几个方面：首先，淘宝类目会优先推荐消费者最喜欢的产品，这个是要考虑到转化率的情况。其次，淘宝类目会优先推荐消费者服务质量好的，卖家服务质量越好，流量越多。再次，淘宝类目会优先推荐新品产品，新店铺需要对应

官方仔细查看，如果产品有新品标，就意味着未来一段时间里，这个产品的流量会比其他产品多很多。最后，淘宝类目会优先推荐快下架的产品，这个就是产品下架剩余时间，剩余时间越少，曝光率越高。

### （三）阿里旺旺非广告

阿里旺旺是一款很好的网络交流工具，淘宝上大多数销售都是通过旺旺完成的。使用好旺旺，对卖家销售业绩的提升会有所帮助。利用旺旺提高店铺流量的技巧包括以下几点。

1. 使用好签名

阿里旺旺有一个签名功能，在卖家与客户沟通的时候，这个签名会出现在客户聊天界面的最顶端位置，客户第一时间就可以看到。卖家可以在签名上写明自己的产品介绍和电话号码，也可以写上最新的促销活动。签名的字数最好控制在 15 个字以内，言简意赅，让客户一看就明白。

2. 建立“组”

在阿里旺旺上建立“组”，能够很好地对客户进行有效的分类管理。为了保证顺利群发消息，每个“组”不要超过 200 人。

3. 群发文章

写好了文章，卖家会把文章群发给阿里旺旺上的网友，让用户一起分享。阿里旺旺的系统规定，如果要顺利群发消息，每个“组”只允许有 200 个人，如果超出 200 个人，要把其用户移到其他的“组”里去。在群发的时候，可以粘贴文章的标题和链接地址，还可以贴上一小段广告推广。值得注意的是，用户普遍不喜欢群发文章去打扰他们，因此，要在群里发消息时写上一句“如有打扰，请告知”。对方如有回应，明确表示不希望再收到群发消息，应该建立一个“组”，专门用来放置不希望再收到群发消息的网友。

4. 建立“群”

旺旺群营销跟 QQ 群营销是类似的。卖家要多建立几个群，让潜在客户加入群里来，然后卖家就可以集中向他们推销自己的产品。

## 二、商品类目

### （一）商品分类

商品分类是指根据一定的管理目的，为满足商品生产、流通、消费活动的全部或部分需要，将管理范围内的商品集合总体，以选择适当的商品基本特征作为分类标志，逐次归纳为若干个范围更小、特质更趋一致的子集合体（类目），包括大类、中类、小类、细类，直至品种、细目等，从而使该范围内所有商品得以明确区分与体系化的过程。商品种类繁多，据不完全统计，在市场上流通的商品有 25 万种以上。为了方便消费者购买，有利于商业部门组织商品流通，提高企业经营管理水平，必须对众多的商品进行科学分类。零售企业对商品类别的分类有以下两种基本方法。

1．按照消费者的需求及特征划分

按消费者的衣、食、住、用、行划分，有食品类、服装类、鞋帽类、日用品类、家具类、家用电器类、纺织品类、五金电料类、厨具类等。

按照消费者的需要层次划分，有基本生活品类、享受品类和发展品类等。

按照消费者购买行为划分，有日用品类、选购品类和特殊品类。

按照消费者的年龄和性别划分，有老年人用品类、中年用品类、青年用品类、儿童及婴儿用品类、女士用品类、男士用品类等。

2．按照商场经营管理商品的角度划分

按经营重要程度划分，可分为主营商品、一般商品类和辅助商品类。

按商品销售的顺畅程度划分，有畅销商品类、平销商品类、滞销商品类和冷背商品类。

按商品质量及价格划分，有高档商品类、中档商品类和低档商品类。

### （二）店铺类目

店铺类目主要是指网上电子商务平台为适应当今时代的消费人群，在网上商店有针对性地选购商品并对商品作出的归类。电子商务平台通过对商品的归类，对系统内各个店铺起到规范和引导作用，有利于用户快速定位所需要的商品和服务。对于用户来说，类目可以缩短查找商品的时间，快速找到自己心仪的商品；对于平台来说，可以高效地管理商品体系，为运营人员提供支持。电商平台的类目一般是设置成三层，分别是一级类目、二级类目和三级类目。

### （三）类目管理

随着业务的扩展和商品数量的增多，前台用户有可能随着营销方式的变化、季节的变化等变化，用户购物的需求也会发生变化，运营人员就要随着用户的需求频繁地调整类目，既要满足前台用户多变的购物需求，又要让运营人员高效管理商品。参照线下实体类商品的管理模式，电商衍生出来了基础数据类目（后台类目）、前台展示类目（前台类目）。

1．类目树

类目可以对海量的商品进行分类管理，但是随着商品的数量和品类的不断增加，仅仅进行单一的类目划分管理，类目的划分就会变得越来越多，用户查找起来会很不方便。类目树可以在一定程度上解决商品分类的问题和平台管理类目的问题，缩短用户查找商品的路径。类目逐级往下分，最底层称为“叶子类目”，商品被挂在叶子类目下面，叶子类目的基本原则就是互相之间不能有交集、不能重复。类目的层级一般为三级。

2．后台类目

后台类目是前台类目的搭建基础，后台类目是按照商品本身而进行物理的分类，相对固定，一旦确定不可轻易变更或者删除。后台类目主要面对的是商家和平台运营，平台运营负责搭建管理类目，商家在发布商品时，必须选择对应的类目才能发布商品。商品被挂载在叶子类目上，选择完叶子类目后，需要填写商品的属性等信息。图 3-1 为淘宝的后台类目。

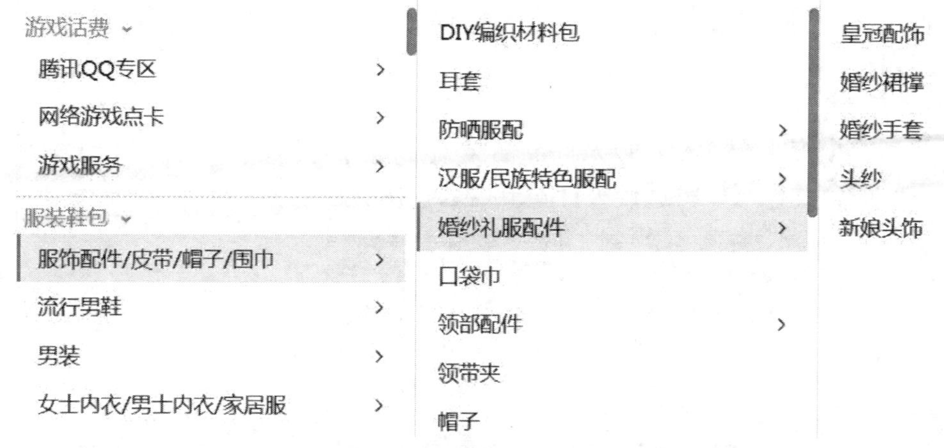


图 3-1　淘宝的后台类目

3．前台类目

前台类目是按照业务场景和用户购物角度的分类，可根据运营需求灵活多变，可重复、可删除。前台类目架构是引用后台各个叶子类目，再进行排序或组合而得到。前台类目不挂载属性，继承后台的叶子类目或者叶子类目集合的公共属性。前台类目主要面对的是前台用户，前台类目灵活多变可有效缩短用户查找商品的路径，方便用户筛选出心仪的商品。图 3-2 为淘宝的前台类目。

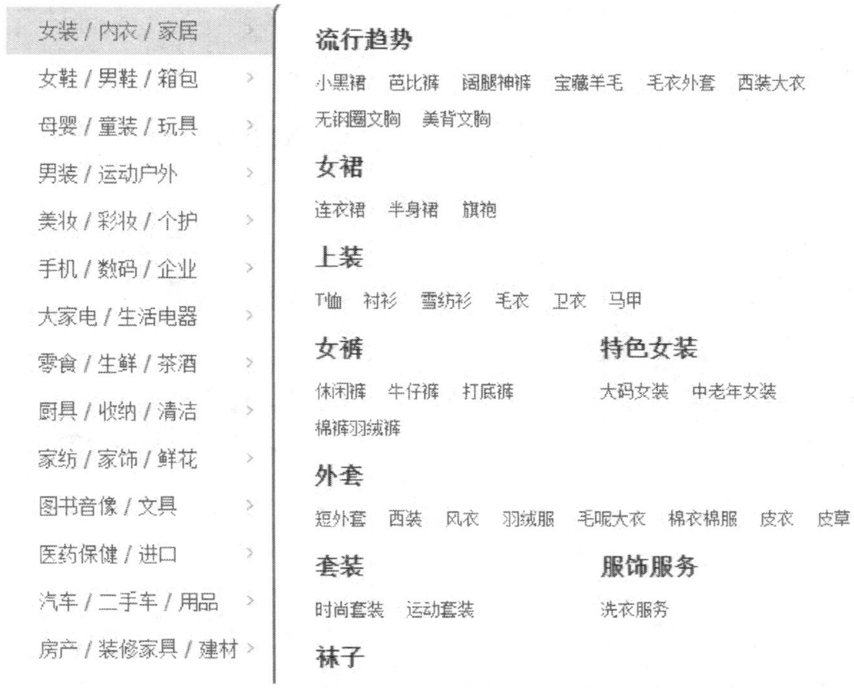


图 3-2　淘宝的前台类目

### 4．前台类目和后台类目的映射关系

由于前后台类目的分离，需要通过映射的关系，将前台类目和后台类目进行关联，常见的映射关系有以下四种。

（1）一对一关系类目

这种映射关系适合电商平台初期，以及商品品类不多的情况下使用。后台类目与前台类目是一对一的关系，前台类目直接将后台类目映射过来，在前台呈现，如图 3-3 所示。

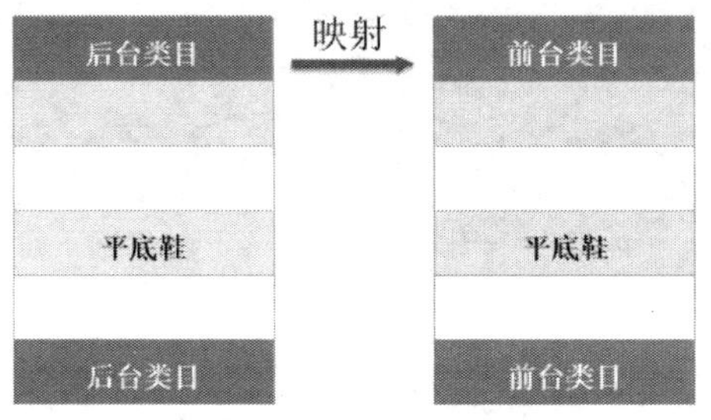


图 3-3　平底鞋类目一对一映射

（2）多对一关系类目

后台多个类目下的商品有相同的属性，前台类目通过聚合的方式，将后台类目中具有相同属性的类目聚合映射成一个类目，如图 3-4 所示。

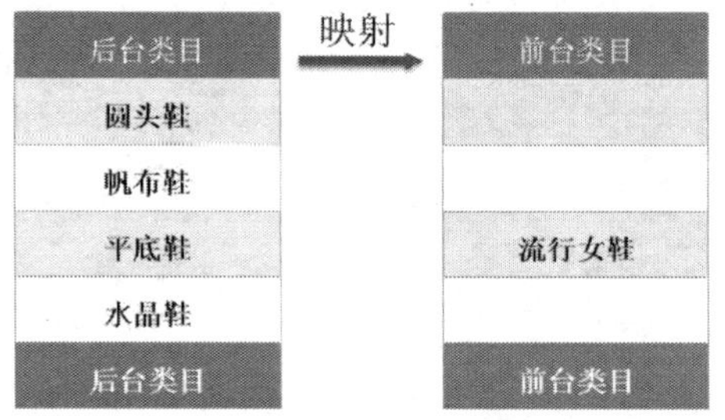


图 3-4　平底鞋类目多对一映射

（3）关键词类目

输入关键词搜索或者点击文字链接，直接搜索出系统中与关键词有关的类目商品。图 3-5 为淘宝的关键词类目。

图 3-5　淘宝的关键词类目

（4）链接类目

通过某种链接的方式，用户点击后会直接到达某一相关链接的页面。图 3-6 上方和右侧为京东的链接类目。

家用电器
手机/运营商/数码
电脑/办公
家居/家具/家装/厨具
男装/女装/童装/内衣
美妆/个护清洁/宠物
女鞋/箱包/钟表/珠宝
男鞋/运动/户外
房产/汽车/汽车用品
母婴/玩具乐器
食品/酒类/生鲜/特产
艺术/礼品鲜花/农牧园艺
京东买药/计生情趣
图书/文娱/教育/电子书
机票/酒店/旅游/生活
支付/白条/保险/企业金融
安装/维修/清洗/二手
五金机电/元器件

手机频道 >　网上营业厅 >　配件频道 >

**手机通信 >** 手机　游戏手机　5G手机　拍照手机　全面屏手机　学习手机　对讲机　以旧换新　手机维修

**运营商 >** 合约机　手机卡　宽带　充话费/流量　中国电信　中国移动　中国联通　京东通信　挑靓号

**手机配件 >** 手机壳　贴膜　手机存储卡　数据线　充电器　创意配件　手机饰品　手机电池　苹果周边　移动电源　手机支架　拍照配件　手机散热器　手机屏幕

**摄影摄像 >** 数码相机　微单相机　单反相机　拍立得　运动相机　摄像机　镜头　户外器材　影棚器材　冲印服务　数码相框

**数码配件 >** 存储卡　三脚架/云台　相机包　滤镜　闪光灯/手柄　相机清洁/贴膜　机身附件　镜头附件　读卡器　支架　电池/充电器　运动相机配件　手持稳定器　户外电源　耳机配件　智能手表配件　智能手环配件

**影音娱乐 >** 蓝牙/无线耳机　音箱/音响　智能音箱　收音机　麦克风　MP3/MP4　专业音频　音频线　有线耳机　直播设备

**智能设备 >** 智能手表　智能手环　监控摄像　智能出行　XR设备　智能家居　健康监测　无人机　智能机器人　智能配饰　运动跟踪器　智能儿童手表　VR/AR配件

**电子教育 >** 学习机　点读机/笔　早教益智　录音笔　电纸书　电子词典　复读机　翻译机

图 3-6　京东的链接类目

类目设计是电商平台的起点，一个好的类目设计会影响整个电商平台的搭建。类目的搭建并不复杂，复杂的是类目实际场景的应用。只掌握最本质的核心，才能根据实际的业务场景找到适合自己产品的类目设计。

## （四）产品属性

### 1．产品属性定义

属性是指某个商品的特性，属性值即属性的具体内容。对于电商平台来说，属性主要是商品的品牌、尺寸、大小、颜色等。对于品牌属性而言，其属性值可以为对应品牌名称。如图 3-7 所示。

所有分类 >

| | |
|---|---|
| 品牌： | 华为　honor/荣耀　Xiaomi/小米　vivo　Apple/苹果　OPPO　三星　魅族　OnePlus/一加　nubia/努比亚　索尼　联想　飞利浦 |
| 机身内存ROM： | 512GB　256GB　128G　64g |
| 附加功能： | GPS　重力感应　光线感应 |
| 网络类型： | TD-LTE/FDD-LTE/TDS/...　无需合约版 |
| 筛选条件： | 像素 ⌄　相关分类 ⌄ |

图 3-7　京东数码产品的属性与属性值

### 2．产品属性设计

属性与类目类似，都是为了更好地管理商品。属性的设计主要从以下几个方面着手。

（1）公共属性

公共属性指的是其他类目可以共用的属性。对于衣服而言，其属性有很多。

（2）销售属性

销售属性又称“规格属性”，该属性是组成 SKU 的特殊属性，直接影响到买家的购买和商家的库存管理。

（3）关键属性

关键属性指的是能唯一确定商品的属性。关键属性可以是一个属性，也可以是一群属性的集合。

（4）枚举可能性

枚举可能性指的是该属性的属性值能否完全枚举。对于品牌、重量、体积等属性，其值非常多，不可能由运营人员或产品经理来进行完全枚举。这需要商家的协助，即系统预置一部分属性和属性值，由商家自行进行填充扩展，后续系统根据该属性及属性值的使用次数，将其系统化，减少商家的操作复杂度。

（5）基础属性

能够确认商品的唯一性，关键属性可以是单个属性，也可以是一个属性组。

（6）规格属性

组成 SKU 的属性单元，直接影响用户购买和卖家的库存。

（7）描述属性

描述商品特征。

## 三、SKU

### （一）SKU 概念

SKU 全称为“Stock Keeping Unit”，是库存量单位的英文缩写，即库存进出计量的基本单元，可以是以件、盒、托盘等为单位。SKU 是指一款商品，每款都出现一个 SKU，便于电商品牌识别商品。单品 SKU 销售分析提供 SKU 信息统计、价格指标分析、加购指标分析、下单指标分析、支付指标分析；可以帮助店铺了解单品 SKU 的销售状况，了解消费者的价格、颜色、功能等喜好，从而为店铺在产品研发、营销策略、价格策略、产品库存管控等方面提供有力判断依据，帮助商家找准商品定位、目标消费人群、优化商品结构、提升整店单品转化率。

### （二）SKU 数据指标

SKU 销售详情查询，提供了 SKU 信息（颜色、功能）、价格、当前库存、新增购件数、下单件数、下单买家数、支付件数、支付买家数的数据统计展示。同时，也提供 SKU 的销售趋势分析。

SKU 数据指标共分为数据来源、加购指标、下单指标、支付指标四个部分。

### （三）SKU 查询功能

SKU 销售分析的结构，能够全面地了解单个 SKU 整体的销售、价格、颜色、结构等，

并了解消费者的购物倾向趋势。其查询方式如下。

进入专题工具下的单品分析模块，生意参谋提供了三种查询方式：单品链接查询、系统推荐查询、最近浏览查询。

通过 SKU 销售分析，验证产品开发策略是否有效，价格体系是否合理，单品营销策略是否对引流起到作用。帮助商家发现产品中的潜力爆款，为更新换代产品提供有力的市场依据，从而进一步提升整店商品动销率。

### （四）SKU 指标分析

SKU 分析要结合运营中遇到的问题和需求，加入不同指标数据进行多维度分析。常见的指标分析有定价是否合理、颜色是否受欢迎、结构是否合理、营销是否有效、访客行为分析、销售趋势分析等。

#### 1. 定价是否合理

加购指标、下单指标、支付指标、平均支付价格这四项指标都比较高的，说明消费者对价格能接受，商品定价合理；如果指标比较平稳，说明消费者对此商品消费已趋理性，商品定价适中；指标波动比较大，说明商品价格偏高，消费者不买账，要适时调整产品价格或进行产品推广和营销。

#### 2. 颜色是否受欢迎

分析 SKU 颜色喜好度，可以结合两个指标维度进行分析，分别为下单指标、支付指标。下单、支付都比较高的，说明此颜色商品受欢迎；反之，则不受欢迎。对于不受欢迎的 SKU 颜色，商家可以进行下架或清仓处理。

#### 3. 结构是否合理

多 SKU 的商品，需要通过下单指标、支付指标、平均支付价格去判断。如果下单及支付高度集中在一两个 SKU 上时候，说明其他 SKU 消费者购买意向不强烈；再结合支付价格去判断，是不是因为价格因素影响了其他 SKU 的成交。如果是，可通过调整价格或进行商品促销等手段来提升。另外，对于低下单率、低支付率的 SKU 可以进行适时的调整，减少 SKU，或整合成另一款单品商品进行推广。

#### 4. 营销是否有效

常见的单品营销方式有满减、折扣、主题营销等。可以结合下单指标、支付指标、平均支付价格三个维度去判断。下单及支付的件数、金额、人数都比较多的，说明营销活动很成功；反之，营销活动失败。如果整体销售额较之前没有开展营销活动时提升不明显，说明促销力度不够或营销手段比较单一，应适时加大促销力度及营销策划。

#### 5. 访客行为分析

通过加购指标、下单指标、支付指标三个维度的数据分析，可以在测款阶段对访客的行为进行推断。商家可以依据数据，及时调整 SKU 结构、商品开发、供应链的协同等工作的开展。

6．销售趋势分析

销售趋势分析，是店铺运营管理中很重要的一个环节。每一个单品都有多个 SKU，但并不是每个 SKU 都有很高的成交率。SKU 分析可以帮助店铺找出每个单品销售的问题点，逐个 SKU 去优化提升，这样才能提升整店的动销率。

## 四、单元思考

### （一）判断题

1．淘宝搜索、淘宝活动、淘宝首页、淘宝论坛、淘宝频道页面等所带来的流量都是淘宝平台内的免费流量。（　　）

2．搜索流量的影响因素主要包括店铺层级、店铺动销率、店铺的售后服务。（　　）

3．对于电商平台来说，属性主要是商品的品牌、尺寸、大小、颜色等。（　　）

4．下单指标、支付指标、平均支付价格等维度，并不能够判断营销是否有效。（　　）

### （二）简述题

1．简述免费流量的概念。

2．简述淘宝搜索流量。

3．简述淘宝类目的概念。

4．简述 SKU 概念与功能。

### （三）课堂讨论

淘宝平台的免费流量越来越向天猫店铺倾斜，尤其搜索流量。在搜索关键词前三页展现的，大部分都是天猫店铺的产品。很多淘宝店卖家感觉到流量的压力，免费流量越来越难获取。

讨论：淘宝店运营在企业整体电子商务布局中的作用。

**知识映射：**理解企业整体与局部的关系。

## 五、实战操练：SKU 分析

**知识映射：**通过实践，解决商品品类选择的问题。

### （一）任务导入

小张负责的运动鞋网店，不断扩充这个店铺的 SKU 数量，各种 SKU 都有销售，但是销售不是很好。现在，需要帮助店铺找到“爆款”，提升转化；对于有转化没有动销的店铺，一定是有大量的滞销品，这个时候要赶紧替换。对店铺作分层运营和管理，销量好的商品要不断扩充 SKU，高潜力店铺打造爆款，不稳定店铺处理滞销品，只有这样才能全面提升店铺。

（二）操作思路

1. 安装店查查插件。
2. 分别进入商品详情页，在店查查插件中，点击“评论分析”，并开展数据处理。
3. 分析数据，形成相应结论。

（三）小试牛刀

试以运动鞋为对象，按照以上流程，通过分析竞店的 SKU，寻找合适的 SKU。

# 任务三　自主访问流量数据分析与营销

## 【学习目标】

（一）知识目标

了解自主访问流量概念、访问情况。
了解直接访问流量、作用。
了解商品收藏的概念、意义、对店铺的影响。
了解店铺收藏的概念、意义。
了解购物车流量概念、作用、功能。

（二）能力目标

能根据店铺直接访问流量，分析当前店铺的情况。
能根据店铺商品收藏，提升产品收藏、加购物车量。
能根据店铺收藏的情况，提出提高客户的店铺收藏量主要方法，提高店铺的有效收藏。
能根据购物车的情况，制定对应的营销策略。

（三）职业目标

通过流量分析，提升学生创新分析和小组合作能力。
了解信誉贷款本质，培养和树立正确的消费观。

## 【学习关键词】

自主访问流量、直接访问、宝贝收藏、店铺收藏、购物车。

## 【课程案例】以史为鉴：欧洲人对瓷器的狂热收藏

在 17、18 世纪，随着葡萄牙与中国建立起贸易关系，瓷器、丝绸、香料开始源源不断地运往欧洲，推动了欧洲各国的瓷器收藏热，掀起了一场延续至 19 世纪中期的“中国风”。欧洲贵族对中国瓷器的追捧到了疯狂的地步。据统计，从荷兰东印度公司建立到康熙三十四年间（1602—1695 年），贩运到欧洲的中国瓷器达 2000 万件，主要包括明清时期的青花、五彩及广彩瓷器。

**知识映射：**瓷器，中华文化的小集合。

## 【课程案例】以今为用：七针坊的产品迭代与粉丝运营

七针坊的产品以制造手工拖鞋的材料包为主，这个材料包包含制作一双拖鞋需要的所有材料。看似简单的产品设计，却经过精确的成本考量。首先，毛线拖鞋的制作工艺并不复杂，相比手工毛衣，拖鞋容易上手，制作周期短，且复购率高。其次，材料包的售卖方式显得讨巧，模式更轻。如果售卖成品拖鞋，七针坊面对的是相对成熟的线上家居市场，产品竞争力弱。同时，成品的制作时间、成本都需要大量的资金周转，而材料包省去了占比最大的手工成本，只需较少的资金，就能支持货品运转。

通过解决客户的兴趣需求，以过硬的教授技巧与产品的质量保障，为七针坊积累了与粉丝之间的信任，这让七针坊的产品复购率达到 80%以上。总结经验：最核心的就是产品和内容，并控制第一手货源，自己设计款式和制作，严控质量，从而取得粉丝信任。

**知识映射：**手工针织品一直都是国人的骄傲。

## 一、自主访问流量概念

直接访问被搜索引擎称为“直达”，带来的流量是指网民通过在浏览器上直接输入网址或者通过点击收藏的网站地址对网站进行的访问。所有无法知道来源的流量都会被归入直接访问，包括点击 QQ 的聊天链接进入网站等。

直接访问的情况主要包括以下内容。

（1）在浏览器输入店铺的域名，直接访问网站；

（2）已经收藏了店铺的网址，直接点击访问网站；

（3）浏览器历史记录，直接点击访问网站；

（4）网址被植入某个软件内，用户在软件环境点击网址；

（5）站内的跳转，被搜索引擎算成了直接访问流量；

（6）移动端自适配，网站做了移动端自适配，手机用户通过其他渠道访问网站的 PC 页面时，自动给跳转到对应的 HTML5 页面，被搜索引擎算成了直接访问流量；

（7）其他所有无法知道来源的流量都被归为直接访问。

## 二、自主访问流量类型

### （一）直接访问流量

#### 1. 直接访问流量概念

直接访问流量是指访客通过输入店铺地址或者是通过浏览器收藏夹等方法直接进入店铺中。

#### 2. 直接访问流量的作用

（1）提升店铺流量和人气值

关键字的权重值实际上就是商品的权重值。在店铺的排名检索总流量水准高过行业平均水平，店铺的商品的关键字权重值才会出现一定的提高。因此，要留意销售量一定要配对总流量的总数，店铺的关键字的权重值才会提高。

（2）提升营业网点的黏性

客户进入网店，如果看到店铺和商品有大量的访问量，用户一般会有从众心理，而对店铺和商品多加关注。这样一来，店铺 PV 和交易量概率也会有所提升。

（3）提升商品在主题活动中的排名

一个高的商品访问量能够提升商品在主题活动中的排名。

### （二）宝贝收藏

宝贝收藏是指访客通过收藏夹里的商品进入店铺中。

#### 1. 宝贝收藏对店铺的影响

淘宝收藏加购对商品有很大的影响，收藏和加购是直接增加商品人气权重的一种方式。人气权重这个维度在搜索排序维度中权重占比有很大提升，但是，不管是点击、收藏还是购买，访客一定是要旺旺号登录状态浏览才会有加权。

（1）个性化

首先购买过、收藏过或者浏览过的买家会优先匹配店铺，通过个性化设计，创造更多真实的访客和更多的收藏，不论客户是否购买，只有留下访问足迹，都会对店铺有所助益。

（2）全店动销率

同样需要去关注自己店铺的所有商品，以及那些没有销量、没有流量的商品。如果 10 天没有访客，这个商品就会不断拉低店铺权重。除了下架这类商品，还要巩固店铺权重，提高店铺整体动销量。

（3）商品潜力度

淘宝在加购、收藏上面的权重也是相当重要的，一款有潜力的商品，在购物车的数量上和收藏上一定不能弱于对手。通过增加宝贝加购和收藏的概率，以提升商品潜力度，最终提升店铺商品的权重。

（4）买家喜好度

买家喜好度综合了多种维度，如点击率、咨询率、下单率等。直接表现为产品图片是否受欢迎、获得曝光后是否能获得更多点击、客户点击后是否能吸引客户咨询、客户咨询后的下单率是否更高等。

（5）销量权重累计

尽管有一些成交是来自淘客、站外以及活动，但如果销量足够多，店铺也能有稳定的出单，适当让利也是可以的。

（6）店铺和商品的部分完整程度

只要是免费的，能够开通的，尽量都去开通；能够完善的，也尽量去完善；能够配合的，尽量去配合。通过这种方法，来提升店铺和商品的完整程度。

#### 2. 提升产品收藏加购的方法

（1）直通车付费推广

直通车推广的信息载体是直通车创意，所有推广产品信息、卖点、促销等都通过创意图片和创意标题展示给消费者。

（2）引导文案

可以通过设置 SKU 零库存的方法，收藏加购保证售后服务，但如果对店铺产品信息不足，那效果也会大打折扣。

（3）加购享特权等

可以在详情页收藏加购专享价、收藏加购送运费险等。

### （三）店铺收藏

店铺收藏是指访客通过收藏夹里的店铺收藏进入店铺中，店铺的收藏量在一定程度上也代表了店铺人气的高低，提高淘宝店铺的收藏加购量是店铺经营的重要手段。店铺收藏的用户对于店铺风格是非常有需求和好感的，一般是老客户和潜在老客户。主要影响因素如下：店铺装修风格发生变化，影响老客户喜爱；店铺商品风格发生变化，影响老客户喜欢。

#### 1. 收藏店铺和关注店铺的区别与联系

收藏店铺和关注店铺是不同客户端的相同操作，收藏店铺是电脑端的操作，关注店铺是手机端的操作，虽然是在不同客户端的操作，但二者的本质却没有太大的区别，店铺的收藏量和关注量同等重要。

#### 2. 店铺收藏的意义

店铺收藏的数量是影响店铺人气的一个重要因素，收藏人气的高低直接影响店铺和商品的搜索排名，间接影响店铺销售量。首先，店铺收藏人数的增加能够增加客户对店铺的信任。客户打开店铺主页后就能够看到收藏这家店铺的人数，通过这个数据，客户就能够知道这家店铺是否受欢迎，这会影响客户的购买心理。其次，店铺的收藏人数增加也能够为销量打下基础。收藏量越大，客户就会对这家店铺越放心。店铺的关注人数越多，这家店铺的排名也就越靠前，越容易被新客户注意到，从而增加销量。

### 3．提高店铺收藏的方法

淘宝店铺收藏的方法有很多，主要方法如下。

（1）开展收藏送礼品的活动

在客户光顾店铺的时候，通过收藏送礼品活动，诱导客户收藏加购自己的店铺。这种方法成本不高，是吸引大量客户收藏店铺的常规手段。

（2）开展收藏送优惠券的活动

卖家可以设置，买家收藏和加购，赠送优惠券，私聊客服领取。店铺的店招内容，收藏和加购，截图说明，私聊客服，即可领取优惠券，抵扣商品的价格。

（3）收藏加购赠送淘金币

由于淘金币可用来抵扣商品付费钱款，因此，可以设置收藏送淘金币，来吸引买家收藏店铺，增加收藏率。

（4）通过淘宝客增加收藏

淘宝客既是店铺商品推广的重要方式，也是店铺的潜在的客户。在合理的佣金吸引下，大量的淘宝客会收藏这样的店铺。同时，淘宝客在收藏店铺后，还会努力去推广店铺商品。

（5）参加淘宝卖家群组，相互收藏

寻找并参加淘宝卖家聚集的群组，在这些群组中，找到趣味相投的淘宝卖家，互相收藏对方的店铺。这样既提高了店铺的收藏量，也储备了潜在客户。不仅节约店铺收藏方面的成本，而且这类收藏非常精准。

## （四）购物车流量

购物车流量是指买家有浏览店铺的历史，并且将店铺的商品加入了购物车。一段时间后，用户通过购物车里面的商品链接，点击进来找到店铺产品，这类型的客户的转化比较高。对于这样的客户，最好是通过购物车营销，发放一定面值的优惠券，能够更好地达成转化。

### 1．购物车营销工具的作用

（1）提高商品权重

获得淘宝平台的自然搜索流量的前提是商品的搜索关键词有一个好排名，让客户搜索时能与店铺商品标题相关的关键词匹配，拍的产品能够排在客户搜索页面的前几页。而关键词想要有好排名，就必须获得“精准人群标签”的匹配、人气、成交、确认好评等一系列完整的体验。

（2）优化店铺商品数据

淘宝店铺中商品的基础销量、基础评价、问大家、信誉、DSR 评分等，是提升店铺转化率的手段。如果商品中大量出现中差评，对于商品的转化率影响就非常大。补单可以对以上指标进行优化，从而提升店铺商品数据。

（3）提高店铺权重

店铺权重将影响单品权重，即店铺单品做得很好成为爆款单品，但是店铺权重低下，原本能获得 90%～100%的流量展现，可能到最后只得到 50%～80%。

### 2. 购物车营销工具功能

主账号登录 ecrm.taobao.com，运营计划>智能工具>购物车营销。

（1）查看商品加购列表。

（2）查看商品加购人群画像。

（3）创建购物车营销活动。

（4）筛选活动人群。

（5）设定限时活动价，不同价格覆盖不同数量加购人数。

（6）查看活动列表。

（7）查看活动详情。

### 3. 购物车营销策略

（1）收费要透明。

（2）无须创建账号。

（3）创建“稍后结算”或“添加到收藏清单”选项。

（4）用友善的“提醒邮件”再定位购物者。

（5）使用安全标志建立信任。

（6）提供多种付款选项。

（7）便于移动客户购物。

（8）提供即时客户服务。

（9）自动申请折扣码。

（10）确保网站具有可扩展性和网速快。

## 三、单元思考

### （一）判断题

1. 作为网站运营者来说，初期更多依靠搜索引擎和自然排名流量。（　　）

2. 当店铺关键词搜索流量水平高于行业平均水平的时候，店铺的商品关键词权重就有一定的提升。（　　）

3. 收藏人气的高低直接影响店铺和宝贝的搜索排名，间接影响店铺销售量。（　　）

4. 购物车流量是指买家有浏览店铺的历史，并且将店铺的商品加入了购物车。（　　）

### （二）简述题

1. 简述自主访问流量的概念。

2. 简述直接访问流量的作用。

3. 简述宝贝收藏的意义。

4. 简述店铺收藏的意义。

5. 简述购物车流量的作用。

（三）课堂讨论

提起花呗，年轻人再熟悉不过了，可以说花呗改变了我们的生活方式，让我们实现了超前消费。无论是花呗还是京东白条，他们的本质都是信誉贷款。为了让更多年轻消费者借贷，花呗曾推出的宣传广告“年轻就是，花呗”。

讨论：花呗作为很多年轻人优先清空购物车的方式，是否值得推崇？

**知识映射：**大学生超前消费不可取。

## 四、实战操练：竞店收藏分析

**知识映射：**通过实践，解决竞店分析的问题。

（一）任务导入

山东某服饰有限公司创始于 2010 年，是淘宝早期集研发、设计、销售于一体的婚庆服饰电商公司。自创立以来，公司历经了多次改革创新，现有员工 100 余人，总部设有电商运营、直播运营、仓储供应、产品研发等部门。近期，网上出现与店铺内相同款式的商品在销售。为了分析竞争对手，公司决定开展竞店同款商品的收藏数，并进行分析。

（二）操作思路

1. 安装店透视插件。
2. 分别进入商品详情页，在店透视插件中，点击店铺分析，并开展数据处理。
3. 分析数据，形成相应结论。

（三）小试牛刀

试以店铺商品为对象，分析竞店同款商品的收藏情况。

# 任务四　站外流量数据分析与营销

【学习目标】

（一）知识目标

了解返利网站流量的概念和方法。
了解社交网站流量的概念和方法。
了解导购类网站流量的概念和方法。
了解团购网站流量的概念和方法。
了解广告联盟流量的概念和方法。
了解公益营销流量的概念和方法。
了解自媒体流量的概念和方法。

### （二）能力目标

根据网店其他流量情况，分析网站流量的价值。
根据店铺运营情况，选择合适的站外其他流量。

### （三）职业目标

引导学生正确的法律意识，合理引流，诚信经营。
用心感受客户的需求，提升企业带来流量，培养学生服务企业和客户的职业精神。

### 【学习关键词】

返利网站流量、社交网站流量、导购类网站流量、团购网站流量、广告联盟流量、公益营销流量、自媒体流量。

### 【课程案例】以史为鉴：秦大一统的经济意义

《礼记·中庸》第二十八章中“今天下车同轨，书同文，行同伦”，指的是秦始皇在灭亡六国之后，车马走在相同的轨道上，用同样的文字书写，行为有统一的价值观，这为我国统一的多民族国家的建立与发展奠定了基础。统一度量衡，使长度、容量、重量，都有统一的标准，便利了经济的发展。统一货币，把秦国的圆形方孔钱，作为统一的货币，通行全国，这对促进各民族各地区的经济交流，十分有用。

**知识映射：**秦的大统一，是中国历史上首次大一统，为统一的经济创造了基础。

### 【课程案例】以今为用：丁真爆红的流量背后

来自四川甘孜州的康巴小伙丁真因为一条抖音视频意外被大众发现，短短几周，这个外形出众的年轻男孩凭借纯粹清澈的气质和他独特的成长背景，掀起了一场传播量超过 50 亿次、官方媒体、文旅官博和当地政府机关都参与互动的大型网络传播事件。

四川省甘孜州文化广播电视和旅游局迅速请来丁真拍摄了一条当地宣传片，并以“理塘丁真”的形象推广宣传，迅速将四川甘孜州理塘这个原本知名度不够高的县城在互联网推广。数据显示，2020 年 11 月 20 日起至 11 月底，“理塘”的搜索量增长了 620%，比国庆假期整整翻了 4 番。

打开淘宝搜索丁真，便会弹出“即时热门推荐”丁真的世界专栏，丁真同款耳饰、同款外套都在推荐列表中。丁真戴着藏族松石耳饰、穿着民族服装的外形也被符号化，成了品牌借势营销的对象。

**知识映射：**人们对于纯真的渴望和民族团结的认同。

## 一、网站流量的价值

直接访问来源反映了一个网站被用户知道、记住、喜欢、收藏，亦即品牌度的衡量指标。搜索引擎则是通过各搜索引擎的检索结果点击访问，它是衡量网站优化及排名表现的指

标。外部链接是通过外推的时候留下的链接进到网站的访问，它反映了一个网站在外链建设方面的表现。不同网站流量的价值具体如下。

（1）收藏夹、浏览历史直接访问网站，用户已经认同网站的内容，才会再次来到网站，对用户有价值的网站流量都会参与搜索引擎排名计算，给予一定权重分。

（2）搜索词来访问网站，是运用的搜索引擎的工作原理，对网站排名非常重要。

（3）外部链接来到网站的 IP 非常复杂，搜索引擎算法更新降低了大多数的外链权重。搜索引擎通过能判断外部链接的权重来决定，高权重的网站指向网站，实现的是友情链接的价值。

（4）每个来到网站的 IP 都会贡献一定的 PV 量、访问深度，同时也伴有跳出率。页面质量如果不高，PV 产生的权重分也会降低。

（5）新老访客权重不可相同对待，百度、淘宝都注重老用户。

（6）访问设备的不同，搜索引擎给的投票机制也不同。很多网站没做好移动端页面，搜索引擎会进行转码，方便用户访问。要想获得高权重，网站必须做好移动端优化。

## 二、站外流量的类型

### （一）返利网站流量

#### 1. 返利网站简介

返利网站是一种用户购买，网站给用户返一定佣金的模式。它们把商品推荐给用户，吸引用户成为它们的忠实客户。抽取的佣金，是为了吸引用户成为商家的老客户，从而在淘宝上购买更多的商品。网站与商家达成协议，凡是买家通过合作平台前往商家成功购买商品，商家根据商品金额支付给合作平台一定的费用，合作形式为 CPS 盈利模式，主要有返利网、返利优惠网购、易购网等。

#### 2. 返利网使用

（1）在淘宝返利网上注册一个账户。

（2）回到淘宝去寻找用户想买的商品。

（3）在找到要买的商品后，拷贝店铺地址，进入淘宝返利网查看这些商品的返利金额，是否有返利。

（4）从返利页面购买，这样就可以得到相应返利。

### （二）社交网站流量

#### 1. 社交网站简介

由于受众面非常广泛，社交网站成为店铺站外推广不可缺少的途径，是店铺进行站外引流的一个不错的选择。可以通过一些软文，或者是广告设计来进行店铺产品的推广。通过开展关系营销，建立新关系、巩固老关系，以支持其业务的发展。其特点主要有：属于私域流，粉丝精准，价值度高，可以定向投放给粉丝，投放可掌控，可带链接、带话题、精准地投放给粉丝，可以直接促进转化率。主要有微博、微信、贴吧、人人网等。

2．无线社交渠道引流优势

无线端流量占比越来越高，商家就可以通过分享赚产品让消费者变为店铺的代言人，通过消费者分享获取无线社交渠道流量。其优势主要包括有：

（1）专属无线社交流量

消费者通过纯无线的社交渠道进行分享，从而带来更多无线社交回流用户，流量更精准，转化率更高。

（2）CPA 计费模式

以奖励刺激消费者分享，分享带来回流用户商家才会支付费用，引流越高奖励越高，降低商家引流成本。

（3）老客互动奖励

通过官方渠道唤醒店铺老客，老客帮店铺带来新客的同时跟老客产生互动奖励，大大提升老客的黏性。

3．无线社交渠道引流方法

（1）登录淘宝客后台：https://ad.alimama.com/index.htm。

（2）选择投放场景（计划管理—分享赚管理—分享评价）。

（3）充值到账号且设置分享者奖励金额和无门槛优惠券。

（4）查看每日效果报表。

### （三）导购类网站流量

1．导购类网站简介

团购能够以较低的价格获得商品，对买家来说也节省了资金，因此，受到了众多买家的追捧，同时，也给店铺带来更多的流量。导购类网站通过指导对网上购物不熟悉的消费者，把各大电商网站进行对比后，挑选出一些性价比高的商品导购网站。站外推广的质量和用户精准性均较高，相对于站内推广，其营销成本跟技术门槛都很低。主要有蘑菇街、美丽说、口袋购物等。

2．导购网站盈利方式

电商导购是作为连接用户和电商、品牌商的中间平台，一方面通过精准投放和链接，打通营销与销售环节，为平台和商家在短时间内将流量转化为交易；另一方面帮助用户在海量线上商品和服务信息中排除冗余无效信息，作出消费决策并关注高性价比的商品服务，降低用户信息甄别成本，提高购物体验。电商导购平台主要的盈利模式为以 CPS、CPC、CPT、CPM 等方式，面对商家收取佣金，以 CPS 为最主要的结算方式。

3．导购网站类型

电商导购平台吸引流量的方式，主要有价格类和内容类两种。

（1）价格类导购

通过指定渠道购买商品可获得一定的消费返利或折扣、快速获取各平台商品比价及优惠

信息，在国内外商品价差较大情况下提供海淘辅助功能。代表平台有返利网、粉淘吧、惠惠网、北美省钱快报等。

（2）内容类导购

通过图文、视频、线上线下场景互动等方式进行内容营销（UGC、PGC 等），解决过剩信息问题，激发用户消费需求，促进购物成交转化。典型代表包括小红书、值得买、虎扑识货、半糖、礼物说等。

### （四）团购网站流量

#### 1．团购网站简介

借助互联网力量来聚集流量和资金，加大网站与商家的谈判能力，以求得最优的价格和单独购买时得不到的服务。目前主要合作形式为 CPS 盈利模式，以售卖广告位的形式，相对于库存较多的商家是不错的出货渠道。主要有大众点评、美团、唯品会。

#### 2．团购网站引流方式

社区拼团是一种线上线下相结合的场景拼团模式。它以社区为核心，通过招募团长建立社区拼团微信群，聚集同一社区中有相同购物需求的居民来获取流量，团长可从销售额中抽取一定比例的佣金。在社区团购中，社群引流技巧主要有社区群引流、地推引流、小程序引流。

### （五）广告联盟流量

#### 1．广告联盟简介

广告联盟指集合众多网络媒体资源组成联盟，通过联盟平台帮助广告主实现广告投放，并进行广告投放的数据检测统计。广告联盟推广是一个常见而且有效的推广方式，互联网上的广告联盟推广方式非常多。为了获得更多广告联盟流量，不但要找到一个适合自己的联盟推广方式，还要为自己的网站做好引流。主要有 Google Adsense、阿里妈妈、百度联盟等。

#### 2．广告联盟的注意事项

（1）有效访问

所有的广告都是记录 IP 访问的，对于失效的、无效的、虚假的、无法查到的 IP，广告联盟都不会计算在内。

（2）有效展示

对于用户打开广告，刚打开就关闭了，或者打开了还在读条中，没有完全展示就关闭了。有些是通过聚合页面的展示，如果是下载广告，下载到半截，或下载未安装，这些行为都视为无效的。

（3）重复投放

很多广告联盟，对于很多相同的广告投放，在访问者点击过别人的广告，再点击与自己相同的广告时，就有可能记录为无效。

### （六）公益营销流量

#### 1．公益营销简介

公益营销是一种站外引流的渠道，只是这种渠道是比较难获得的，如果有这样的合作机会店铺一定要把握。公益营销能够给店铺带来的不仅是流量，还能够提高店铺中产品的品牌知名度与品牌口碑。

#### 2．公益营销策略

（1）恰到好处地结合社会热点

恰到好处地结合社会热点事件或话题，往往是公益营销的第一步，品牌需要做的是筛选契合品牌特质的热点。

（2）借用情怀，赢得口碑

内容营销大多赢在创意，而公益营销则往往赢在情怀。用情怀获得消费者的情感共鸣，继而拉近和消费者之间的距离，塑造良好的品牌价值。通过消费者的口口相传，树立品牌良好的口碑，得到更多消费者的认可和支持。

（3）淡化营销目的，注重活动细节

在消费者眼中，只有当其公益性质胜过其营销本质时，才能称得上一次成功的公益营销。在公益营销中，品牌就需要刻意淡化营销目的，充分强调公益事宜。成功的公益营销，可以使企业在实现自身社会责任外，让品牌知名度、美誉度大幅提升，达到事半功倍的效果。

### （七）自媒体流量

#### 1．自媒体简介

自媒体是发展势头非常强劲的渠道。一个好的自媒体有众多的粉丝，如果店铺能够在优秀的自媒体上进行宣传，就能给店铺带来非常多的流量。卖家可以和他们进行合作，获得在自媒体上进行商品广告投放的机会。

#### 2．自媒体流量主要方法

（1）文章引流方法

通过软文不动声色地为自媒体账号吸引粉丝，带来流量，增加品牌的曝光。整篇文章通读下来，确实是分享干货，网站的受众群体和读者感到文章给他带来帮助，或者启发了思路。分享价值的文章，有助于文章质量的提升。

（2）视频引流方法

利用短视频引流要做到专注与精通，专注一两个视频平台获取流量的话，最好原创短视频，领域垂直度高，有闪光点。批量布局短视频，盈利一般靠多号平台广告分成实现收益。

## 三、单元思考

### （一）判断题

1．返利网站是一种用户购买商品，网站给用户返一定佣金的模式的网站。 （ ）

2. CPA 计费模式是以奖励刺激消费者分享，分享带来回流用户商家才会支付费用，引流越高奖励越高，降低商家引流成本。（　）

3. 线上线下融合，全场景导购是发展趋势。（　）

4. 公益营销与社会热点事件或话题没有太大关系。（　）

### （二）简述题

1. 简述网站流量的价值。
2. 简述返利网站流量概念。
3. 简述社交网站流量的概念。
4. 简述导购类网站流量的概念。
5. 简述团购网站流量的概念。
6. 简述广告联盟流量的概念。
7. 简述公益营销流量的概念。
8. 简述自媒体流量的概念。

### （三）课堂讨论

企业应该真正具有战略思维，而非竞争理念。对于企业来说，摆在第一位的不是如何竞争以及与谁竞争，应当是为什么客户服务的问题，为自己的客户选择做什么。

讨论：在经营过程中，用心感受客户的需求是否真的会给企业带来流量？

**知识映射：**用心去感受客户的需求。

## 四、实战操练：私域流量运营

**知识映射：**通过实践，解决私域流量运营的问题。

### （一）任务导入

完美日记初期通过在小红书投放大量腰部 KOL 及其在微信运营私域流量等方式实现了现象级的销售增长，成为消费品行业的明星创业公司。通过私域流量运营，2019 年的销售额高达 38 亿元，完美日记的私域运营已经成了整个行业的标杆。现制定店铺私域营销目标为，把用户引到个人号和社群，通过一系列福利让用户留存，再进一步的在朋友圈、社群促进用户的转化，让老用户复购。

### （二）操作思路

1. 引流路径的设计。
2. 引流渠道的安排。
3. 转化路径的实施。

### （三）小试牛刀

对完美日记的私域流量操作进行分析，根据店铺运营的公众号，策划私域流量运营。

# 项目四　客户数据分析与营销

客户营销是以客户为中心的营销方式，是通过利用存量客户信息，为增加存量客户的销售支出和提升客户价值，而进行的一种主动营销方式。

大数据背景下，用户的信息行为都能转换为数据信息，企业根据解析这种数据信息，发掘客户的潜在需求。利用大数据来全面了解客户及其行为，有助于制作适合目标受众的产品和消息。以大数据形式呈现的大量信息有助于提高受众的清晰度，可以非常方便地提供更多有用的、个性化的产品和服务。

## 任务一　用户画像数据分析与营销

### 【学习目标】

#### （一）知识目标

了解用户画像概念、要素、意义、作用。

了解用户角色与用户画像的区别。

了解用户画像的内容。

了解用户画像构建。

#### （二）能力目标

根据店铺具体情况，运用七步人物角色法，开展店铺用户画像分析。

根据店铺具体情况，运用十步人物角色法，开展店铺用户画像分析。

遵照用户画像流程，开展用户画像分析。

#### （三）职业目标

通过充分理解精准营销的理念，培养学生精准、严谨的品质。

开展用户画像分析时，鼓励学生进行自我画像的描述，勇于批评与自我批评。

### 【学习关键词】

用户画像、用户角色与用户画像、用户画像构建、七步人物角色法、十步人物角色法、用户画像流程。

【课程案例】以史为鉴：宋代商人的人群画像

在宋代，许多商人发现，不同阶层的人们对于所需要的目标商品需求存在差异。他们发现，贵妇、太太们对于化妆品、首饰的需求量大，而普通农妇对于这一类商品的需求量则较少；地主老爷们对于金丝布料的需求量较大，但普通农民对于这类商品的需求几乎为零。

**知识映射：**领略宋代不同阶级消费差异。

【课程案例】以今为用：一个企业家的画像

某著名的企业家，45 岁左右，尽管其家族比较富有，但一直保持重视节俭、严格教育子女的家规。平时的代步工具是打车，他觉得这样效率高，还不用雇司机，乘飞机出行总是坐经济舱。孩子在入学前，父母从不给子女零花钱；孩子上学后，才给他们少量的零花钱。他使用的生活用品以实用性、安全性优先，其次才是要注重价格。他经常在网上购物，即使在淘宝上购物，也不会因为促销打折而忽视其实用性和安全性的问题。

**知识映射：**树立实用性和安全性的消费观念。

## 一、用户画像概述

### （一）用户画像概念

用户画像是从真实的用户行为中提炼出来的一些特征属性并形成用户模型，代表了不同的用户类型及其所具有的相似态度或行为，这些画像是虚拟的用户形象。用户画像将人们划分成不同的群体，每个群体内都有相同或相似的购买行为，因为他们具有共同的价值观与偏好，对待某一品牌、产品或服务时也会体现出类似的态度。因此，用户画像所描述的是不同的客户群体最显著的差异化特点。用户画像最核心的功用在于帮助企业明晰是什么因素驱使不同的用户群体购买或使用该企业的产品与服务。标签化，是指按产品需要，给不同的用户特征贴上合适的标签。企业根据用户浏览、消费等行为，推断出这个用户的个人属性、社交属性、消费能力、购买需求、使用场景等信息。然后将信息进行归类，建立多元化、动态的客户标签。

### （二）用户画像的要素

P 代表基本性（Primary）：指该用户角色是否基于对真实用户的情景访谈。

E 代表同理性（Empathy）：指用户角色中包含姓名、照片和产品相关的描述，该用户角色是否有同理心。

R 代表真实性（Realistic）：指对那些每天与客户打交道的人来说，用户角色是否看起来像真实人物。

S 代表独特性（Singular）：每个用户是否是独特的，彼此很少有相似性。

O 代表目标性（Objectives）：该用户角色是否包含与产品相关的高层次目标，是否包含关键词来描述该目标。

N 代表数量性（Number）：用户角色的数量是否足够少，以便设计团队能记住每个用户角色的姓名，以及其中的一个主要用户角色。

A 代表应用性（Applicable）：设计团队是否能使用用户角色作为一种实用工具进行设计决策。

L 代表长久性（Long）：用户标签的长久性。

### （三）用户画像的作用

用户在企业发展的过程中有举足轻重的作用，主要作用如下。

#### 1．精准营销

在从粗放式到精细化运营过程中，将用户群体切割成更细的粒度，辅以短信、推送、邮件、活动等手段，予以关怀、挽回、激励等策略。

#### 2．用户分析

用户画像指导产品优化，做到产品功能的私人定制。产品早期，产品经理通过用户调研和访谈的形式了解用户，在产品用户量扩大后，调研的效用降低，这时候就可以辅以用户画像配合研究。用户画像的研究方向包括新增的用户有什么特征、核心用户的属性是否变化等。

#### 3．数据应用

用户画像是很多数据产品的基础，如，推荐广告系统，其广告投放是基于一系列人口统计相关的标签，包括性别、年龄、学历、兴趣偏好等。

#### 4．个性服务

业务人员通过已有标签或者自定义标签可以任意筛选用户，对用户导入做二次加工。

#### 5．业务决策

用户画像可以理解为业务层面的数据仓库，各类标签是多维分析的天然要素。根据用户画像信息，企业根据用户分布、竞品分析、地域分析、投资热度等多元化统计与分析信息，发现企业业务的优势和劣势，帮助企业做好相关的业务决策。

#### 6．风险控制

针对不同的用户群体画出相应的特征和画像，有助于了解不同的用户群体风险喜好、正常还款概率等。

### （四）用户画像的意义

#### 1．从战略层角度分类

（1）宏观战略角度

首先，构建具象认知，构建战略、战术方向。为了在核心用户上达成统一且形象的认知，方便在后续投入上有的放矢；根据用户画像的信息做产品设计，必须清楚知道用户画

像，有什么行为特征和属性，这样才能为企业提出战略和战术层面的指导。其次，探索用户足迹，用户或市场导向。详细了解店铺的真实用户是如何和产品及其相关内容进行互动等；从业务场景出发，解决实际的业务问题。进行用户画像是获取新用户，提升用户体验，挽回流失用户的有效途径。

（2）微观战略角度

构建底层数据基础，服务上层应用。用户画像可以作为广告或搜索引擎推荐系统的重要一环，并会对推荐效果产生较大的提升；还可以在金融系统中作为风控的一些规则和特征存在，来量化信用等级。

2．从管理层角度分类

（1）从企业战略层面来说

好的用户画像可以帮助企业进行市场洞察、预估市场规模，从而辅助制定阶段性目标，指导重大决策，提升 ROI。同时，有助于避免同质化，进行个性化营销。

（2）从产品本身角度来说

用户画像可以围绕产品进行人群细分，确定产品的核心人群，从而有助于确定产品定位，优化产品的功能。

（3）从数据管理角度来说

用户画像有助于建立数据资产，挖掘数据的价值，使数据分析更为精确，甚至可以进行数据交易，促进数据流通。

## 二、用户画像内容

### （一）用户画像模块

用户画像一般按业务属性划分四大模块。

1．人口统计

基本属性：姓名、性别、出生年月、籍贯、婚姻、学历。

注册：手机、邮箱、注册渠道、注册方式、注册时间。

2．社会属性

家庭属性：家庭组 ID、家庭类型、家庭人数、家庭小孩标签、家庭老人标签、家庭汽车标签。

企业：企业 ID、工作地点、企业行业、企业职位、收入。

终端设备：手机设备 ID、手机类型。

3．用户消费

消费属性：3/7/15/30 日内消费金额、3/7/15/30 日内消费次数、3/7/15/30 日内消费广度、首次消费时间、最后一次消费时间、消费间隔频次。

价值属性：价值指数、流失指数、忠诚指数。

消费周期：潜在用户标签、新客标签、老客标签、VIP 用户标签、流失用户标签。

4．用户行为

活跃属性：3/7/15/30 日内登录次数、3/7/15/30 日内登录时长、3/7/15/30 日内登录深度；
行为属性：3/7/15/30 日内评论数、3/7/15/30 日内点赞数、3/7/15/30 日内收藏数、3/7/15/30 日内浏览数；
偏好属性：价格偏好、类目偏好、特征偏好、下单时间偏好；
风险：欺诈风险、退换货风险、黄牛风险。

### （二）用户画像行业特征

除了以上较通用的特征，用户画像包含的内容并不完全固定，根据行业和产品的不同所关注的特征也有不同。

首先，以内容为主的媒体或阅读类网站、搜索引擎，或通用导航类网站，往往会提取用户对浏览内容的兴趣特征。

其次，社交网站的用户画像，也会提取用户的社交网络，从中可以发现关系紧密的用户群和在社群中起到意见领袖作用的明星节点。

再次，电商购物网站的用户画像，一般会提取用户的网购兴趣和消费能力等指标，网购兴趣主要指用户在网购时的类目偏好。

最后，金融领域，会有风险画像，包括征信、违约、还款能力、保险黑名单等，还包括用户的环境属性。对于特定的网站或 App，有特殊关注的用户维度，就需要把这些维度做到更加细化，从而能给用户提供更精准的个性化服务。

## 三、用户画像构建

### （一）七步人物角色法

1．发现并确认模型因子

典型用户集群的行为变量内涵见表 4-1。

表 4-1　典型用户集群的行为变量

| 行为变量 | 行为变量内涵 |
|---|---|
| 活动 | 频率和工作量 |
| 态度 | 如何看待生活必需，如何提高效率，如何消遣娱乐打发时间 |
| 能力 | 受教育和培训程度、自我学习能力 |
| 技能 | 在什么领域使用的产品，有哪些使用技巧和特殊技能 |

2．访谈目标用户

将访谈对象和行为变量一一对应，定位到某个范围的精确点，将用户进行分类，不同类型的用户看重的产品侧重点和比例不同。

### 3．识别行为模式

在多个行为变量上看到相同的用户群体，到同一类用户群体的显著行为模式。若模式有效，那行为变量和用户角色就有逻辑关系或因果关系。

### 4．确认用户特征和目标

用户特征：从数据出发，综合考虑细节，描述潜在使用环境、使用场景和当前产品的不足、用户不满等。

目标：目标一般分为初级目标、体验目标、人生目标。

### 5．检查完整性和重复

检查人物和行为模式的对应关系，是否存在重要缺漏，是否缺少重要的典型人物，是否缺少重要的行为模式，人物角色和行为模式有哪些独特性和差异性。

### 6．描述典型场景下用户的行为

表述模型：虚拟事件和用户的反应；介绍用户角色，简略勾画关注点、兴趣爱好、工作生活中与产品的直接关系；传达情感化信息；同理心感受用户。

一般描述方法有关键词法、列表法、卡片法。

（1）关键词法

将用户特质标签化，用关键词记录用户的信息、喜好、态度、行为等。其优点是，直观简单，便于归类统计，赋予关键词权重，实现不同的人物角色合集。其缺点是，缺乏逻辑关联性，无法逻辑性地表达出用户角色和行为的关系，易出现缺漏和重复，不能建立起行为和人物的关系。

（2）列表法

列表法不易在用户与用户之间进行横向比较，较难对用户角色排序，较难分清主要和次要角色。

最常用的描述方法见表 4-2。

表 4-2　典型场景列表法

| 姓名 | 王小亮 |
|---|---|
| 信息 | 男，62 岁，皮肤科大夫，已退休 |
| 背景 | 退休后加入社区老年摄影俱乐部，每周活动一次 |
| 痛点 | 数码相机的存储卡满了，不知道如何导出到电脑上或者传给他人，每次都需要家人帮忙 |
| 描述 | 每周一次的活动，相机存储卡经常会拍满，需要导出。给别人传照片时，需要先导出到电脑，再通过电脑 QQ 传给别人。相机配的数据线连接电脑时，操作很麻烦，经常不能正确识别设备。台式机摆在地上、插口在机箱后面、每次插拔都要爬到桌子下面去 |

（3）卡片法

将用户标签写出来，让团队成员进行横向、纵向排序。项目需求迅速达成一致，让团队形成以用户为中心的设计思路和流程，将用户模型和用户画像引入产品设计的各方面标签。

#### 7. 指定用户类型

对所有用户角色进行优先级排序，首要设计对象包括典型用户、次要用户、补充用户、负面人物角色即非目标用户。

### （二）十步人物角色法

#### 1. 发现用户

目标：谁是用户，有多少，他们对品牌和系统做了什么。
使用方法：数据资料分析。
输入物：报告。

#### 2. 建立假设

目标：用户之间的差异都有什么。
使用方法：查看一些材料，标记用户人群。
输出物：大致描绘出目标人群。

#### 3. 调研

目标：关于用户角色的调研（喜欢/不喜欢，内在需求，价值），关于场景的调研（工作地环境、工作条件），关于内容的调研（工作策略和目标、信息策略和目标）。
使用方法：数据资料收集。
输出物：报告。

#### 4. 发现共同模式

目标：是否抓住重要的标签，是否有更多的用户群，是否同等重要。
使用方法：分门别类。
输出物：分类描述。

#### 5. 构造虚构角色

目标：基本信息（姓名、性别、照片）、心理（外向、内向）、背景（职业）、对待技术的情绪与态度、其他需要了解的方面、个人特质等。
使用方法：分门别类。
输出物：类别描述。

#### 6. 定义场景

目标：这种用户角色的需求适应哪种场景。
使用方法：寻找适合的场景。
输出物：需求和场景的分类。

#### 7. 复核与买进

提问：你认识这样的人吗？
使用的方法：了解人物角色的人阅读并评论人物角色描述。

8．知识的散布

提问：我们如何与组织共享角色？
使用的方法：促进会议，电子邮件，各种活动，事件。

9．创建剧情

目标：在设定的场景中，在既定的目标下，当用户角色使用品牌的技术的时候会发生什么？
使用方法：叙述式剧情，使用用户角色描述和场景形成剧情。
输出物：剧情、用户案例、需求规格说明。

10．持续的发展

提问：新信息是否会改变人物角色？
使用的方法：可用性测试，新数据。
文档制作：负责从每个与用户见面的人那里输入人物角色的人。

## （三）构建用户画像流程

了解了这些方法之后，就会发现这些方法从流程上可以分为三个步骤：获取和研究用户信息、细分用户群、建立和丰富用户画像。

定性就是去了解和分析，而定量则是去验证。定量分析的成本较高、相对更加专业，而定性研究则相对节省成本。因此，创建用户画像的方法并不是固定的，而是根据实际项目的需求和时间以及成本而定。

1．数据采集

构建用户画像是为了还原用户信息，因此，数据来源于所有用户相关的数据。用户数据划分为静态数据、动态数据两大类。

（1）通过静态数据评估价值

静态数据包括用户的人口属性、商业属性、消费特征、生活形态、CRM 五大维度（见表4-3），其获取方式有多种，数据挖掘是最为常见也是较为精准的一种方式。如果数据有限，则需要定性与定量结合补充。定性方法包括小组座谈会、用户探访、日志法、Laddering 阶梯法、透射法等，主要是通过开放性的问题了解用户真实的心理需求，具象用户特征。定量更多是通过定量问卷调研的方式进行，关键在于后期定量数据的建模与分析，目的是通过封闭性问题进行分析，一方面对定性假设进行验证，另一方面获取市场的用户分布规律。

表4-3　用户静态数据

| 人口属性 | 性别、年龄、地域等 |
|---|---|
| 商业属性 | 收入、职业、所属行业等 |
| 消费特征 | 汽车购买、快消购买、美妆购买等 |
| 生活形态 | 生活习性、娱乐爱好、社交方式等 |
| CRM | 客户状态、会员状态、生命价值等 |

（2）通过动态数据发现规律

用户的行为是不断变化的。广义上讲，一个用户打开网页买了一个水杯，与该用户傍晚遛了趟狗、去超市买了瓶水等一样都是用户行为。当行为集中到互联网乃至电商，用户行为就会聚焦（见表 4-4）。

表 4-4 用户动态数据

| 场景 | 访问设备、访问时段 |
|---|---|
| 媒体 | 访问媒体、访问页面、访问时长、访问频次 |
| 路径 | 流量来源、流量去向 |

2．目标分析

用户画像的目标是通过分析用户行为，最终为每个用户打上标签，以及该标签的权重。标签，表征了内容，用户对该内容有兴趣、偏好、需求等。权重，表征了指数，用户的兴趣、偏好指数，也可能表征用户的需求度，可以理解为可信度。

制定标签规则，并能够通过标签快速读出其中的信息，机器方便做标签提取、聚合分析。用户画像，即用户标签，向店铺展示了一种朴素、简洁的方法用于描述用户信息。用户画像的目标是通过分析用户行为，最终为每个用户打上标签，以及该标签的权重。

3．数据建模方法

根据用户行为，构建模型产出标签、权重。一个事件模型包括时间、地点、人物三个要素。每一次用户行为本质上是一次随机事件，可以详细描述为什么用户在什么时间、什么地点做了什么事。

（1）用户

关键在于对用户的标识（见表 4-5），用户标识的目的是区分用户、单点定位。

表 4-5 用户标识

| 用户标识方式 | 效果 | 局限性 |
|---|---|---|
| Cookie | 互联网使用最为广泛的方式，能够标识匿名、未注册用户 | 通常有一定的有效期，不易跨浏览器、设备 |
| 注册 ID | 各家网站的用户标识，最常见的互联网会员管理方式 | 用户注册意愿越来越低，需要投入大量推广运营成本 |
| E-mail | 互联网早期较为常用的用户标识方式。目前依然有一定的占有率 | 一人有多个 E-mail 很常见，因此标识会损失些准确性 |
| 微博、微信、QQ | 当下业内共识的第三方登录 ID，提供授权机制 | 标识准确性，持久性上是个较好的折中方案 |
| 手机号 | 移动端最精准的标识 | 较难获取到，根据产品激励用户填写意愿 |
| 身份证 | 最官方的标识 | 很难获取到，根据产品激励用户填写意愿 |

（2）时间

时间包括两个重要信息，时间戳+时间长度。时间戳，为了标识用户行为的时间点，精度到秒或毫秒。通常采用精度到秒的时间戳。浏览器时间精度，准确度最多也只能到毫秒。时间长度，为了标识用户在某一页面的停留时间。

运用 Unix 时间戳转换工具（https://tool.chinaz.com/Tools/unixtime.aspx），可以快速对时间进行转换。

（3）接触点

用户接触点（Touch Point），包含了两层信息：网址+内容。网址：每一个 URL 链接（页面/屏幕），即定位了一个互联网页面地址，或者某个产品的特定页面。可以是 PC 上某电商网站的页面 URL，也可以是手机上的微博，微信等应用某个功能页面，某款产品应用的特定画面。

每个网址（页面/屏幕）中的内容。可以是单品的相关信息，如类别、品牌、描述、属性、网站信息等。

（4）事情

不同的行为类型，对于接触点的内容产生的标签信息，具有不同的权重。

综合上述分析，用户画像的数据模型，可以概括为下面的公式：

用户标识×时间×接触点（网址+内容）×事情

某用户因为在什么时间、什么地点、做了什么事。因此，会打上标签。用户标签的权重可能随时间的增加而衰减，因此定义时间为衰减因子，行为类型、网址决定了权重，内容决定了标签，公式为：

标签权重=衰减因子×行为权重×网址子权重

（5）操作案例

用户 A，昨天在天猫李宁官网浏览了一双价值 299 元的李宁运动鞋，前天在天猫超市购买了一个价值为 50 元的杯子。

标签：李宁，运动鞋，杯子

时间：因为是昨天的行为，假设衰减因子为：$\gamma=0.9$（不妨将衰减简单地选取为每天下降为前一天的 0.9，具体衰减可以通过数据分析得到，一般为指数级衰减。）

行为类型：浏览行为记为权重 0.5，购买行为记为权重 1。

接触点：李宁官网权重为 0.8，天猫超市权重为 0.4。因为天猫超市品类更泛，所以权重相对于李宁专业运动品牌商要小。

用户偏好标签是：

杯子，权重是 $(0.9)^2\times1\times0.4=0.324$；

李宁、运动鞋，权重是 $0.9\times0.5\times0.8=0.36$。

由此可得，用户 A 对应的三个标签的权重分别是杯子 0.324、李宁 0.36、运动鞋 0.36。

在计划构建用户画像时，核心在于对用户接触点的理解，接触点内容直接决定了标签信息。内容地址、行为类型、时间衰减，决定了权重模型是关键，权重值本身的二次建模则是水到渠成的进阶。模型可以根据产品的不同，重新定义接触点。

### （四）用户画像注意事项

**1．不要把典型用户当作用户画像**

不要把典型用户当作用户画像，“典型用户”跟“用户画像”并不是同一概念。描述典型用户这些特点，只是把用户特征抽象出来，组合在一起，事实上典型用户是虚构的，并不真实存在。而用户画像则是把用户以标签的形式表现出来，每一个真实存在的用户都有对应的用户画像。

**2．不要把用户画像简单理解成由用户标签构成**

把用户画像简单理解成由用户标签构成是错误的。用户标签是用来概括用户特征的，这些标签表面上看没有什么问题，但是实际上组成用户画像的标签要跟业务或产品结合。

**3．没有建立真正有效的用户画像标签，将浪费企业资源**

能够建立真正有效的用户画像标签，才算正确理解，从而提升运营效果。

## 四、单元思考

### （一）判断题

1．用户角色和用户画像虽然针对不同的开发环节，但其应用往往可以相互转化。（　　）

2．探索用户足迹，有利于了解需求，并有针对性地开展相关内容进行互动。（　　）

3．社交网站的用户画像，与在社群中起到意见领袖作用的明星标签无关。（　　）

4．用户静态数据中的消费特征主要包括客户状态、会员状态、生命价值等。（　　）

### （二）简述题

1．简述用户画像概念。

2．简述用户角色与用户画像的区别。

3．简述用户画像的内容。

4．简述用户画像构建流程。

5．简述用户画像七步人物角色法。

6．简述用户画像十步人物角色法。

### （三）课堂讨论

用户画像的核心就是让我们比用户本身更了解用户，从而为用户提供更好的服务。基于精细化的标签和多个场景数据，在电商运营中，能提高运营效率，开展更为精准的营销。

讨论：面对很多电商平台在尽可能地获取用户更多的信息，应如何保护好用户隐私？

**知识映射：**尊重个人信息保护的相关法律。

## 五、实战操练：用户画像分析

**知识映射：**通过实践，解决用户细分的问题。

### （一）任务导入

某线上化妆品平台发现，最近一年各类营销活动的效果不佳，且总体销售额没有明显的增长。据了解，以往的营销活动面向所有用户，部分用户无论有无营销活动均保持稳定的消费，而有些用户很长时间未消费可能已转变为流失人群。平台意识到用户分类的重要性，针对不同用户实施组合促销、会员卡充值、满减等营销活动。

### （二）操作思路

1. 根据数据建模方式，分别对用户标识方式、时间戳、接触点、内容、事情等的类型进行打分。

2. 提取用户行为信息，并根据数据建模表格，分别对不同用户的标签权重计算。

### （三）小试牛刀

对形成的客户进行梳理，根据数据建模方式，分别对用户标识方式、时间戳、接触点、内容、事情等的类型进行打分，并对不同用户进行标签权重打分。

# 任务二　客户关系数据分析与营销

## 【学习目标】

### （一）知识目标

了解客户关系管理的来源。
了解客户关系管理的概念及日常管理。
掌握客户关系生命周期的不同阶段。
掌握客户关系营销的概念、实现及策略。
理解 AARRR 模型的基本应用。

### （二）能力目标

结合店铺数据，分析不同客户所在客户关系生命周期阶段。
将客户关系营销与传统营销应用到店铺经营中。
结合店铺基本情况，分析实施客户关系营销存在的问题。
结合店铺基本情况，实施 AARRR 模型。

### （三）职业目标

培养学生的团队意识、竞争精神和合作精神。

培养学生的爱岗敬业的精神。

## 【学习关键词】

客户关系管理、客户关系生命周期、客户关系营销、AARRR 模型。

## 【课程案例】以史为鉴：宋代商人的乐善好施

通过赠物施药、收恤孤独、安置病老、济婚助丧等方式为社会弱势群体提供救助，是宋代商人参与社会慈善救济最基本的形式。绍兴商人张绪、成都商人刘革、扬州商人徐成甫、开封商人陈靖、太原商人张勰、饶州商人张潜、修水商人谈资、临川商人吴伯俞、邛州商人张子履等，这样乐善好施、救助贫弱危病的义举比比皆是。宋代社会救济事业之所以能够达到如此的高度，不仅源于国家权力层面的重视，形成了制度化的政策措施，更离不开民间社会力量对社会救济的积极参与。

**知识映射：**乐善好施是企业家的责任。

## 【课程案例】以今为用：阿芙精油的高二次购买率

在激发客户二次购买方面，阿芙对客户体验的注重更是做到了极致。

首先，试用品。客户网上购买化妆品时无法试用，缺乏良好的客户体验。为了克服这一缺点，阿芙会在客户的包裹里放各种小型试用装。客户即使只买一个产品，小型试用装也多达五六个。客户免费获得小型试用装，不仅会感到很满意，还能通过小样尝试其他产品，引发二次购买。

其次，惊喜赠品。除了随包裹寄给客户试用品，阿芙的客服还会在包裹中加入各种让客户惊喜的赠品。这些颇费心思的小赠品都成了阿芙的间接营销工具，吸引客户再次购买。晒阿芙开箱照片，甚至成为一些粉丝的习惯动作。

最后，包邮卡。为了增强用户的黏性，阿芙推出了包邮卡。客户拍下 9.9 元的包邮卡，一年内买任何东西都不用再付邮费；至尊包邮卡则是一个卡状的 4G U 盘，59.5 元终身包邮。化妆品本身毛利高，商家包邮应该不是什么难事，但包邮卡这种方式却让客户有很好的体验。实际上，这些都是阿芙吸引客户二次购买的营销方式。当人们在拍下包邮卡时，会提升购买的频次。

实际上，网上买东西难免会遭遇快递延误这种让客户体验感较差而商家又无力控制的问题。而阿芙却以一番小心思，赢得客户的好感。淘宝数据统计显示，阿芙 55%的营业额都是回头客贡献的，其中 6 次以上购买的客户所创造的营业额高达 4%～5%。

**知识映射：**注重人与人之间的情感沟通，也是商业之道。

# 一、客户关系管理

## （一）客户关系管理来源

客户关系管理（CRM），最早提出客户关系管理的国家是美国，这个概念最初由美国著名 IT 咨询公司 Gartner Group Inc 提出来，在 1980 年初便有“接触管理”，即专门收集客户与公司联系的所有信息，到 1990 年则演变成包括电话服务中心支持资料分析的客户关怀。20 世纪 90 年代末期，互联网的应用越来越普及，客户信息处理技术得到了长足的发展。

客户关系即企业与企业产品或服务的购买者、消费者之间的关系。企业与客户的关系不仅仅是商品与货币的交换关系，还包括广泛的信息交流关系，感情沟通关系。客户关系营销的实质是通过互动和交流，与客户建立一种超越买卖关系的非交易关系。其目的是促使客户形成对企业及产品的良好印象和评价，提高企业及产品在市场上的知名度和美誉度，为企业争取客户，开拓和稳定市场关系，保证企业营销成功。因此，建立并维持与客户的良好关系是企业营销成功的基本保证，企业必须有效地实施客户关系营销策略。

## （二）客户关系管理概念

作为解决方案的客户关系管理，它集合了当今最新的信息技术，它们包括 Internet 和电子商务、多媒体技术、数据仓库和数据挖掘、专家系统和人工智能、呼叫中心等。作为一个应用软件的客户关系管理，凝聚了市场营销的管理理念，市场营销、销售管理、客户关怀、服务和支持构成了 CRM 软件的基石。

CRM 的核心是客户价值管理，它将客户价值分为既成价值、潜在价值和模型价值，通过一对一营销原则，满足不同价值客户的个性化需求，提高客户忠诚度和保有率，实现客户价值持续贡献，从而全面提升企业盈利能力。尽管 CRM 最初的定义为企业商务战略，但随着 IT 技术的参与，CRM 已经成为管理软件、企业管理信息解决方案的一种类型。

## （三）客户关系管理日常管理工作

除了信息技术的运用外，店铺还应该切实改变企业的日常管理工作，为改善企业的客户关系管理作出努力。主要工作分为以下四个阶段。

### 1. 识别店铺的客户

主要包括：将更多的客户名输入数据库中；采集客户的有关信息；验证并更新客户信息，删除过时信息。

### 2. 对客户进行差异分析

主要包括：识别企业的“金牌”客户有哪些；哪些客户导致企业成本的发生；企业本年度最想和哪些企业建立商业关系；上年度有哪些大宗客户对企业的产品或服务多次提出了抱怨；去年最大的客户是否今年也订了不少的产品；是否有些客户从企业只订购一两种产品，却会从其他地方订购很多种产品。

3. 与客户保持良性接触

主要包括：给自己的客户联系部门打电话，看得到问题答案的难易程度如何；给竞争对手的客户联系部门打电话，比较服务水平的不同；把客户打来的电话看作一次销售机会；测试客户服务中心的自动语音系统的质量；对企业内记录客户信息的文本或纸张进行跟踪；主动与给企业带来更高价值的客户对话；通过信息技术的应用，使客户与企业做生意更加方便；改善对客户抱怨的处理。

4. 调整产品或服务以满足每一个客户的需求

主要包括：改进客户服务过程中的纸面工作，节省客户时间，节约企业资金；使发给客户邮件更加个性化；替客户填写各种表格；询问客户，他们希望以怎样的方式、怎样的频率获得企业的信息；找出客户真正需要的是什么；征求名列前十位的客户的意见，看企业究竟可以向这些客户提供哪些特殊的产品或服务；争取企业高层对客户关系管理工作的参与。

## 二、客户关系生命周期

### （一）考察期

考察期，关系的探索和试验阶段。这一时期是指企业与客户建立关系的初期，客户刚刚开始对企业的产品或服务产生兴趣，并开始收集相关信息。这一时期客户与企业的关系还未真正建立，是企业为建立与客户的稳定关系而付出较大成本的时期。双方考察和测试目标的相容性、对方的诚意、对方的绩效，考虑如果建立长期关系双方潜在的职责、权利和义务。双方相互了解不足、不确定性大是考察期的基本特征，评估对方的潜在价值和降低不确定性是这一时期的中心目标。在这一时期客户会下一些尝试性的订单，企业与客户开始交流并建立联系。

在这一时期，企业应该主要围绕发掘潜在客户、锁定目标客户、建立客户关系展开，针对不同的客户类型采取不同的方式，将潜在客户变为现实客户，建立初步的客户关系，为长期的客户关系打下基础。此时企业有客户关系投入成本，但客户尚未对企业作出大的贡献。在电子商务平台上，客户会与平台发生信息流痕，客户被列为考察期，吸引新客户是这一时期的工作重点。

### （二）形成期

形成期，关系的快速发展阶段。这一时期是指当企业对目标客户开发成功，企业与客户之间逐步产生信任感后，客户开始重复购买产品，客户价值逐步提高，而企业为客户关系所需付出成本大幅度降低的时期。进入这一时期，表明在考察期双方相互满意，并建立了一定的相互信任和交互依赖。但客户群体还不够稳定，在进行购买决策时，客户还会对竞争性的产品进行评价对比，社会因素和心理因素会影响客户的购买决策。企业若采取合适的营销策略，让客户认识到企业有能力提供令客户满意的价值，将会使双方从关系中获得收益日益增多，依赖性相互增强，获得的回报日益增多，交互依赖的范围和深度也日益增加，逐渐认识到对方有能力提供令自己满意的价值和履行其在关系中担负的职责。因此，愿意承诺一种长期关系。

在这一时期，企业的投入与考察期相比要小得多，主要是发展投入，目的是进一步融洽

与客户的关系，提高客户的满意度、忠诚度，进一步扩大交易量。此时客户已经开始为企业作贡献，企业从客户交易获得的收入已经大于投入，开始盈利。在电子商务平台上，企业需要不断地提供更高水平的客户服务，赢得客户满意，巩固和加强考察期建立的客户信任，培育客户忠诚。沉淀客户，刺激客户再次购买商品是这一时期的工作重点。

### （三）稳定期

稳定期，关系发展的最高阶段。这一时期，企业与客户之间建立了相互信任关系，企业向客户提供最大的价值，而客户也以极大的价值回报企业，双方或含蓄或明确地对持续长期关系作了保证。从关系培育期到稳定期，客户的期望得到了不同程度的满足，客户关系水平不断提升。客户对企业的行为感到满意，忠诚度不断提高，对竞争对手的产品很少关注，客户继续保持重复购买状态，客户关系处于一种相对稳定的状态。

在这一时期，双方对对方提供的价值高度满意；为能长期维持稳定的关系，双方都作了大量有形和无形投入，发生大量的交易。因此，在这一时期双方的交互依赖水平达到整个关系发展过程中的最高点，双方关系处于一种相对稳定状态。此时企业的投入较少，客户为企业作出较大的贡献，企业与客户交易量处于较高的盈利时期。这一时期的客户价值最高，对企业的贡献度最大，需要给客户持续提供超过其期望的价值，维护客户忠诚度。客户忠诚度维护是这一时期的工作重心。

### （四）退化期

退化期，关系发展过程中关系水平逆转的阶段。这一时期是指由于竞争产品和同类企业出现而导致客户价值下降的时期，也是企业需要加大投入以挽回客户关系的时期。如果因某种原因导致客户与企业的关系终止，可能会结束客户关系的生命。关系的退化并不总是发生在退化期，实际上，在任何一时期关系都可能退化。引起关系退化的可能原因很多，如一方或双方经历了一些不满意、需求发生变化等。要想恢复企业与客户之间的关系，就要对客户流失的原因进行分析。如果由于客户偏好转移或企业主动放弃导致的客户关系衰退，企业可以不再恢复客户关系；如果由于竞争对手吸引或本身过失导致客户流失，企业需要进行关系投入重建客户忠诚。此时，企业有两种做法：一是加大对客户的投入，重新恢复与客户的关系，进行客户关系的二次开发；二是不再做过多的投入，渐渐放弃这些客户。

在这一时期，交易量下降；一方或双方正在考虑结束关系甚至物色候选关系伙伴；开始交流结束关系的意图等。当客户与企业的业务交易量逐渐下降或急剧下降，客户自身的总业务量并未下降时，说明客户已进入衰退期。面对客户的衰退或流失，需要充分挖掘客户价值的潜力，尽可能降低客户流失给企业带来的影响，改进企业的产品和服务。留住客户是这一时期的工作重点。

## 三、客户关系营销

### （一）客户关系营销概念

关系营销突破了传统市场营销学研究局限于企业短期交易活动的狭隘概念，强调与有关组织和个人建立长期合作互动关系。2003 年，菲利普·科特勒提出，关系营销就是与关键成员（客户、供应商、分销商）建立长期满意关系的实践，目的是保持他们长期的业绩和业务。营销者通过不断承诺和给予对方高质量的产品、优良的服务和公平的价格来实现关系营销。

客户关系是企业一切经营活动的中心点和出发点，因此，客户关系营销是关系营销的核心和归宿。客户关系营销是指企业与客户建立长期良好的业务关系的活动，要求以客户为中心，重视客户的需求、渴望，加强客户服务，不断寻求与客户之间的对话和为用户解决问题的方案，从而提高企业在客户心目中的形象，形成客户对企业的信任和依赖，扩大客户对企业品牌的忠诚度，保持稳定的市场占有率。伴随着日益激烈的市场竞争，建立稳定的营销网络迫在眉睫，越来越多的企业开始注重在实践中应用客户关系营销。

### （二）客户关系营销与传统营销的区别

客户关系营销和传统的交易营销相比，有如下不同之处。

（1）传统营销关注的是一次性交易，客户关系营销关注的是如何维护客户。

（2）传统营销较少强调客户服务，而客户关系营销则高度重视客户服务，并借客户服务提高客户满意度，培育客户忠诚。

（3）传统营销往往只有少量的承诺，客户关系营销则有充分的客户承诺。

（4）传统营销认为产品质量应是生产部门所关心的，客户关系营销则认为所有部门均应关心质量问题。

（5）传统营销强调市场占有率，而客户关系营销则强调客户忠诚度，认为保持老客户比吸引新客户更重要。

### （三）客户关系营销实现

#### 1. 与客户的交互

成功的营销需要为客户提供充分的价值。在客户关系营销中，借助与客户的关系本身及其运作的方式和客户需求满足的过程，包括实体产品或服务产出的交换或转移，同时也包括一系列的服务集合。缺少这些服务，实体产品或服务产出可能只有有限的价值或对客户根本没有价值，关系的建立便会于交互过程中延续。企业和客户之间发生不同类型的接触，这些接触可能是不同的，主要取决于具体的营销情形。

#### 2. 与客户的对话

客户关系营销中营销沟通的特点是试图创造双向的有时甚至是多维的沟通过程。所有的沟通努力均应该导致某种形式的能够维护和促进关系的反应，即对话过程。对话式沟通过程必须支持这种价值的创造和转移。大众沟通包括传统的广告、宣传手册、销售信件等不寻求直接回应的活动。直接沟通包括含有特殊提供物、信息和确认已经发生交互的个人化信件等。这里，要寻求从以往交互中得到某种形式的反馈，要求有更多的信息、有关客户的数据和纯粹的社会响应。

3. 价值过程

客户关系营销比传统营销要付出更多的努力，应该为客户和其他各方创造比单个情节中发生的单纯的交易更大的价值。由于客户关系是一个长期的过程，因此，客户价值在一个较长的时间内出现，称为“价值过程”。客户关系营销要成功，就必须存于一个与用户的交互过程，并为客户欣赏的价值过程。

### （四）客户关系营销实施注意事项

1. 对客户关系营销的组织不善

客户关系营销是一个系统的工程，它可能涉及企业运作中的每一个环节，涉及客户的每一次消费感受，需要有专门的组织机构、专门的人员给予保障。然而，对于很多企业来讲，并没有设置这样一个专门的机构，从而致使客户关系营销的开展未能获得理想的效果。

2. 对客户关系营销水平的选择不当

客户关系营销水平的恰当的选择，基于明确的市场定位。而我国大多数企业并没有进行有效的市场定位，仍把市场看作静态的和非人际的客户市场。这就使得企业无法确定客户价值，难以针对不同的目标市场进行关系营销水平的选择，直接造成企业整体关系营销水平较低的事实。

3. 对客户关系营销的实施不妥

客户关系营销是服务、质量和市场营销的结合体，它要求以客户服务为中心，用质量和长期的承诺来赢得客户。然而，很多企业却常常将这三者分裂开来。要么只重视产品质量，结果用户黏性低；要么只注重客户服务，结果本末倒置；要么只重视市场营销，结果难以持久。

4. 对客户关系营销的创意不足

创意是客户关系营销获得持久活力的源泉，只有与竞争对手不同，比竞争对手更贴近客户，店铺才能永久地赢得客户。而大多数企业开展的客户关系营销活动趋于雷同，无法凸现自身优势。

### （五）客户关系营销实施策略

（1）建立客户关系管理机构，提供客户关系营销的组织保障。

（2）明确市场定位，选择适当的客户关系营销水平。

（3）整合营销、服务、质量，构建客户满意工程。

（4）引入客户关系管理，对客户关系营销进行持续创新。

## 四、AARRR 模型

AARRR 模型是一种以客户为中心的着眼于转化率的漏斗形的数据收集测量模型，是由风险投资人戴夫·麦克卢尔提出。AARRR 分别代表了五个阶段：用户获取、用户激活、用户留存、获得收益、推荐传播。

## （一）用户获取（Acquisition）

### 1. 定位目标用户

在正式投放资源进行用户拉新之前，应该先对目标用户进行定位。定位目标用户可以从人口统计学属性和用户需求两方面来考虑。人口统计学属性包括年龄、地域、性别、收入、消费水平、职业等属性；用户需求包括的内容较为广泛，主要包括消遣娱乐、学习知识、收集讯息等。

### 2. 确定获取方法

完成了对目标用户的定位后，就可以确定获取用户的方法了，用户获取方法可以分为第三方渠道、内容推广、活动推广、社交裂变等方法。

（1）第三方渠道

第三方渠道包括应用商店、网盟、SEM、手机预装、联合推广等渠道，在这种方式中，需要关注不同的渠道获取的用户质量和数量如何，是否精准，ROI 是多少。根据数据不断调整渠道的投入和组合，精细化获客。

（2）内容推广

内容推广主要是选择适合推广产品的内容平台，用内容吸引用户对产品产生关注。

活动推广是通过举办活动来吸引用户使用产品的手段。举办活动需要注意活动流程要足够流畅，并通过漏斗模型不断优化流程。活动激励应该包含物质激励和精神激励，物质激励可以有实体商品、红包、代金券、会员、虚拟道具等奖励；精神激励主要是利用用户的心理因素促进用户参与活动。

（3）社交裂变

社交裂变是激励用户向自有关系链传播产品来获取新用户，并且获客成本一般较低，用户的质量和对产品的信任度一般较高；而激励方式可以是红包返现，可以兑换物品或者现金的虚拟货币，参与抽奖、特殊权益、代金券等。在渠道获客成本越来越高的背景下，社交裂变成为新产品最佳的获客手段。

获取阶段的重要指标有渠道曝光量、渠道转换率、新增用户数、应用下载量、获客成本（CAC）。

## （二）用户激活（Activation）

用户激活主要是指引导用户完成产品的关键路径，主要包括定义产品的关键路径、引导用户完成产品的关键路径。

### 1. 定义产品的关键路径

关键路径根据产品属性的不同会有很大的区别。

关键路径的定义应该根据用户数据的反馈来优化关键路径。例如，在测试中完成 A 路径的用户留存率要高于完成 B 路径的用户留存率，A 路径可能就更适合作为关键路径。店铺需

要先筛选出可以作为关键路径的用户行为，再逐一测试，通过用户数据反馈决定关键路径，引导用户完成关键路径。

### 2．引导用户完成产品的关键路径

（1）优化产品流程

用户刚刚进入产品时，对产品还缺乏感知，简洁明了的引导和简短流畅的产品流程就十分重要。从产品启动页开始，到用户注册流程，使用流程，都需要尽可能缩短用户操作的步骤。毕竟每多一步就多一部分流失，步骤太多也会引起用户的厌烦。同时，还需要让用户尽快地感受到产品的价值。

（2）提升用户的活跃度

通过消息推送、产品功能完善、用户消费补贴、页面改版等，提升用户的活跃度。

（3）激励用户行为

用激励手段去推动用户完成关键路径。

用户激活阶段的重要指标有日活跃用户数、活跃率。

## （三）用户留存（Retention）

用户留存的方式包括建立用户成长体系、活动运营、PUSH。

### 1．用户成长体系

用户成长体系体现的是产品对于用户行为的期待和适当引导，对用户产生的对产品有利的行为进行一定的激励；对产品有害的行为进行相应的惩罚。同时，用户成长体系可以增加用户黏性，提高用户留存率。

常见的用户成长体系包括积分体系、等级体系、会员体系、勋章体系等，可以根据产品特性灵活设计用户成长体系。

### 2．活动运营

活动运营属于通过短期内对用户行为的引导达成爆发性效果，从而达到长期产品目标的运营手段。

### 3．PUSH 推送

PUSH 是产品持续触达用户，召回流失用户的重要手段，PUSH 需要注意推送的频率、时间和内容。推送频率过高，会引起用户的厌烦。推送的时间一般符合用户使用产品的习惯。

推送的内容可以分为大众化内容和个性化内容：大众化内容包括大众广泛关心并且接受的内容；个性化内容则包括用户偏好的内容。推送的内容需要精细化，不断优化标题和主题，提高用户的打开率。

提高留存的指标有次日留存率、第 3 日留存率、第 7 日留存率、第 30 日留存率。

## （四）获得收益（Revenue）

互联网产品的商业模式有以下几种：电子商务、游戏、应用付费、应用内功能付费、广告收益、内容付费、增值服务、流量变现等。

1．电子商务收益

有两种方式：一种是平台自己大规模购买商品，通过集中消费者的需求提高与供应商的议价能力来赚取差价；另一种是吸引消费者和商家两端汇集到平台上，通过收取广告费、佣金等方式来变现，本质还是流量模式。

2．游戏收益

增值服务和内容付费是通过吸引大量流量，利用漏斗模型让一部分用户付费来进行变现。

3．广告收益

属于产品通过吸引用户的注意力让广告商付费来进行变现的模式。

获得收益的重要指标有客单价、付费用户占比（Pay User Rate，PUR）、付费用户的平均收入（Average Revenue Per Paying User，ARPPU）、生命周期价值（Lift Time Value，LTV）、复购率。

### （五）推荐传播（Referral）

推荐传播一般都不会放在最后一步，社交裂变作为当前最有效的获客方式，会贯穿产品的整个生命周期中。能让用户推荐传播的方式主要有两种：一种是通过激励手段促进用户拉新；另一种是把产品真正做好，满足用户的需求，打造用户口碑，并用产品手段适当引导用户分享，实现产品的自传播。

推荐传播的重要指标有转发率、接收到邀请人的转化率。

## 五、单元思考

### （一）判断题

1．CRM 的核心是客户价值管理，它将客户价值分为既成价值和潜在价值，与模型价值无关。（　　）

2．稳定期是客户关系的快速发展阶段。（　　）

3．传统营销关注的是一次性交易，客户关系营销关注的是如何维护客户。（　　）

4．创意是客户关系营销获得持久活力的源泉。（　　）

### （二）简述题

1．简述客户关系管理的日常管理。

2．简述客户关系生命周期的不同阶段。

3．简述客户关系营销的概念、实现及策略。

4．简述 AARRR 模型的基本应用。

### （三）课堂讨论

零售的定位是一切行为都以消费者需求为导向，打破技术和渠道等壁垒，创造最好的品

牌体验。电商行业零售的生态面临着商家和消费者关系重构的重大考验。越来越多的实体商家投入基于社交的电商平台，打通了线上经营渠道，更好地将商家与会员联系起来，增强两者间的互动交流，使会员逐渐产生消费依赖。

讨论：新时代背景下商家与消费者是一种怎样的相互关系？

**知识映射：**营造和谐的企业与消费者关系。

## 六、实战操练：新老客户对比分析

**知识映射：**通过实践，解决新老客户对比分析的问题。

### （一）任务导入

对于有着多年电商运营经验的朱珠来说，一个店铺只靠引入新访客来维持店铺成交的话，它的成长相对会比较慢。因为新客源是有限的，要把购买过的客户维护起来发展成为店铺老客户，增加店铺的复购率，这样才会有源源不断的成交量。

### （二）操作思路

1. 筛选店铺销售数据中的热卖商品。
2. 分析各商品新老客户对比情况。
3. 制作热销商品新老客户对称条形图。

### （三）小试牛刀

按照给定数据，盘点一下店铺热卖商品的新老客户购买情况，开展营销分析。

# 任务三　客户价值数据分析与营销

## 【学习目标】

### （一）知识目标

了解客户满意度的概念、特性、层次、分类、衡量方法。

了解电商客户满意度五大要素。

了解客户忠诚度的概念、特点、衡量指标。

了解 RFM 理论基本概念。

### （二）能力目标

能结合店铺的实际情况，运用客户满意度的衡量方法，开展客户满意度分析。

能结合店铺的实际情况，运用客户忠诚度的衡量指标，开展客户忠诚度分析。

能结合店铺数据，对店铺进行 RFM 数据获取与分析。

### （三）职业目标

从店铺客户满意出发，培养学生的服务意识，提升职场素养。

引导学生理解商业环境中的客户平等。

【学习关键词】

客户满意度、电商客户满意度、客户忠诚度、RFM 理论。

【课程案例】以史为鉴：孟洛川的经营价值观

孟洛川虽是商贾，但举止言行、待人接物，唯孔孟之道是遵。孟洛川常说为人要做到“忠恕”，将心比心，待人如己。孟洛川常告诫店员：“欲修其身者先正其心”，须诚诚恳恳待人，不可因贫富贵贱把人分成三六九等，区别对待。

孟洛川经营一直奉行“至诚至上，货真价实，言不二价，童叟无欺”的诚信经营理念，瑞蚨祥通过真诚待客、合法经营、积极回报社会而获得社会和消费者的认可。正是由于孟洛川取利不忘义，舍个人利益而顾全局，心系国家、心有民众而使自己的商号深得人心。

**知识映射：**企业经营应遵循“君子爱财，取之有道”的原则。

【课程案例】以今为用：孩子王重新定义为育儿专家

孩子王重新定义了员工的价值，鼓励员工塑造独有 IP，把员工重新定义为育儿专家，把销售者和顾客的身份转变为育儿专家和粉丝，重塑品牌和用户的关系，增加粉丝信任与黏性。在私域平台的选择上，孩子王不局限于微信渠道，有用户的地方就要触达，全渠道搭建用户可数据化的私域流量池，用数据指导营销行动，让合作生态更健康。通过场景化的服务，不仅让用户体会到专业的服务，建立强信任关系的同时，让私域玩法直接变现，更通过服务，让品牌增值，让收益翻番。

**知识映射：**企业应有回馈社会的责任感。

## 一、客户满意度

### （一）客户满意度概念

客户满意度（Customer Satisfaction，CS），对一个产品可感知的效果（或结果）与期望值相比较后，客户形成的愉悦或失望的感觉状态。最早提出客户满意度理论是美国法学家本杰明·内森·卡多佐（Benjamin Nathan Cardozo），早期在满意度方面的研究主要集中在产品方面。卡道佐认为，提高客户的满意度，会令客户再次产生购物的行为，而且不会转换其他产品。到 20 世纪 80 年代中后期形成更加完善的定义。其基本内容是：企业的整个经营活动要以客户满意度为指针，要从客户的角度、用客户的观点而不是企业自身的利益和观点来分析考虑客户的需求，尽可能全面尊重和维护客户的利益。

客户满意度是客户需要得到满足后的一种心理反应，是客户对产品或服务本身或其满足

自己需要程度的一种评价，是客户期望值与客户体验的匹配程度，是客户通过对一种产品可感知的效果与其期望值相比较后得出的指数。

### （二）客户满意度特性

根据消费者的成长特性和行为习惯特点，一般来说客户满意具有以下四个基本特性。

1．主观性

客户满意是客户的一种主观感知活动的结果，客户满意的程度与客户知识和经验、收入状况、生活习惯、价值观念等密切相关，还与媒体的广告宣传等有关。

2．层次性

处于不同需求层次的客户对同一产品和服务有不同的要求和感觉，因此，不同地区、不同阶层的人或同一个人在不同条件下对某个产品或服务的评价也不尽相同。

3．相对性

客户对产品的功能特性和技术指标通常不熟悉，他们习惯于把购买的产品和同类型的其他产品，或者和以往的经验进行比较，由此得到满意或不满意的结论，这个结论具有相对性。

4．阶段性

任何产品都具有生命周期，服务也有时间性。客户满意并非一成不变，客户的满意程度是随着客户的需求层次、客观条件和经济文化水平的发展而变化的。

### （三）客户满意度层次

客户满意度主要包含三个层次的内容，即物质满意、精神满意和社会满意。

1．物质满意

第一个层次是物质满意，物质满意层次的要素是产品的使用价值，这是构成客户满意的基础因素。企业通过提供产品的使用价值来使客户感到物质上的满意。

2．精神满意

第二个层次是精神满意，即客户在企业提供产品形式和外延的过程中产生的满意。它是客户对企业的产品所带来的精神上的享受、心理上的愉悦、价值观念的实现和身份的变化等方面的满意状况。如果企业仅仅是满足客户的物质需求，当竞争对手提供更有吸引力的东西时，这些客户就会容易转向购买竞争对手的产品。

3．社会满意

第三个层次是社会满意，即客户在购买和消费企业的产品或服务的过程中对社会利益的维护。社会满意主要依靠产品所蕴含的道德价值、社会文化价值和生态价值来实现。它要求企业的产品和服务在被消费过程中，具有维护社会整体利益的道德价值、政治价值和生态价值的功能，从而有利于社会文明的发展、人类的环境、生存与进步的需要。

## （四）客户满意度分类

对客户的这种心理状态也要进行界定，否则，就无法对客户满意度进行评价。心理学家认为，情感体验可以按梯级理论划分成若干层次，相应也可以把客户满意程度分成 7 个层次或 5 个层次。7 个层次为非常满意、很满意、较为满意、一般、较不满意、很不满意和非常不满意。5 个层次为十分满意、满意、基本可以、不满意、十分不满意。有的企业在调查客户满意度时，为了简单操作，也常把客户满意度划分为满意、一般、不满意三个层次。

### 1. 非常满意

其主要特征为激动、满足、感谢。非常满意是指客户在购买与消费某种产品或服务后形成的激动、满足和感谢状态。在非常满意的状态下，客户购买和消费某种产品或服务的感知结果远远超过了他的期望值，客户没有任何遗憾并且感到自豪。这时，客户不仅会充分肯定自己的购买决策和消费行为，还会利用一切可能的机会向其他客户宣传、介绍和推荐这种产品或服务。

### 2. 很满意

其主要特征为称心、赞扬、愉快。很满意是指客户在购买和消费某种产品或服务后产生的称心、赞扬和愉快状态。在这种状态下，客户不仅对自己的选择予以肯定，还会乐于向其他客户推荐，期望与现实基本相符。

### 3. 较为满意

其主要特征为好感、肯定、赞许。较为满意是指客户在购买和消费某种产品或服务后所形成的好感、肯定和赞许状态。在这种状态下，客户在心理上通过比较获得满意感，按更高要求还差了一些，而与一些更差的情况相比，又令人安慰。

### 4. 一般

其主要特征为无明显正、负情绪。一般是指客户在购买和消费某一产品或服务后所产生的没有明显情绪的状态。在这种状态下，客户既没有不满意的情绪，也没有满意的感觉，感觉一般。客户仅仅是完成了购买和消费的过程而已。

### 5. 较不满意

其主要特征为抱怨、遗憾。较不满意是指客户在购买和消费某种产品或服务后产生的抱怨、遗憾状态。这种状态是由于产品或服务的某个非主要构成因素的缺陷或不足，虽对购买行为和消费行为没有带来较大的损失或伤害，却使客户在心理上产生了不太满意的感觉。虽然与其他购买行为和消费行为相比较，客户并没有明确表示不满意，但以后不会再次购买和消费这种产品或服务。

### 6. 很不满意

其主要特征为气愤、烦恼。很不满意是指客户在购买和消费某种产品或服务后，由于物质效用和精神需要都没能得到基本满足而产生的气愤、烦恼状态。有些时候，也会进行反面

宣传，提醒其他客户不要去购买同样的商品或服务。客户不满意的减少程度，与实际所获得的补偿与其期望获得的补偿有关。

7．非常不满意

其主要特征为愤慨、恼怒、投诉、反宣传。非常不满意是指客户在购买和消费某种产品或服务后，由于产品或服务的质量低劣、数量短少或价格欺诈等给客户造成物质或精神上的损失或伤害而产生的愤慨、恼羞成怒和难以容忍等心理状态。在这种状态下，一方面，客户积极寻求物质或精神上的补偿；另一方面，则会利用一切机会对这种产品或服务进行反面宣传，甚至阻止别人购买这种产品或服务，以发泄心中的不满。

### （五）客户满意度衡量

客户满意度是企业使用最广泛的衡量客户感受的方法，对客户满意度的衡量，各个企业需要具体问题具体分析，找出适合本企业的衡量方法。卜面介绍四种客户满意度的衡量方法，适用于各种规模的企业。

1．平均分

这种办法是计算所有得分的平均值，结果为 1 到 10 之间。

调查者只需要问客户一个问题，如“您对我们今天的服务满意吗”？客户的回答即可在数据库中以百分比的形式显示出来。

计算公式如下：

客户满意度=客户评分总分/调查人数×10%

与其他评分系统不同，这种方法不需要对任何分值进行分组，因此更加强调得分分布。这有利于调查低分客户的普遍体验，进而找出服务中出现的关键痛点。

2．表情变化

衡量客户满意度的办法就是直接问客户，这种办法也可以很好地解决文化差异。心理学研究表明，崇尚个人主义文化的人评分会比较极端，相反，其他文化的人评分比较集中。

图 4-1　表情等级

这种办法虽然没有那么细致，但是可以对品牌或服务做一个快速的健康体检，因为它很容易将客户感受同相应的图形联系起来，调查起来也方便快捷。

3．星级评分

亚马逊和 Netflixd 都采用星级评分的方法，这种方法对其客户来说已经非常熟悉了。正因为如此，企业可以通过广告的形式让客户对其服务作出星级评价，淘宝就是采用星级评分法进行 DSR 评分的。

图 4-2　DSR 评分

4．净推荐值（NPS）

净推荐值是客户体验中的另一个重要指标，被认为是衡量客户忠诚度的指标。净推荐分数（NPS）是贝恩公司开发的一个客户忠诚度指标，它使用-100 到 100 之间的指数衡量客户满意度。问客户一个问题“他们是否会向朋友推荐某家公司”，然后要求他们使用 0 到 10 的量级作出回应，0 表示“不太可能”，10 表示“极有可能”。然后根据他们的回答将他们分类为批评者、被动者或推荐者。公示表示为：

净推荐值（NPS）=（推荐者数-诋毁者数）/调查对象总数×100%

大多数企业在衡量 NPS 和客户满意度时采用了不同的百分比计算方法。但衡量 NPS 的方法也可用于衡量客户满意度。不用百分比表示，这个计算结果可以是-100 到 100 间的所有整数。净推荐值越高，说明客户对服务越满意，反之亦然。NPS 的得分值在 50%以上被认为是不错的。如果 NPS 的得分值在 70%～80%之间则证明企业拥有一批高忠诚度的好客户。

（六）电商客户满意度要素

1．理念：经营理念、价值观念等

（1）经营理念

经营理念是管理者追求企业绩效的根据，是客户、竞争者以及职工价值观与正确经营行为的确认，然后在此基础上形成企业基本设想与科技优势、发展方向、共同信念和企业追求的经营目标。经营理念是系统的、根本的管理思想。管理活动都要有一个根本的原则，一切的管理都需围绕一个根本的思想进行。经营理念决定企业的经营方向，和使命与愿景一样是企业发展的基石。

（2）价值观念

电子商务是通过采用数字科技并以互联网作为最基本的沟通手段，将企业的价值主张和价值链定位进行持续不断的优化配置的过程。通过互联网的沟通手段来优化。但也不要忽视互联网的沟通手段，因为这是所有的利益和优化的、新型的业务模式的来源。通过实施电子商务，客户从企业建立的电子商务服务活动中得到利益，产生新的业务增值，降低成本，企业与客户间形成买方、卖方及服务提供商的良性循环。

2．形象：域名、网页画面设计等

（1）域名

由于 IP 地址具有不方便记忆并且不能显示地址、组织的名称和性质等，人们设计出了

域名，并通过网域名称系统来将域名和 IP 地址相互映射，使人更方便地访问互联网，而不用去记住能够被机器直接读取的 IP 地址数串。电子商务域名映射的网站是指一个企业、机构或企业在互联网上建立的站点，是企业、机构或企业开展电子商务的基础设施和信息平台，是实施电子商务的企业或商家与客户之间的交互界面，是电子商务系统运行的承担者和表现者。

（2）网页画面设计

一个能引人驻足停留的页面一定会为网站带来更多的客户和利益。电商网站设计原则一般包括用户友好性、独特的设计元素、确保安全、页面响应速度、懂你的目标客户、添加搜索、有效的产品描述、简约的布局、一致的品牌标识、有效的行为号召。

3．行为：行为机制、行为规范、广告行为、网络礼仪等

（1）行为机制

互联网和 Web 承载着丰富的跨时空信息，为社会和商务的发展提供了动态、开放和便捷的环境。然而在虚拟化的网络中，与不相识的人进行交易，如何保证交易安全可靠、服务质量是一个难题。电子商务交易行为的信任机制，是通过建立一个消费者和商家互相了解的平台，从而能够动态响应个人或商业需求，实现降低运营成本、改善服务，促进网上交易的积极性。

（2）行为规范

良好的行为规范更有利于与政府有关部门的沟通协调，严格执行有关电子商务政策、法规和标准。通过建立用户与消费者的信任，使他们的交易更加安全有保证，降低了风险性，消费者的售后服务都得到了强有力的保障。行为规范促进了良好的竞争关系，信息的普遍性和价格合理的使用，不仅促进了贸易的发展，也加速了电商行业的不断优化。

（3）广告行为

针对一般性的互联网广告行为，电子商务平台在一定情形下负有对其平台内经营者发布的广告内容的审查义务。同时，在不同的情形下，电商平台作为广告主，作为广告发布者，作为互联网信息服务提供者，在广告发布、制作、审核过程中承担着不同的角色，承担的责任以及注意事项也存在差异。

（4）网络礼仪

网络礼仪又称“网络礼节”，是指网民在网络社会生活活动中自觉形成的被道义认可的礼节、仪式和行为规范。网络礼仪属于网络道德范畴。网络礼仪是现实道义观的网络反映，是网络由无序状态发展到成熟状态的产物，是长期形成的合理的网络行为规范。网络礼仪的目的是让网络环境更加健康，网民的活动更加文明、有序，网络活动的效率更加提高。只有当使用互联网的人们懂得并遵守这些规则，互联网的效率才能得到更充分、更有效的发挥。

4．产品：质量、性质、式样、品牌、包装、价格、目标市场等

（1）产品质量

网络的虚拟性使客户可以突破时间和空间的限制，实现远程购物和在网上直接订购，这

使得网络购买者在购买前无法尝试，只能通过网络来尝试产品。

（2）产品性质

由于网上用户在初期对技术有一定要求，用户上网大多与网络等技术相关，因此，网上销售的产品最好是与高技术或与电脑、网络有关。一些信息类产品如图书、音乐等也比较适合网上销售。还有一些无形产品如服务也可以借助网络的作用实现远程销售，如远程医疗。

（3）产品式样

互联网对全世界国家和地区进行营销的产品要符合该国家或地区的风俗习惯、宗教信仰和教育水平。同时，网络营销产品的式样还必须满足购买者的个性化需求。

（4）产品品牌

在互联网中，生产商与经营商的品牌同样重要，一方面，要在浩如烟海的信息中获得浏览者的注意，必须拥有明确、醒目的品牌；另一方面，由于网上购买者可以面对很多选择，同时网上的销售无法实现购物体验。因此，购买者对品牌比较关注。

（5）产品包装

作为通过互联网经营的针对全球市场的产品，其包装必须适合网络消费的要求。

（6）产品价格

一方面，互联网作为信息传递工具，在发展初期是采用共享和免费策略的，网上用户比较认同网上产品的低廉特性；另一方面，由于通过互联网络进行销售的成本低于其他渠道的产品，在网上销售产品一般采用低价位定价。

（7）产品目标市场

网上市场是以网络用户为主要目标的市场，在网上销售的产品要适合覆盖广大的地理范围。如果产品的目标市场比较狭窄，可以采用传统营销策略。

5．服务：可靠性、保证性、有形性、移情性、响应性等

（1）可靠性

可靠性（Reliability）是指以一致和准确的方式交付所承诺的服务的能力，是指服务供应者准确无误地完成所承诺的服务。客户认可的可靠性是最重要的质量指标，它与核心服务密切相关。许多以优质服务著称的服务企业，正是通过强化可靠性来建立自己的声誉的。可靠性要求避免服务过程中的失误，如果企业在向客户提供服务的过程中，因某种原因而出现差错的话，不仅会给企业造成直接的经济损失，而且更重要的是会损害企业的形象，使企业失去潜在的客户，而这种损失是无法估计的。可靠性主要包括：企业向客户承诺的事情都能及时完成；客户遇到困难时，能表现出关心并帮助；企业是可靠的；能准时地提供所承诺的服务；正确记录相关的服务。

（2）保证性

保证性（Assurance）是指员工的知识水平和礼貌程度，以及他们在多大程度上创造了客户信任和信心，是指服务人员良好的服务态度和胜任工作的能力，增强客户对企业服务质量的信心和安全感。服务人员良好的服务态度会使客户感到心情愉快，自然会影响客户的主观感受，从而影响客户对服务质量的评价。服务人员具备渊博的专业知识，能够胜任服务的工作，会使客户对企业及其提供的产品产生信心，并对获得满意的服务感到愉快。安全性主要

包括：员工是值得信赖的；在从事交易时，客户会感到放心；员工是礼貌的；员工可以从企业得到适当的支持，以提供更好的服务。

（3）有形性

有形性（Tangibles）是指服务的实际设施，是指服务被感知的部分，如提供服务用的各种设施等。由于服务的本质是一种行为过程，而不是某种实物形态，因而具有不可感知的特征。因此，客户正是借助这些有形的、可见的部分来把握服务的实质。有形部分提供了有关服务质量本身的线索，同时也直接影响到客户对服务质量的感知。有形性主要包括：有现代化的服务设施；服务设施具有吸引力；员工有整洁的服装和外套；企业的设施与他们所提供的服务相匹配。

（4）移情性

移情性（Empathy）是指员工关心并为客户提供个性服务，是指企业和客服人员能设身处地为客户着想，努力满足客户的要求。这便要求客服人员有一种投入的精神，想客户之所想，急客户之所需，了解客户的实际需要和特殊需要，千方百计予以满足，给予客户充分的关心和体贴，使服务过程充满人情味，这便是移情性的体现。移情性主要包括：企业针对客户提供个性化的服务；员工会给予客户个别的关心；员工了解客户的需求；企业优先考虑客户的利益；企业提供的服务时间符合客户的需求。

（5）响应性

响应性（Responsiveness）是指员工提供快速服务的意愿，是指反应能力，即随时准备为客户提供快捷、有效的服务。对客户的各项要求能否予以及时满足，表明企业的服务导向，即是否把客户利益放在第一位。服务传递的效率是企业服务质量的一个重要反映，客户往往非常重视等候服务时间的长短，并将其作为衡量服务质量好坏的一个重要标准。因此，企业尽可能缩短客户等待的时间，提高服务传递的效率。响应性主要包括：告诉客户提供服务的准确时间；提供及时的服务；员工总是愿意帮助客户；员工不会因为其他事情而忽略客户。

## 二、客户忠诚度

### （一）客户忠诚度概念

客户忠诚度是指客户忠诚的程度，是一个量化概念。客户忠诚度是指由于质量、价格、服务等诸多因素的影响，使客户对某一企业的产品或服务产生感情，形成偏爱并长期重复购买该企业产品或服务的程度。美国资深营销专家吉尔·格里芬认为，客户忠诚度是指客户出于对企业或品牌的偏好而经常性重复购买的程度。真正的客户忠诚度是一种行为，而客户满意度只是一种态度。根据统计，当企业挽留客户的比率增加 5%时，获利便可提升 25%～100%。许多学者更是直接表示，忠诚的客户将是企业竞争优势的主要来源。由此可见，保有忠诚度的客户对企业经营者来说，是相当重要的任务。

客户满意度与客户忠诚度之不同在于，客户满意度是评量过去的交易中满足客户原先期望的程度，而客户忠诚度则是评量客户再购及参与活动意愿。

## （二）客户忠诚度特点

### 1. 超出客户预期的策略并不划算

虽然绝大多数客服主管坚定地认为超出客户预期等于客户忠诚度，但研究发现，一旦服务达到客户的预期，忠诚度就不再增长了。

对客户而言，在出现问题时，他们的首要需求是：帮我解决问题，不需要超出预期，只要能帮我解决问题即可。这个结论令人思考，毕竟超出客户预期的运营成本会上升 10%～20%，却没有带来更多成效。

### 2. 满意度不是忠诚度的晴雨表

很多企业以客户满意度来衡量客服的工作质量。但调查发现，客户的满意度评分与对该企业的忠诚度没有统计关系。深入分析数据后发现，即使对企业的满意度是满分，仍有 20%的客户不打算继续光顾，同样让人感到费解的是，在对服务感到不满意的客户中，有 28%的客户表示他们继续打算光顾。因此，不能完全以客户满意度来衡量客户对企业的影响。

### 3. 客户互动容易导致不忠，而不是忠诚

客服界的残酷现实是，客服所做的事往往弊多于利。确切地说，任何客户互动导致的不忠是忠诚的 4 倍左右。

### 4. 减少客户流失的关键是减少客户的费力程度

客户流失主要与客户解决问题所付出的工作量有关，或者说费力程度有关。只有减少客户体验服务的费力程度，才能降低流失率。导致客户流失有四大因素，分别是重复联系、重述信息、转接以及制式化服务。用超出预期的策略提高忠诚度可能性很低，而且“超出预期”本来就很抽象。导致客户费力的因素主要有重复联系、转接、转换渠道等。

## （三）客户忠诚度衡量指标

客户忠诚是客户基于对品质的认可、体验的满意和情感的升华而自然产生的对品牌产品和服务的持续购买行为，它对品牌的成长具有决定性的意义。通常可以用以下的六大指标进行衡量。

### 1. 重复购买的次数

在一定时期内，客户对某一品牌产品或服务重复购买的次数越多，则说明其对这一品牌的忠诚度就越高；反之，就越低。应该注意的是，在确定这一指标的合理界限时，必须根据不同的产品或服务加以区别对待。

### 2. 决策时间的长短

根据消费心理规律，消费者购买商品，尤其是选购商品，都要经过仔细比较和挑选的过程。由于信赖程度有差别，对不同品牌的商品，消费者购买决策时间的长短也是不同的。一般来说，购买决策时间越短，说明消费者对某一品牌商品形成了偏爱，对这一品牌的忠诚度越高；反之，则说明他对这一品牌的忠诚度越低。在运用这一标准衡量品牌忠诚度时，必须

剔除产品性能、质量等方面的差异产生的影响。

3．购物路径的长短

一般而言，消费者都喜欢按照便捷性购买，以节省时间和其他耗费。但是由于对品牌的偏好程度有区别，当就近没有该品牌的商品时，可能并不遵循就近购买的原则，而是选择走更远路程去购买心仪的品牌商品，这就说明其对该品牌的忠诚度高；反之，则低。应该注意的是需要排除价格等因素的影响。

4．对价格的敏感度

一般来说，消费者对商品的价格都是非常重视的，但这并不意味着消费者对各种品牌商品的价格敏感程度一致。事实证明，对于喜爱和信赖的商品，消费者对其价格变动的承受能力强，即敏感程度低；而对于不喜爱的商品，消费者对其价格变动的承受能力弱，即敏感度高。据此亦可衡量消费者对某一品牌的忠诚度。运用这一标准时，要注意消费者对于该产品的必需程度、产品供求状况及市场竞争程度三个因素的影响，在实际运用中，要排除它们的干扰。

5．对竞争者的态度

人们对某一品牌态度的变化，多半是通过与竞争者产品相比较而产生的。根据消费者对竞争者产品的态度，可以判断其对其他品牌的忠诚度的高低。如果消费者对竞争者的产品兴趣浓、好感强，就说明对某一品牌的忠诚度低；如果消费者对其他的品牌产品没有好感，兴趣不大，就说明对某一品牌的忠诚度高。

6．对瑕疵品的态度

任何一个品牌都可能因种种原因而出现瑕疵品的问题。如果消费者对某一品牌的忠诚度高，对该品牌偶尔出现的产品质量问题会以宽容和同情的态度对待，相信品牌会很快加以妥善处理。如果消费者对某一品牌忠诚度低，则一旦产品出现质量问题，客户就会非常敏感，极有可能从此不再购买这一产品。

## 三、RFM 理论

### （一）RFM 基本概念

RFM 理论是美国数据库营销研究所阿瑟·休斯（Arthur Hughes）提出来的，RFM 分析多用于传统营销、零售业等领域，适用于拥有多种消费品或快速消费品的行业，只要任何有数据记录的消费都可以被用于分析。对于电子商务网站来说，网站数据库中记录的详细的交易信息，同样可以运用 RFM 分析模型进行数据分析，尤其对于那些已经建立起客户关系管理（CRM）系统的网站来说，其分析的结果将更具意义。RFM 模型是衡量客户价值和客户创利能力的重要工具和手段。RFM 分析模型主要由以下三个指标组成。

1．最近一次消费（Recency）

最近一次消费意指用户上一次购买的时间。上一次消费时间越近的客户应该是比较好的客户，对提供即时的商品或服务也最有可能会有反应，即对店铺的回购几次最有可能产生回应。因为最近一次消费指标定义的是一个时间段，并且与当前时间相关，所以是一直在变动的。最近一次消费对营销来说是一个重要指标，涉及吸引客户，保持客户，并赢得客户的忠诚度。网购的便利，客户有了更多的购买选择和更低的购买成本，去除地域的限制因素，客户非常容易流失，因此，要提高回购率和留存率，需要时刻警惕 R 值。

2．消费频率（Frequency）

消费频率是客户在一定时间段内的消费次数（一般是 1 年）。最常购买的消费者，忠诚度也就最高，增加客户购买的次数意味着从竞争对手取得市场占有。一般店铺在运用 RFM 模型时，会把 F 值的时间范围去掉，替换成累计购买次数。影响复购的核心因素是商品，因此，复购不适合做跨类目比较。

3．消费金额（Monetary）

消费金额是对电子商务网站产能的最直接的衡量指标，理论上 M 值和 F 值是一样的，都带有时间范围，指的是一段时间（通常是 1 年）内的消费金额。对于一般店铺的类目而言，产品的价格浮动范围基本在某个特定消费群的可接受范围内。很多情况下，用店铺的累计购买金额和平均客单价替代传统的 M 值能更好地体现客户消费金额的差异。

### （二）数据获取与分析

在从数据库中提取相关数据之前，首先需要确定数据的时间跨度，根据网站销售的物品的差异，确定合适的时间跨度。在确定时间跨度之后，就可以提取相应时间区间内的数据。其中，R，取出来的数据是一个时间点，R=由当前时间点-最近一次消费时间点，注意单位的选择和统一，无论以小时、天为单位；F，这个指标可以直接在数据库中统计用户的消费次数；M，可以将每位客户的所有消费的金额相加求得。

### （三）RFM 模型应用对策

获取三个指标的数据以后，需要计算每个指标数据的均值，分别以 AVG（R）、AVG（F）、AVG（M）来表示，最后通过将每位客户的三个指标与均值进行比较，可以将客户细分为八类，见表 4-6。

表 4-6　FRM 客户类型表

| Recency | Frequency | Monetary | 客户类型 |
|---|---|---|---|
| 2 | 2 | 2 | 重要价值客户 |
| 2 | 1 | 2 | 重要发展客户 |
| 1 | 2 | 2 | 重要保持客户 |
| 1 | 1 | 2 | 重要挽留客户 |
| 2 | 2 | 1 | 一般价值客户 |
| 2 | 1 | 1 | 一般发展客户 |
| 1 | 2 | 1 | 一般保持客户 |
| 1 | 1 | 1 | 一般挽留客户 |

注：“2”表示大于均值，“1”表示小于均值。

1．RFM 模型分层策略

R（最近一次消费，Recency），通常影响因素为店铺的记忆强度、接触机会的多少、回购周期等。这个指标会用于决定客户接触策略、接触频次、刺激力度等。

F（消费频率，Frequency），通常影响因素为品牌的忠诚度、店铺熟悉度、客户会员等级、购买习惯等。这个指标会用于决定资源投入、营销优先级、活动方案决策等。

M（消费金额，Monetary），通常影响因素为消费能力和产品的认可度。这个指标会用于决定推荐商品、折扣门槛、活动方案等。

2．RFM 模型客户策略

（1）重要价值用户

RFM 三个值都很高，要提供 VIP 服务。

（2）重要发展用户

最近消费时间较近、消费金额高，但频次不高，忠诚度不高，很有潜力的用户。这种客户，必须重点维护，可以让团队严格监控每一次服务体验，确保客户非常满意。

（3）重要保持用户

最近消费距离现在时间较远，也就是 F 值低，但是消费频次和消费金额高。这种用户，是一段时间没来的忠诚客户。应该主动和他保持联系，介绍时尚新趋势等。

（4）重要挽留客户

最近消费时间距离现在较远、消费频率低，但消费金额高。这种用户，即将流失，要主动联系用户，查出问题环节，并想办法挽回。

## 四、单元思考

### （一）判断题

1．精神满意主要依靠产品所蕴含的道德价值、社会文化价值和生态价值来实现。（　　）

2．经营理念是系统的、根本的管理思想。（　　）

3．电商客户满意度中的安全性是指服务人员良好的服务态度和胜任工作的能力，增强客户对企业服务质量的信心和安全感。（　　）

4．服务达到客户的预期，忠诚度还会持续增长。（　　）

### （二）简述题

1．简述客户满意度的特性。

2．简述电商客户满意度五大要素。

3．简述客户忠诚度的特点。

4．简述 RFM 理论基本概念。

### （三）课堂讨论

客户和用户根据产品的定位有时候是一致的，有时候则是分离的。通常来说，做企业级消费产品的客户和用户通常是分离的，做大众级消费产品的客户和用户通常是一致的。

讨论：在社会主义核心价值观背景下，如何理解商业环境中的客户平等？

**知识映射：**所有消费者都应得到平等对待。

## 五、实战操练：客户价值分析

**知识映射：**通过实践，解决客户价值分析的问题。

### （一）任务导入

某互联网企业的实际用户下单数据为研究对象，根据用户购买的时间和金额，通过建立 RFM 模型，来计算出用户最近一次购买的打分、用户购买频率的打分、用户购买金额的打分，然后根据三个分数进行一个加权打分和综合打分。

营销人员可以根据用户的打分情况，对客户进行群体分类，对不同的客户群体进行特征分析，比较各细分群体的客户价值，对不同价值的客户制定相应的运营策略。

### （二）操作思路

1. 标准化数据处理。对最近一次购买的打分、用户购买频率的打分、用户购买金额的打分等三项数据进行标准化处理，使得数值在 0～1 范围以内。
2. 运用 RFM 模型，对客户进行分类。

### （三）小试牛刀

按照给定数据，结合实际情况，开展营销分析。

# 项目五　精准数据分析与营销

随着技术的进步和消费多元化的发展，大数据精准营销的技术被越来越多地运用到营销推广中，并获得了显著的成效。精准营销是在精准定位的基础上，依托现代信息技术手段建立个性化的客户沟通服务体系，实现企业可度量的低成本运营。通过依托大数据分析，运用技术手段大数据建立模型，挖掘营销线索，商家能更加真实地掌握用户的需求，根据相关内容对用户进行精准营销，让有效的信息精准触达到用户手中。

## 任务一　消费时间数据分析与营销

### 【学习目标】

#### （一）知识目标

了解消费时间的基本概念和规律。

了解上网时间分布和消费时段分布。

了解消费时间对消费需求的影响。

了解碎片化时间对于营销的意义。

了解时间营销理论。

了解微商时间营销及其特征。

#### （二）能力目标

能掌握消费时间对于店铺营销的作用。

能根据网民的上网时间与店铺的消费时段，寻找到合适的营销机会。

能根据微商时间营销特点，开展店铺的时间营销。

#### （三）职业目标

通过店铺运营的实践，提高店铺运营的敏锐嗅觉，培养学生爱岗敬业的精神，提高学生的团队协助意识和分析策划能力。

通过对时间营销的认知，提升学生合理分配和管理时间的能力。

### 【学习关键词】

消费时间、上网时间与消费时段、碎片化时间、时间营销、微商时间营销。

【课程案例】以史为鉴：夜市是怎么形成的

“夜市”是社会经济发展到一定程度的产物。最早的夜市形成是由于卖酒的商贩在夜间偷偷地卖酒，慢慢形成一定的规模和市场，也被其他的人所熟知，继而售卖品种越来越多，商贩和顾客也越来越多。优越的地理位置和便利的交通，可以为城市带来经济上的繁荣和人口上的增长，经济和人口又为夜市提供了物质基础和消费群体。

在汉代的《新论·离事》《说文解字》《异物志》等均提到了夜市，是夜市的萌芽期。进入唐代，虽然唐初统治者主张实行严格的坊市制度，但到了中晚唐时期，随着经济的发展，一大批新兴商业城市不断涌现。唐朝诗人王建《夜看扬州市》的“夜市千灯照碧云，高楼红袖客纷纷，如今不似时平日，犹自笙歌彻晓闻”，唐朝诗人杜荀鹤《送人游吴》的“夜市卖菱藕，春船载绮罗”都可见唐代夜市的繁荣。宋代夜市打破了阶级限制，消费主体扩展至各个阶层，娱乐休闲不只是官僚贵族的特权，也早已“飞入寻常百姓家”。正如范成大《灯市行》诗中写道：“儿郎种麦荷锄倦，偷闲也向城中看。酒垆博簺杂歌呼，夜夜长如正月半。”明清时期，繁密的人口、辐辏的商旅、畅达的交通、繁荣的商业和较高的消费需求，以及人们对商贾的包容甚至竞相从商的现象，促使夜市真正成了大众化的夜市。

**知识映射：**夜市经济形态的发展是一种发展必然。

【课程案例】以今为用：五芳斋的国潮时间

2019 年重阳节，五芳斋选取民国天后周璇演唱的《五芳斋》歌曲，打造了一支黑白复古民国风 MV，用一镜到底的拍摄手法，让受众感受民国时代的魅力。古老唱腔搭配各地美食，唤醒味觉的共鸣、复古怀旧的风格，飘逸着一股浓郁的历史与文化气息，更有诸多民国时期的大咖达人接连出境，一场传统的中国年味，让受众仿佛亲身感受了一般。

对于年轻客户群体而言，他们或许不熟悉老品牌的过去，却也能欣赏复古的潮流感，而对于熟悉老品牌的客户群体而言，带有记忆的东西总是让人流连忘返。品牌透过这样一个有烟火气的年味视频，追溯到五芳斋的起点，用致敬经典、复刻旧时光，将品牌文化代入民国时代独有的魅力，让品牌形象更具层次感、历史感和文化气息。

**知识映射：**复古，是用曾经的经典唤醒消费者的回忆。

## 一、消费时间

消费时间是指人们通过消费实现的一般社会必要劳动时间的节约。

### （一）消费时间的非市场性质

消费时间是市场领域以外的时间，消费者总是为满足自身或家庭需要而在消费活动中支出时间，一般都不涉及价格、货币等市场因素。消费时间不会带来货币收入，它的价值直接转化为效用。消费者可以从市场上购买消费时间，大多数劳务费用的支出实际上是对消费时间的购买，这种支出减少了消费者自己用于相应消费的时间从而有更多时间，用于效用更大的活动。但是，这并不表明消费时间的市场性质，只不过是非市场领域向市场领域的转化而已。

### （二）消费时间的替代效应

假设商品和时间可以相互替代地满足消费者的某种需要，为了使消费成本最小或效用最大，根据等边际准则，理性的消费者会这样安排商品和时间的组合：使商品的边际效用与商品的边际成本之比等于时间的边际效用与时间的边际成本之比。

工资的提高引起消费过程中偏离时间而转向商品的替代。这或许可以解释现代社会中一个令人困惑的现象：随着工作时间的实际减少，非工作时间随之增加，看起来人们可以更悠闲，更“奢侈”地使用时间。随着实际工资的增加，消费时间变得更为昂贵。

### （三）消费时间对价格弹性和收入弹性的影响

消费由商品和时间两种要素组成，考虑到消费时间的价值和时间与商品之间的相互替代，会使商品的价格弹性产生偏差。时间的相对价值越大，商品价格的增加对消费者购买行为的影响就越小，即商品价格的变化引起的实际消费需求的变化，小于不考虑时间价值时的需求变化。其结果是，即使全部消费具有同样的实际价格弹性，在只考察商品的数量和价格的传统分析中，时间价值比重相对较大的消费会表现出较低的名义价格弹性。

### （四）消费时间对消费需求的影响

每项消费中时间的价值量取决于消费时间的长短和每单位时间的价值，任何一个因素的变动都能引起消费价格的变动，从而引起消费需求的变动。时间的长短会影响许多消费决策，愉快的长途旅游可能因为花费太多时间而放弃；乘坐飞机花费不菲，却因为能节约时间而被很多人选择。时间的价格也是影响消费需求的重要因素，在主要工作年龄，时间价格相对较高，可以发现，个人的消费时间较少而工作时间较多；在生命周期的衰退阶段，时间价格变得相对较低，则会增加用于养植花卉、观看电视等不大节约时间的活动。

## 二、上网时段分析

### （一）上网时间分布分析

中国互联网网民上网时间分布反映了主流网民人群及其上网习惯。主要以白领和大中学校学生作为当下国内上网主力军，在上午 10 点前后开始进入上网高峰期，新闻、社交、电子商务等网站的流量也达到高峰；晚上 9 点前后各类人群基本都进入睡前休息时段，尤其女性及学生大部分进入休闲状态，社交、网购、视频、游戏等网站热度达到另一高峰。

### （二）消费时段数据分析

现今手机购物渐已形成为网购大众的主要手段，在消费高峰时出现“多频次”的特点。淘宝公布了一组“24 小时淘客访问数据”。

1．女性淘客消费高峰时段

根据淘宝公布的统计分析，早上 10 点，女装的销售就会出现第一轮高峰期，而这种情况在星期二、三更为明显。一位服装店主介绍说，这主要是因为这个时候下单能够本周到货，周末出行时就可以穿上了。到了下午 2 点和晚上 8 点，女装购物高峰都会再次出现，并且一直持续到晚上 10 点，临睡前，淘客们也形成拿着手机逛淘宝的习惯。

2．化妆品类消费时段

在美妆方面，每天的消费高峰也有两次，分别是晚上 9 点到 11 点、下午 2 点到 4 点。比较有趣的现象是，购买化妆品的男女比例是 1∶3，也就是说，有 25%的化妆品购买者为男性。

3．母婴用品消费时段

和“女人管家”的观念完全一致，妈妈群体也是淘宝购物的主力军。到了上午 11 点，妈妈们在工作之余，开始逛童装、尿不湿，以及孕产妇用品。这同时也是买菜、水果的黄金时间，主妇们开始选购鸡鸭鱼肉、青菜萝卜。数据显示，30 岁到 35 岁的女性是采购生鲜的主力群体。下午 4 点，妈妈们想起小宝宝的口粮了，出现了奶粉选购高峰；晚上 9 点，妈妈们又开买起了玩具。淘宝母婴行业的数据显示，购买母婴用品的男女比例为 3∶7，看来，除了妈妈关注孩子成长，爸爸们也迎头赶上。在母婴用品方面，妈妈们从凌晨四五点就开始了淘宝之旅，在母婴用品方面，会出现凌晨购物的现象。很可能是因为看护孩子的妈妈们在半夜醒来后一时无法入睡，边购物边照看孩子。

4．手机购物推动睡前消费

淘宝数据也显示了越夜越逛街的新趋势，从移动端的整体数据分析，在晚上 9 点到晚上 10 点还都是淘客消费的高峰期。24 小时数据显示，人们用手机消费的热度会比用电脑持续得更晚一些，甚至持续到凌晨 1 点，也就是一种“睡前消费”的有趣现象。另外，晚上 9 点到晚上 10 点也是人们选择家居用品的高峰时段，从数据分析，关注家居类用品以女性占多；而家装材料方面，则以男性关注为主。

5．“90 后”淘客的淘宝时段

“90 后”的活动时间则明显是夜晚，晚上 8 点后，淘宝动漫频道就会越发热闹，在周末更是如此。数据显示，关注动漫的主要以学生、年轻白领为主，18 岁到 24 岁是最主要的群体，其中，对手办玩具感兴趣的男生更多，女孩子则更关心衣服。

6．周末网购的消费者明显减少

消费者在工作日网购的热情更高，周末网购的消费者明显减少。由于在周末或者节假日的时候，消费者可以更自由地安排自己的时间，购物场景可能转移到线下。而在工作日，消费者没有大量的时间外出购物，所以更倾向于选择方便快捷的网购。

消费者网购时间与作息时间一致，购物时段主要集中在白天上班时间和晚上在家时间，其中，白天上班时间购物热情会比晚上下班在家时间高，上下班途中和吃饭时间购物热情略

有回落。商家可根据网购时间分布调整战术，更好地满足消费者的网购需求。

## 三、碎片化时间

### （一）碎片化时间概念

碎片化时间指的是受众因为需求多元化以后，其工作生活所呈现出的零碎时间段。在碎片化的时间里找到适合的营销点，首先必须找到适合为客户进行服务的时间节点，然后据此来触发服务。通过增加这些维度的分析，才能在会员碎片化的时间里用最适当的方式与会员进行接触，从而提升会员的体验度。受众接触媒体的碎片化，增加了商家找寻目标消费者的难度。大数据时代，商家需要对受众接触的媒体而产生的碎片化数据进行收集、整理、分析，筛选出有价值的信息，才能有效地锁定目标消费者。

### （二）页面停留时间碎片化

大部分网店运营及美工都比较关注商品详情页受众的停留时间，据此来判断设计的页面受欢迎程度。页面停留时间是网站流量分析的常用指标。在主流的数据分析工具 Google Analytics、Web Trends、Omniture、量子恒道、CNZZ 中都有计算。页面停留时间表示用户的一次浏览行为在一个页面上花费了多长时间，直接体现出用户愿意花多长时间在网站的页面上，通过这个指标可以衡量一些网站页面、网站产品定位和设计的优劣。页面停留时间的长短是否就决定了网页、产品和设计受欢迎的程度。

### （三）服务碎片化趋势

在互联网时代，品牌应该引导或帮助消费者去轻松享受生活。大部分商家在做会员关系管理都是人为设定某个时间节点，抓住受众的碎片化时间进行有效的营销。需要注意以下两点：首先，以业务节点作为切入点是比较合适的；其次，做营销尤其是做 CRM 最重要的就是“猜透客户需要什么”。常规的做法是根据目标会员进行标签化管理，提供差异化的服务。移动电商时代，网店需要重点了解消费者的购物习惯，碎片化时间的合理利用就需要通过好的用户体验来支持，进而来提升消费者的喜好度及黏性。

## 四、时间营销理论

### （一）时间营销产生背景

在新技术条件下的营销活动中，时间即需求。大数据营销中所依赖的数据，往往是静态人群属性和兴趣爱好常量，这导致了大数据营销在本质上很难以去控制和捕获用户的需求。时间营销是在一个营销活动中，通过对时间管理，缩短用户需求变化的可能性，适时机地去对应用户的需求。时间营销将是一种通用的解决方法，针对多变的市场以及多变的消费需求，它将在一定程度上对市场化繁为简，大大优化营销效果。

时间营销的根本道理在于缩短网民从接收信息到作出购买行为之间的时间，同时减小网民需求发生变化的概率。时间营销作为营销中重要策略，是通过控制广告内容到达用户的时间，去缩短用户需求变化可能性。

### （二）时间营销理论

时间营销是指通过对多媒体运营以及数字技术应用等手段，对所流经传播介质的信息符号加以调配和控制，以改变信源到达传播对象的时间，进而实现营销效果的优化。时间营销的基础原理涵盖概念原理和方法原理两个层面。

概念原理上，时间营销为传统营销模式在传播层面上提供了一个新的可以量化并具有实际操作意义的具体维度，拓宽了营销传播的基本概念。随着数字时代的到来，互联网、新型多媒体和便携式数字终端兴起，各类信号能够以光速在拥有电子介质的人群中不受地域局限，进行广泛的、巨量的传播。

方法原理上，时间营销是大数据精准营销的方法延展和路径深化。大数据精准营销依托全网数据，追踪和聚类网络行为，精准定位受众特征，为传播对象选择合适的营销信号投放时机。时间营销则在大数据精准营销的基础上，加入传播对象单位时间行为分析变量。时间营销在单位时间内对传播对象的即时需求特征进行科学排序，依据优先层级，选择最佳的营销信号投放时机。时间营销使营销信号的投放更具有针对性和时效性，增加了信号供给与受众需求之间的契合度，因此，而显著提升了营销效果。

## 五、微商时间营销

微商的发展，基于新媒体的时间营销保留了广播、电视的时间营销的部分特征，在时间营销中呈现出私人化、零散性和直接性的新媒体时间营销新特征。

### （一）私人化时间营销

时间营销的媒体时间是私人化的时间，这种私人化包括空间角度的私人化时间和消费角度的私人化时间。新媒体的发展缩小了全球时空，促成“地球村”的形成。广播、电视和互联网将时间公共化，手机则是将时间私人化。微商发布广告吸引受众的注意，获得的是受众的时间，只用支付少量的流量费用就可以发布信息，购买受众的时间达到吸引受众注意并说服其购买的目的。

从空间角度看，微商经营的是私人空间的营销时间。在微信的使用中，只有添加好友才能看到对方发布的信息和互动，只有共同好友才能看到评论或互动评论，形成一个相对封闭的私人化空间。从消费角度看，微商的受众是朋友圈中的好友，消费的是朋友圈好友独享的私人时间。手机更多地消费的是受众的私人时间，人们在相对封闭的空间中用私人随意时间浏览朋友圈，消费熟人圈中的各种信息，包括微商发布的广告信息。因此，微商营销的时间是熟人的私人时间。

### （二）零散性时间营销

传播媒体通过对人类日常生活时间的建构，转移了人们的时间参考标准，并且通过技术、内容对时间进行雕琢，塑造了以瞬间性、零散性与无序性为特征的媒体时间。这里的瞬间性即媒体信息的即时性；零散性则是指大众媒体追求数量和效果，将新闻碎片化和广告打

断电视节目；无序性是通过重新合理安排时间顺序吸引受众。

对于微商而言，媒体时间的营销也具有即时性、零散性和无序性。其中，零散性与传统媒体不同，并非新闻碎片化和打断广告，而是指微信朋友圈中微商信息的发布和受众信息的接收都是零散的。

### （三）直接性时间营销

无论如何压缩媒体时间，提高媒体信息发布的即时性，广告商都是通过媒体购买受众的时间，争夺受众的注意力，即时性的提高只是提高发布的效率，无法消除两者之间的距离，媒体的时间营销仍然是间接性的。一方面，微商作为新的广告商，通过朋友圈信息发布直接获得受众注意力。微商发布广告是客观时间，微商发布的广告信息本身是文本时间，微商同时掌握着客观时间和文本时间，这样更加直接地缩短了媒体时间营销过程，受众直接通过微信朋友圈接收微商的广告文本。另一方面，微商和受众处在同一个朋友圈中，他们之间是一种直接或间接的熟人关系，他们之间信息的发布和接收是即发即收的直接关系。因此，微商的时间营销是直接性的。

## 六、单元思考

### （一）判断题

1. 时间的相对价值越大，商品价格的增加对消费者购买行为的影响就越大。（　　）
2. 移动电商时代，带来的是消费者时间的碎片化。（　　）
3. 时间营销作为通过控制广告内容到达用户的时间，去缩短用户需求变化可能性。（　　）
4. 时间营销在大数据精准营销的方法延展和路径深化难以实现。（　　）

### （二）简述题

1. 简述消费时间的基本概念和规律。
2. 简述消费时间对价格弹性和收入弹性的影响。
3. 简述消费时间对消费需求的影响。
4. 简述碎片化时间对于营销的意义。
5. 简述时间营销理论。

### （三）课堂讨论

生活节奏加快，人们开始喜欢简易的、新潮的、快速的、能够吸引眼球的事物，碎片化时间的利用成为很多人生活日常。而碎片化时间的充分利用，反过来又在加速生活节奏，使人们进入一个快节奏循环的旋涡。

讨论：如何将碎片化时间合理地应用到电子商务中？

**知识映射：**合理安排生活中的时间。

## 七、实战操练：销售时段分析

**知识映射：**通过实践，解决消费时段评估的问题。

### （一）任务导入

小刘是某电子商务商贸公司的信息技术主管，接到公司总裁的任务，估算网店在正常情况下用户下单的时间分布，以分析不同时间段用户的购物行为。

### （二）操作思路

1．根据南丁格尔玫瑰图制作需要，统计不同时间段的下单数量。
2．根据数值大小完成圆环图颜色填充。

### （三）小试牛刀

按照给定数据，结合实际情况，开展营销分析。

# 任务二　差异化数据分析与营销

## 【学习目标】

### （一）知识目标

了解差异化营销的形成背景、概念、优缺点。
了解差异化营销的各类策略。
掌握差异化营销的步骤与误区。

### （二）能力目标

根据店铺情况和产品特点，选择定位差异化、价格差异化、产品差异化、服务差异化、形象差异化、人员差异化等营销。

### （三）职业目标

提高学生的服务意识，加深对差异化“服务”的理解和认识。
培养学生举一反三的能力，将差异化营销的理念拓展到工作和学习中。

## 【学习关键词】

差异化营销、定位差异化、价格差异化、产品差异化、服务差异化、形象差异化、人员差异化。

## 【课程案例】以史为鉴：唐代的女性消费观念

原始社会，由于社会生产力低下，男子主要从事捕鱼和狩猎等活动，很难满足物质生活的需要，而女性从事的采摘比较稳定，再加上繁衍人口关系到部落的存亡，就确立了女子的高地位。随着生产工具的不断改进，原始社会后期，慢慢过渡到农业社会，体力劳动的重要性开始凸显，男性成为物质的主要创造者，母系氏族逐渐被父系氏族代替。

进入唐代之后，社会经济的繁荣和唐文化出现，社会变得更为开放，对于女子没有那么苛求。唐代女子可以自由参加户外活动与文化活动，女性自身地位的提升，自然也促进了女性消费的欲望。唐代女人服饰也是大胆前卫，不受拘束，从遗留下来的各种文艺作品，都能见识到唐代繁荣的经济面貌。在女性消费中，原本是一些日用品的首饰，变成对华丽珠宝的追求。

**知识映射：**唐代女性地位的提升，促进消费市场的多元化发展。

## 【课程案例】以今为用：小乔跑步机，跑出用户的痛点

小乔科技成立于2015年，创始人潘忠剑曾服务于京东母婴运营。潘忠剑表示，做跑步机的主要原因是：跑步机的市场规模已经上百亿元，但依然没有出现一个具备认知度的品牌。在我国城市居民越来越倾向于入住小户型的情况下，跑步机所需的占地面积也降低了用户的购买欲。小乔跑步机要解决市场的痛点有两个：一方面是许多大城市的空气环境状况未必完全适合户外运动；另一个方面是由于工作时间、空气等方面的原因，很多人选择傍晚锻炼，但夜跑对女性用户来说，并不是那么安全。

数据显示，每 10 个购买跑步机的买家中就有 7 个到 8 个为女性，70.87%的跑步机使用者为女性用户。让女性意识到跑步可以让她更健康、更美丽，在家里跑步会更舒适、更安全。找准了定位，潘忠剑选择了独特的产品设计，集智能、小巧、便携、可折叠于一身的 34 公斤级家用跑步机。“小乔智能跑步机”不但颜值高，还小巧轻便，使用时不需要占用太多空间，还能记录锻炼数据，模拟跑步场景，不用时还能收起来腾出空间。小乔跑步机可实现多人联机、场景模拟、数据监测、专业指导、在线教练等功能，还能通过联网互动，建立运动分享社区。

**知识映射：**女性学会保护自己、健康生活。

# 一、差异化营销

### （一）差异化营销概念

差异化营销，是指面对已经细分的市场，企业选择两个或者两个以上的子市场作为市场目标，分别对每个子市场提供有针对性的产品和服务以及相应的销售措施，包括产品差异化、服务差异化、形象差异化等策略。差异化营销的核心思想是细分市场，针对目标消费群进行定位，导入品牌，树立形象。在市场细分的基础上，针对目标市场的个性化需求，通过品牌定位与传播，赋予品牌独特的价值，树立鲜明的形象，建立品牌的差异化和个性化核心竞争优势。差异化营销的关键是积极寻找市场空白点，选择目标市场，挖掘消费者尚未满足

的个性化需求，开发产品的新功能，赋予品牌新的价值。

差异化营销的依据是市场消费需求的多样化特性。不同的消费者具有不同的爱好、不同的个性、不同的价值取向、不同的收入水平和不同的消费理念等，从而决定了他们对产品品牌有不同的需求侧重，这就是进行差异化营销的原因。差异化营销不是某个营销层面、某种营销手段的创新，而是产品、概念、价值、形象、推广手段、促销方法等多方位、系统性的营销创新，并在创新的基础上实现品牌在细分市场上的目标聚焦，取得战略性的领先优势。

### （二）差异化营销应用

根据差异化营销需要，企业可以选择几个利益最大的子市场作为目标市场，如果有足够的能力满足更多的子市场则可以选择更多的子市场；如果各子市场对企业都很有吸引力，并且企业也有能力为各子市场提供不同的产品和服务，企业可以把子市场作为目标市场。

差异化营销原本是有一定市场地位的企业，为了在同质化竞争中，获得更多的市场份额，而采用的市场占领战略。其核心逻辑在于，与其把营销资源均衡用于一个过大的市场，不如主动地细分出几个小市场，占有更高的市场份额。成功实施差异化营销的，几乎都是大市场的领导者。随着技术的发展、行业的垂直分工以及信息的公开性、及时性，导致越来越多的产品出现同质化，寻求差异化营销已经成为很多中小企业赖以生存发展的必备武器。差异性营销策略显然能比无差异性营销创造更大的销售额，越来越多的企业正在采纳这种策略。

### （三）差异化营销优缺点

#### 1. 差异化营销的优点

企业采用差异化营销策略，可以使客户的不同需求得到更好的满足，也使每个子市场的销售潜力得到最大限度的挖掘，从而有利于扩大企业的市场占有率。同时，也大大降低了经营风险，一个子市场的失败，不会导致整个企业陷入困境。差异化营销策略大大提高了企业的竞争能力，企业树立的几个品牌，可以大大提高消费者对企业产品的信赖感和购买率。

#### 2. 差异化营销的缺点

差异化有自身的局限性，最大的缺点是营销成本过高，生产一般为小批量，使单位产品的成本相对上升，不具经济性。另外，市场调研、销售分析、促销计划、渠道建立、广告宣传、物流配送等许多方面的成本都无疑会大幅度地增加。这也是为什么很多企业采用差异化营销策略，市场占有率有所扩大，销量有所增加，利润却降低的原因所在。

## 二、差异化营销策略

### （一）定位差异化

定位对产品来说像是灵魂的注入，让产品有了与众不同的目标、愿景，是其能够在市场立足的基础。定位差异化是指企业对自身产品在特殊功能、文化取向及个性差异上的商业性决策，它是建立一个与众不同的品牌形象的过程和结果。即为某个特定品牌确定一个区别于

竞争品牌的卖点和市场位置，使商品在消费者的心中占领一个特殊的位置。

定位差异化的目的是将产品的核心优势或个性差异转化为品牌，以满足目标消费者的个性需求。成功的品牌都有一个差异化特征，符合消费者需要的形象，并且是有别于竞争对手的。然后以一种始终如一的形式将品牌的差异与消费者的心理需要连接起来，通过这种方式将品牌定位信息准确传达给消费者，在潜在消费者心中占领一个有利的位置。完整的品牌定位是在市场定位和产品定位的基础上，对特定的品牌在文化取向及个性差异上的商业性决策，主要包含以下内容：理念系统部分、视觉识别系统部分、行为识别系统部分、销售形象系统部分。

### （二）价格差异化

价格差异化是最普遍的一种营销手段。价格差异化是在充分考虑产品差异、客户需求差异、时间差异、地点差异等基础上，以不反映成本费用的比例差异而制定不同的价格。例如，企业对不同型号或形式的产品分别制定不同的价格，而不同型号或形式产品的价格之间的差额和成本费用之间的差额并不成比例。这种“薄利多销”的手段只能用于相对价格比较透明，且需求量比较大，供给量也比较大的产品上。

为了迎合部分品质消费需求，便出现了高价差异营销。价格差异化营销还要配合高质量产品和服务差异化、形象差异化、人员差异化等营销策略。高价差异营销，需要保证产品高价能提供给消费者更大的满足感，足以匹配消费者支出的金钱。反之，低价差异营销，需要保证产品的库存周转率和现金周转在一个合理的平衡范围。

### （三）产品差异化

产品差异化是指产品的特征、工作性能、一致性、耐用性、可靠性、易修理性、式样和设计等方面的差异，关注重点是产品实际上的、看得见的、可感觉到的差别，这是客户理解和认同定位诉求的基石，但出发点依然是客户的心理需要。当突出产品实体的某种特色时，这种特色是从客户的心理出发的，要切入客户的心中，打动客户的心。产品差异化的具体变量有产品特征、性能、结构、耐用性、易修复性、质量、式样及产品设计。对于同一行业的竞争对手来说，产品的核心价值是基本相同的，所不同的是在性能和质量上，在满足客户基本需要的情况下，为客户提供独特的产品是差异化战略追求的目标。其中，产品的特征是企业产品差异化极有竞争力的工具。

需要注意的是，产品差异化不是市场细分。市场细分化的着眼点是要针对不同客户的需求特点开发出不同的产品；而产品差异化的着眼点则是已经存在的产品，使它的某种特征与竞争者的同类产品有明显的区别。

### （四）服务差异化

服务差异化是指企业向目标市场提供与竞争者不同的优异的服务。尤其是在难以突出有形产品的差别时，竞争成功的关键常常取决于服务的数量与质量。区别服务水平的主要因素有送货、安装、用户培训、咨询、维修等。售前售后服务差异就成了对手之间的竞争利器。

在日益激烈的市场竞争中，服务已成为全部经营活动的出发点和归宿。产品的价格和技术差别正在逐步缩小，影响消费者购买的因素除产品的质量和企业的形象外，最关键的还是服务的品质。服务能够主导产品的销售的趋势，服务的最终目的是提高客户的回头率，扩大市场占有率。只有差异化的服务才能使企业和产品在消费者心中永远占有一席之地。

### （五）形象差异化

在市场上，当实体产品以及附加产品都相似时，企业可树立独特的形象，以显示与竞争者产品的不同。品牌可以形成不同的个性，以供消费者选择。消费者之所以对某个品牌感兴趣，是由于每个人都有凸显自己个性的心理需要。当某种品牌正好切合自己的个性特点时，客户通常就会把这种品牌的商品买下来，并向别人显示，以表现其个性。

形象差异化是指通过塑造与竞争对手不同的产品、企业和品牌形象来取得竞争优势。形象是公众对产品和企业的看法和感受。塑造形象的工具有名称、颜色、标识、标语、环境、活动等。在实施形象差异化时，企业一定要针对竞争对手的形象策略，以及消费者的心智而采取不同的策略。企业巧妙地实施形象差异化策略就会收到意想不到的效果。形象不可能一夜之间在公众心目中形成，也不可能凭借一种媒体就可以塑造。设计鲜明的产品形象，需要摸透消费者的心，并需要创造力和持续的工作。

### （六）人员差异化

人员差异化对服务型企业尤其重要。人员差异化已经成为众多优秀企业营销策略的最重要手段，企业可以通过招聘和培养一批比竞争者更好的员工来获得市场的竞争优势。只要企业有能力或有条件培养高素质的员工，就能获得企业参与竞争的核心高度差异化能力。因为人的可塑性最强，通过学习培养更容易形成比其他个体的差异化优势，也很难被竞争对手模仿。

人员差异化可从以下几个方面进行：员工的能力、言行举止、可信度、可靠性、敏捷性与可交流性等。但要注意的是，员工的总体表现是员工个体表现的总和，特别是与客户直接接触的员工，只要有个别表现不佳，就有可能使全体员工乃至整个企业形象受到损害。

## 三、差异化营销步骤

### （一）差异化营销目标

#### 1．差异化的目的

差异化是给用户一个“选择你而不选别人”的理由。如果一个品牌、企业没有差异化，也就意味着消费者不会对企业产生忠诚度，因为企业没有独特的价值，没有给消费者非选你不可的理由。

#### 2．差异化的本质

差异化是“满足消费者需求”的差异化。不管是什么差异化，回归本质都是能更好满足用户需求，在制定差异化策略时，一定是从用户需求出发，去挖掘差异化优势。

#### 3．差异化的来源

差异化是通过一整个系统体现的，而不是一个单点。常见的误区是，很多人认为差异化

就是口味、性价比、包装设计这些单点，那反过来想，实际上消费者会因为性价比选择你，也会因为别人性价比更高时选择竞品。

### （二）差异化营销步骤

制定差异化营销策略有以下三个步骤。

**1．挖掘市场机会，找到目标市场**

差异化策略是一种进攻型策略，是在已有市场上抢占一块新领地，在找到目标市场这一步，店铺核心要做的是：分析市场受众，挖掘可被更好满足的需求。

在挖掘消费者需求时，也应该从收益和成本两个维度进行挖掘：如何提高消费者决策收益，如何降低消费者决策成本。

**2．对标竞品，寻找差异化优势**

通过前面的分析，找到需求突破口，确定目标市场后，就要开始寻找自身差异化优势，这也是店铺立足目标市场的竞争力所在。这一部分，核心是去比对店铺商品和竞品的优劣，扬长避短，可以从 4P 营销角度出发寻找。需要把握以下两点。

（1）难模仿

差异化优势应该具有一定门槛，让竞品难以模仿，否则，差异化会很快变成同质化。一款爆品，无法成为差异化优势，主要因为产品太容易被模仿。

（2）系统性

差异化是一整个系统体现的，而不是单点。复杂多维度的优势，不仅让店铺具有更多长板，也大大增加竞品模仿的难度。

**3．传播差异化优势，建立认知**

接下来是传播店铺的差异化，在消费者心智中建立“差异化”认知。如果销售方不传播，差异化特点就很少有用户知晓。而且，“认知大于事实”是营销领域不置可否的观点，如强化“农夫山泉有点甜”。需要把握以下两点。

（1）强感知

产品的差异化，要能让消费者真切感受到。

（2）抢认知

消费者的认知有限，对于企业来说事先抢占用户资源很有必要。

## 四、差异化营销误区

### （一）单纯的产品差异化

很多企业都只是在单纯地追求单纯的产品差异化，总是希望凭借产品在市场上一举打败竞争对手。而这些企业却忽略了用户需求，用户需求正在全面地从产品需求升级到品牌需求。品牌需求才是第一需求，而且用户相信更好的品牌一定是更好的产品。当然，事实也确实如此。

单纯的产品差异化，在相对基础的产品行业比较明显。没有品牌作为基础，产品本身的差异化产生的效果会越来越小。

### （二）共性上相对性的差异化

企业要避免在一个品类的共性上去思考一些小的差异化，这样既无法打动消费者，也没法打赢竞争对手。因为这种差异化产生的营销力很有限，在市场上并不能打。

### （三）主张未在产品核心价值上

每一个产品，都有一个核心价值，这个核心价值才是用户的主要需求。因此，一个品牌主张的差异化，一定要聚焦在这类产品的核心价值上面。

### （四）用户不认同品牌的差异化

差异化是以能够获得用户认同为前提的。不被认同，这个差异化就没有价值，甚至适得其反。在宣传产品某一方面品质过硬的时候，就必须有一套逻辑来向用户证明它，而且这套逻辑还必须得到用户的认同。每一个差异化营销，都必须有一个完整严密的逻辑体系去支撑它，否则，用户就不会认同。只要逻辑体系有漏洞，也一定不会被用户所认同。

### （五）单纯的价格差异化

纯粹的价格差异化是毫无价值的差异化。因为价格差异化产生的营销力是不可以持续的，而且会让一个品牌因为价格而快速萎缩。单纯的商品以比市场竞争对手低的价格去营销，刚开始的时候可能会获得短时的销量增长，但长期的单纯价格差异化，对用户就失去了吸引力。

价格差异化的形成，是和用户心中“锚定”值相关的。在差异化营销中，价格差异化也是一种不错的差异化。但这个差异化营销成功是有前提的：一是这个品牌本身是成功的，能为这个价格差异化圈定边界；二是这个价格差异化是有明确的锚定目标，即能够引导用户去使用产品。

## 五、单元思考

### （一）判断题

1．差异化营销的关键是积极寻找市场空白点，选择目标市场，挖掘消费者尚未满足的个性化需求，开发产品的新功能，赋予品牌新的价值。（　　）

2．形象差异化可以凭借一种媒体就可以塑造。（　　）

3．在分析消费者需求时，应重点关注消费者想获得什么，可以忽略消费者所需付出的成本。（　　）

4．差异化是以能够获得用户认同为前提的。（　　）

### （二）简述题

1．简述差异化营销的优缺点。

2．简述差异化营销的策略。

3．简述差异化营销的步骤。

4．分析差异化营销的误区。

（三）课堂讨论

互联网的发展与推广降低了电子商务的入门门槛，加强了欠发达地区与发达地区之间的商业活动与联系。通过电子商务平台为基础，借助互联网技术与完善的基础建设，农产品电商在平台与政府的支持下，搭建起县村两级服务网络，充分发挥电子商务优势，突破物流与信息流在欠发达地区的瓶颈，实现“网货下乡”和“农产品进城”的双向流通功能。

讨论：电子商务在推动欠发达地区的落地与发展方面起到的作用。

**知识映射：**推动欠发达地区实现共同富裕。

## 六、实战操练：销售区域分析

**知识映射：**通过实践，解决销售区域分析的问题。

（一）任务导入

小明是淘宝店商家，店铺一直运营不错。随着电子商务的发展，淘宝店铺的生存空间也被大大压缩。年底了，他也对自己的小店作了一些思考，想在老客户和区域针对性营销上下下功夫。于是，开始统计自己的客户主要来自哪些地区，争取明年开展差异化区域营销。

（二）操作思路

根据区域销售数据，制作热力图。

（三）小试牛刀

按照给定数据，结合实际情况，开展营销分析。

# 任务三　商品关联数据分析与营销

【学习目标】

（一）知识目标

了解关联及关联分析的概念。

了解商品关联分析的指标。

了解关联规则挖掘的概念。

了解关联营销的概念、策略、分类及思路。

### （二）能力目标

能根据具体数据，选择合适的关联营销方法。

能在实施关联营销过程中，对于关联位置、商品类别、商品数量等进行选择。

能根据淘宝店铺情况，选择合适的关联营销手段。

### （三）职业目标

培养学生的创新性分析能力，在数据关联规则的挖掘的基础上，寻找到合适的关联营销方法。

## 【学习关键词】

关联与关联分析、商品关联分析的指标、关联规则挖掘、淘宝关联营销。

## 【课程案例】以史为鉴：喝出多彩的茶花样

宋代人喝茶，往往会创造出一些新的花样，当时已经出现了在茶中添加甘草等药材饮用的习俗。宋人朱彧在《萍洲可谈》记载：今世俗客至则啜茶，去则啜汤。汤取药材甘香者屑之，或温或凉，未有不用甘草者，此俗遍天下。这种甘草味的茶水在当时受到百姓的追捧。到了南宋，茶的花样更加多样，口味也逐渐丰富起来。南宋吴自牧在《梦粱录》中记载，临安的茶肆“四时卖奇茶异汤，冬月添卖七宝擂茶、馓子、葱茶，或卖盐豉汤，暑天添卖雪泡梅花酒，或缩脾饮暑药之属”。四季不同时令，有不同种类的茶水，他们在添加了各种食材、药材之后，已不单单是解渴的饮料，还形成了极具特色的多元茶饮文化。

**知识映射：**宋代多元茶饮文化，是产品延伸的表现。

## 【课程案例】以今为用：尿布和啤酒

在某超市里，有一个有趣的现象：尿布和啤酒赫然摆在一起出售。但是这个奇怪的举措却使尿布和啤酒的销量双双增加了。沃尔玛拥有世界上最大的数据仓库系统，为了能够准确了解客户在其门店的购买习惯，沃尔玛对其客户的购物行为进行购物篮分析，想知道客户经常一起购买的商品有哪些。沃尔玛数据仓库里集中了其各门店的详细原始交易数据。在这些原始交易数据的基础上，沃尔玛利用数据挖掘方法对这些数据进行分析和挖掘。一个意外的发现是：跟尿布一起购买最多的商品竟是啤酒。大量实际调查和分析，揭示了一个隐藏在“尿布与啤酒”背后的美国人的一种行为模式：在美国，一些年轻的父亲下班后经常要到超市去买婴儿尿布，而他们中有30%～40%的人同时也为自己买一些啤酒。

产生这一现象的原因是：美国的太太们常叮嘱她们的丈夫下班后为小孩买尿布，而丈夫们在买尿布后又随手带回了他们喜欢的啤酒。按常规思维，尿布与啤酒相关性很弱，若不是借助数据挖掘技术对大量交易数据进行挖掘分析，沃尔玛不可能发现数据内在这一有价值的规律。

**知识映射：**虚心学习外国的管理经验。

# 一、关联分析

## （一）关联概念

关联是反映某个事物与其他事物之间相互依存关系的，商品关联是通过对客户的购买记录数据库进行某种规则的挖掘，最终发现客户群体的购买习惯的内在共性。数据分析的目的是找到数据之间的关联和联系，而对于产品或商品来说，找出客户购买行为的模式，当用户买了 A 商品，是否会对 B 商品产生什么影响；用户今天的购买行为，会不会对明天的销售量带来影响；不同的用户是否具有不同的购买模式；等等。

## （二）关联分析

关联分析又称“关联挖掘”，就是在交易数据、关系数据或其他信息载体中，查找存在于项目集合或对象集合之间的频繁模式、关联、相关性或因果结构。或者说，关联分析是发现交易数据库中不同商品（项）之间的联系。关联分析是一种简单、实用的分析技术，是发现存在于大量数据集中的关联性或相关性，从而描述一个事物中某些属性同时出现的规律和模式。

关联分析是从大量数据中发现项集之间有趣的关联和相关联系。关联分析的一个典型例子是购物篮分析，该过程通过发现客户放入其购物篮中的不同商品之间的联系，进而分析客户的购买习惯。通过了解哪些商品频繁地被客户同时购买，这种关联的发现可以帮助零售商制定营销策略。其他的应用还包括价目表设计、商品促销、商品的排放和基于购买模式的客户划分。

## （三）商品关联分析指标

关联分析中有很多的指标体系，一般来说有下面三种比较常见。

### 1．支持度

支持度是指 A 商品和 B 商品同时被购买的概率，即某个商品组合的购买次数占总商品购买次数的比例，图 5-1 中的 C 表示 A 和 B 两者之间的交集。

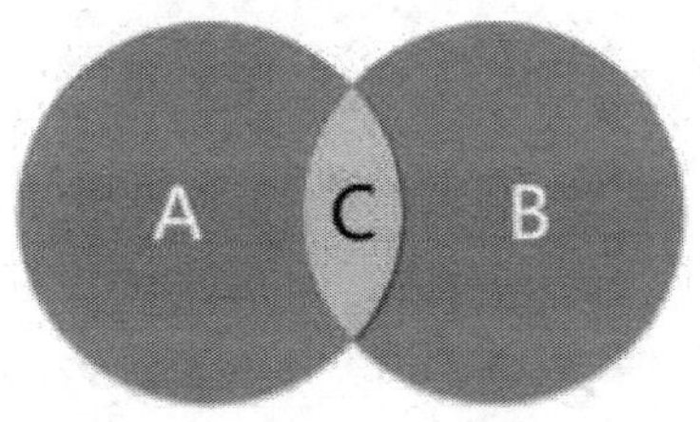


图 5-1　商品关联

其算法公式如下：

$$S=F\left[(A\&B)/N\right]$$

其中，$S$ 代表支持度，$F$ 代表概率函数，$A\&B$ 代表购买了 $A$ 且购买了 $B$ 的次数，$N$ 代表购买总次数。

2．置信度

置信度是指购买 $A$ 之后又购买 $B$ 的条件概率，是因为购买了 $A$ 所以购买了 $B$ 的概率，表示交集 $C$ 在 $A$ 中的比例。

其算法公式为：

$$C=F(A\&B)/F(A)$$

其中，$C$ 代表置信度，$F$ 表示条件概率，$A\&B$ 代表购买了 $A$ 且购买了 $B$ 的次数，$A$ 代表购买 A 的次数。

3．提升度

提升度是先购买 $A$ 对购买 $B$ 的提升作用，用来判断商品组合方式是否具有实际价值，是看组合商品被购买的次数是否高于单独商品的购买次数，大于 1 说明该组合方式有效，小于 1 则说明无效。

其算法公式为：

$$L=S(A\&B)/[S(A)\times S(B)]$$

其中，$L$ 代表提升度，$S(A\&B)$ 代表 $A$ 商品和 $B$ 商品同时被购买的支持度，$S(A)\times S(B)$ 代表商品 $A$ 被购买的概率与 $B$ 被购买概率的乘积。

（四）关联规则挖掘

关联规则挖掘的一个典型例子是购物篮分析（Market Basket Analysis，MBA）。关联规则研究有助于发现交易数据库中不同商品（项）之间的联系，找出客户购买行为模式，购买了某一商品对购买其他商品的影响。分析结果可以应用于商品货架布局、存货安排以及根据购买模式对用户进行分类。

1．关联规则的发现过程

（1）迭代识别所有的频繁项目集

要求频繁项目集的支持度不低于用户设定的最低值。第一阶段必须从原始资料集合中，找出所有高频项目组。高频是指某一项目组出现的频率相对于所有记录而言，必须达到某一水平。

（2）产生关联规则

从频繁项目集中构造置信度不低于用户设定的最低值的规则，产生关联规则。识别或发现所有频繁项目集是关联规则发现算法的核心，也是计算量最大的部分。从高频项目组产生关联规则，是利用前一步骤的高频项目组来产生规则，在最小可信度的条件门槛下，若一规则所求得的可信度满足最小可信度，则称为“关联规则”。

（3）最小支持度和最小置信度

支持度和置信度两个阈值是描述关联规则的两个重要概念。一项目组出现的频率称为“支持度”，反映关联规则在数据库中的重要性，而置信度衡量关联规则的可信程度，如果某条规则同时满足最小支持度和最小置信度，则称为强“关联规则”。

2．关联规则的挖掘阶段

经由高频项目组所产生的规则，若其可信度大于等于最小可信度，则称为“关联规则”。就“啤酒+尿布”这个案例而言，使用关联规则挖掘技术，对交易资料库中的记录进行资料挖掘，首先必须设定最小支持度与最小可信度两个门槛值，在此假设最小支持度为5%且最小可信度为65%。因此，符合需求的关联规则将必须同时满足以上两个条件。若经过挖掘所找到的关联规则（尿布，啤酒）满足下列条件，将可接受（尿布，啤酒）的关联规则。用公式可以描述为：支持度（尿布，啤酒）≥5%，可信度（尿布，啤酒）≥65%。

其中，支持度（尿布，啤酒）≥5%于此应用范例中的意义为：在所有的交易记录资料中，至少有 5%的交易呈现尿布与啤酒这两项商品被同时购买的交易行为。可信度（尿布，啤酒）≥65%于此应用范例中的意义为：在所有包含尿布的交易记录资料中，至少有 65%的交易会同时购买啤酒。

因此，若有某消费者出现购买尿布的行为，将可推荐该消费者同时购买啤酒。这个商品推荐的行为则是根据（尿布，啤酒）关联规则而定，因为就过去的交易记录而言，支持了“大部分购买尿布的交易，会同时购买啤酒”的消费行为。

不难看出，关联规则挖掘通常比较适用于记录中的指标取离散值的情况。如果原始数据库中的指标值是取连续的数据，则在关联规则挖掘之前应该进行适当的数据离散化，数据的离散化是数据挖掘前的重要环节，离散化的过程是否合理将直接影响关联规则的挖掘结果。

## 二、关联营销概念

### （一）关联营销定义

关联营销是一种建立在双方互利互益的基础上的营销，又称“绑缚营销”。关联销售在网店经营中被广泛应用，是指一个商品页同时放了其他同类、同品牌可搭配的有关联商品。由此达到提高商品曝光率，提高成交率。

关联营销是寻找商品营销的关联性，在互利双赢的基础上，利用爆款以及普通款为店铺其他款引流，达到店铺内流量的跳转，为其他商品争取到更多的流转；通过对产品、品牌、其他事物上的所要销售的商品上寻找关联，为业务实现深层次、多方位的引导。实现交叉营销，开展关联营销，是要寻找商品、品类等所要营销实物产品的关联性，即一款产品销售页面上，除了本身产品的一些信息外，将同类型或者有关联的产品信息放在上面，实现多款对比，这将在一定程度上提高用户自主选择和店铺黏性。

### （二）关联营销意义

关联营销是指一个产品页同时放了其他同类、同品牌、可搭配等产品周边有关联的产品，让客户多浏览、多点击，以便提高成交率，对店铺内部流量的分享指引及二次转化起到重要作用，其意义概括为以下三点。

1．提高曝光率，带来访客流量

关联流量是店铺客流量的重要来源之一，通过引流款和爆款做好优化和关联营销，将更多的店铺产品展现给客户，提高曝光量，引导客户继续点击，增加停留时间。让搜索引擎系统判断：店铺的产品对客户有用，在自然搜索排序时，当然会优先考虑店铺。店铺很难将每个商品都优化到手淘首页，但是店铺中一般都会有若干宝贝占据非常有利的位置，通过有效的搭配便可以利用一款商品带来的流量资源，带动流量跳转到多款产品中去。

2．提升店铺的转化率

客户通过平台索引而展示出来的产品或许并不能让客户满意，但与之相匹配的关联商品也许能令其心动。通过关联营销，充分利用每一个流量，把更多优质的产品合理推荐给买家，增加店铺其他产品的展现和成交机会。

3．提高客单价

客单价是平均用户的成交额，即店铺成交额/成交用户数。关联营销可以让客户购买产品的时候，如果看到其他合适的关联商品，也会顺便购买，这样客单价也就提升了。通过延伸需求，提升客单价，用户直接通过关联下单多件商品的概率也相应提高。

（三）关联营销目标

当客户点开链接访问产品详情页时，说明对产品很感兴趣，如果能浏览到页面最底部，客户接下来的行为可能是购买与不购买。此时底部关联营销就像实体店里的导购员，关键时刻给客户暗示和引导，从而产生购买行为。

1．客户决定购买，关联模块就起到暗示客户的作用

店铺还有其他很不错的产品，可能也需要，让客户买得更多，提高客单价。

2．客户放弃购买，决定跳出页面时，关联营销引导客户

如果不喜欢这个产品，可以看看其他类似的产品，加深访问深度，提升转化率。

3．客户连续点击关联商品，访问了更多店铺产品

店铺产品款式很多，用户可以继续浏览其他商品，给店铺带来更多流量。

## 三、关联营销策略

（一）关联营销分类

1．互补关联

互补关联强调搭配的商品和主推商品有直接的相关性。

2．替代关联

替代关联是指主推商品和关联商品可以完全替代，即相似或同类型产品。

3．潜在关联

潜在关联重点强调潜在互补关系，这种搭配方式一般不推荐，但是针对多类目店铺时，

可以考虑。

## （二）关联营销思路

由于关联营销可以为消费者提供更多的产品选择机会，引导消费者进入店铺进行浏览，并且在提高客单价的同时，还可以提高店铺进入的深度，对店铺的转化率，也会起到积极的作用。对于消费者来说，设置正确的关联商品，也能提高消费者的购物体验，让消费者觉得，店铺里有好的产品，并且都符合自己的喜好，进而为店铺培养一批忠实的粉丝。

### 1．相同消费层级

一些卖家在使用关联营销的时候，会遇到这样的问题，不清楚哪些产品能够关联起来，不清楚是用低价产品关联起来的高价产品，还是用同价位的产品关联起来。不建议卖家使用低价关联起来的高价产品，因为这会给消费者一种欺骗的感觉，从而影响到店铺后期的购买量。建议卖家把同消费层次的产品关联起来，这样才能促进产品的转化。

### 2．详情页中的关联推荐

实际上，关联推荐的展示位置，不是固定的，它可以展示在头、中、底三个位置，具体的展示位置，还是要根据产品来决定。卖家可以在详情页的头、一些促销产品、关联商品等位置展示关联推荐，在中间的位置，可以放置一些搭配套餐，在底部，可以放置一些主推产品。

### 3．产品之间差异化

不管是网上还是网下购物，消费者的购买需求都是相同的，想要有更多的选择，在众多的产品中，选择最适合自己的产品。卖家可以把不同风格的产品放到店里，这样可以加深消费者的购买欲。

### 4．互补产品

补充产品，指的是卖家在店内，进行推荐搭配的操作。

## （三）关联营销区分法则

### 1．类目区分法则

不同类目的商品，关联的效果也是不同的。如果店铺经营服装、饰品、化妆品等类目，用户购物意图很明确，而用户点击查看这个商品，一般都是因为喜欢这个商品的风格款式或者品牌。在这种情况下，建议推荐一些和主推商品相似款式的商品，对于一些服装或者化妆品等类目，也可以推荐一些和主推商品风格相似或者品牌相似。

如果店铺销售家电、数码产品、家具等客单价很高并且耐用的商品，用户在购买这类商品往往会比较慎重，这个时候可以推荐一些搭配商品或者同功能商品，为想购买这类商品的用户提供方便和更多选择。

### 2．方法区分法则

关联营销的方式要根据店铺做关联营销的目的来确立，在做关联营销之前，一定要明确销售目的。如果店铺主要目的是清仓处理、打造爆款、促销活动，关联营销需要注意的是：要把优惠信息放在最醒目的位置。如果目的是减少主商品跳失率，建议关联一些跳失率低的商品或者爆款；如果要增加主商品的转化率，可以关联一些转化率高的商品或者爆款；如果店铺想增加商品的流量，可以将商品关联到流量高的爆款商品。

## 四、关联营销的实施

### （一）关联商品选择

商品关联性要强，不能放关联性很弱的商品。

#### 1．替代关联商品

款式相似，功能相同，价格相近。

#### 2．互补关联商品

功能互补、风格统一、搭配度高。

另外，关联营销再结合店铺其他各种营销活动，包括折扣、满立减、满件折、优惠券等，效果更佳。

### （二）关联商品位置选择

关联商品位置有详情页页首、页中和页尾。

页首、页中不关联替代性产品，关联互补性产品，详情页页首可以关联替代性产品。买家看到产品详情页，就会被这个产品所吸引，这时候店铺关联相似的同类型产品，买家就有可能点击关联的产品而离开这个页面；或者买家反复对比，纠结犹豫，到底该选哪款产品，增加买家选择烦恼和下决心购买的难度。因此，正确做法是页首和页中一般不放替代性产品，让买家一气呵成地阅读完详情页，不给选择的机会，直接下单。当然可放互补性产品，尽可能让买家多消费一些搭配产品。

页尾可关联互补性产品和相似产品。尽管买家通过搜索进入详情页面，但并不能保证每位买家都能够产生购买行为，如果买家看到的商品不是他想要的，可能会离开页面，进而跳转出店铺。这时，就需要对这样的客户进行有效的引导，去看可能感兴趣的产品页面从而产生购买，而不浪费辛苦引流进来的客户。

### （三）关联商品数量选择

关联商品的数量不应过多，1～4 款产品最佳，主要原因有以下几个。

#### 1．用户网购特点

有部分用户喜欢简单直接，干脆利落，不喜欢太烦琐的。另外，人的注意力也是有限的，如果数量太多，容易分散注意力，页面显得杂乱，浏览耗时长，用户可能会没耐心直接离开页面。

2．增加做决定的难度

即使用户有耐心看完了这么多款关联的同类型产品，也增加用户选择难度。如果不是产品 A 就是产品 B，那就会简化选择难度。

（四）关联营销设置方式

1．免邮

邮费对于购物车的转化率有着一定的影响，特别在京东上面，很多商品都是不包邮的，设定合理的免邮标准可以刺激用户消费，而且还可以起到提高客单价的效果，用户往往为了凑够免邮，而在店铺中购买一些非必需品，这时候就需要店铺提供一些价格适当的凑单商品。

2．满减、满赠、多买优惠、满减送

这几种促销都是用户购买达到一定标准后可以得到优惠的方式，效果和免邮是一样的，都是为了刺激用户消费。在设定这个价格标准的过程中，可以通过平台查看店铺以往的客单价，再去结合行业的平均水平以及邮费成本制定一个合理的满减活动。

3．套装

商家后台的营销中心可以设置套装，套装能直接体现关联营销。套装的选择不宜过多，三四个有竞争力的套装就可以达到效果，然后再给出一些优惠，可以引导用户在购买单品的基础上购买套装。

4．商品详情页的关联营销

目前大部分销售额来自移动端，除了个别特殊类目。很多商家都会做关联营销，但都是 PC 端，手机端详情页关联营销的店铺很少。在移动端详情页一定要加入关联，可以分布在详情页的开头和结尾，这部分推荐的商品可以是店铺内销量高、点击率高、转化率高的榜单商品，或者是店铺的主推商品。

5．其他关联营销设置

客服咨询是用户与商家最直接的互动方式，同时也考察了一个客服的专业程度。在客服推荐之前，首先要了解用户需求，并且向用户推荐符合需求的商品，然后在用户下单之后，将商品快递到用户手中，也可以通过包裹中夹带传单，进行品牌推广和关联商品销售。

（五）关联营销注意事宜

关联营销时，一般放在详情最上边，但是必须在关联商品的数量上有所限制，不然会影响用户体验。在商品描述详情页的中间插入，需要注意关联商品的质量，不要影响观感。在商品描述详情页的最下面插入关联营销，这种插入是很有可能提高跳转的，因为一般能浏览到最后，证明的确是对这款商品很感兴趣的，所以再最后做关联，可以达到事半功倍的效果，提高其他商品的访客。

（1）如果某个页面跳失率比较高，建议把关联促销图片放在上面。

（2）如果某个页面的转化率很高，建议把关联促销图片放在下面。

（3）如果是跳失率高或销量一般的商品详情页，建议把店铺里热销的产品作为关联促销内容。

（4）如果是热销产品的商品详情页，建议放与该产品相关的产品。

（5）将同类产品相互关联，例如，同一类别不同款式的女包，这样可以给买家更多的选择，用户不喜欢这款，也许会青睐其他产品。

（6）关联营销的内容要从买家的角度出发。

（7）分析客户的心理需求。例如，客户买了这个产品，还有可能喜欢哪些产品，或者说，客户对这个产品不感兴趣，可能会对其他哪些产品感兴趣。

（8）不要在所有的商品详情页里放同样的关联营销内容。

### （六）淘宝关联营销

商品关联营销是淘宝常见的一个免费推广方式。有利于提升店铺访问深度、间接成交率、客户黏着度，是提升客单价最有效利器之一。不能只是单纯引流，要把每个流量的价值最多化。想真正能提高店铺利润，就是要把关联营销做精、做细。关联的参数通常包括毛利与利润、客单价与营业额、笔单数与打造爆款等。常用的四种关联营销手段包括互补产品搭配套餐、推荐关联购买、同质产品多选一、根据羊群效应将商品进行关联。

## 五、单元思考

### （一）判断题

1．关联分析是发现交易数据库中不同商品之间的联系。（　　）

2．从频繁项目集中构造置信度不高于用户设定的最低值的规则，产生关联规则。（　　）

3．通过延伸需求，提升客单价，不少用户直接通过关联下单多件商品。（　　）

4．如果某个页面跳失率比较高，建议把关联促销图片放在下面。（　　）

### （二）简述题

1．简述关联分析的概念。

2．简述关联规则挖掘的概念。

3．简述关联营销的意义。

4．简述关联营销的分类。

### （三）课堂讨论

关联分析是数据挖掘中一项既基础又重要的技术，是一种在大型数据库中发现变量之间有趣关系的方法。然而，很多商业应用却夸大了关联分析的作用，认为关联营销是一剂能解决很多问题的灵丹妙药。

讨论：是不是每一件商品都适合开展关联营销？

**知识映射：**任何理论都有适用范围和局限性。

## 六、实战操练：商品关联分析

**知识映射：**通过实践，解决商品关联分析的问题。

### （一）任务导入

随着网店经营逐渐走上正常轨道，店铺也开始上架更多新的商品。然而，经营一段时间后，店铺主管小王发现新上架的商品几乎没有销量。小王深知店铺动销率对于店铺的影响，如果不提高动销率，店铺整体排名会受到影响。翻开大学专业课笔记，小王发现老师曾经讲过关联营销。

请结合店铺商品同时被购买的数据，分析商品之间的关联，并变出可能存在较高关联的商品。

### （二）操作思路

1. 提取购买频率较高的商品。
2. 构建商品矩阵，分析高关联商品。

### （三）小试牛刀

按照给定数据，结合实际情况，开展营销分析。

# 任务四　直播数据分析与营销

## 【学习目标】

### （一）知识目标

了解直播营销的概念、发展背景。

了解直播营销的优势、作用。

了解直播影响因素。

### （二）能力目标

能根据店铺需要，选择合适的形式，开展直播营销。

能较为熟练运用直播营销的策略。

能熟练运用直播营销查询工具，查询直播数据。

能进行相关直播数据的有效分析。

### （三）职业目标

引导学生辨别是非、理性观看直播内容，去伪存真。

培养学生树立正确的价值观，策划健康、文明的直播内容。

## 【学习关键词】

直播营销、直播营销分析、直播营销实施、直播营销查询工具。

## 【课程案例】以史为鉴：行商与坐贾

商贾，这是我国古人对商人的一种称谓，后来商贾都指商人。《恩县志》记载：负而贩卖，属于行动者曰商，设肆坐以行售者曰贾。即走街串巷贩卖货物的商人被称为“行商”，而开店铺在固定场所经商的商人被称为“坐贾”。中国古代商人中行商与坐贾势力的消长经历了长期变化；宋代则是行商与坐贾势力消长的转折时期。汉代“大商富贾，积贮倍息，小者坐列贩卖”，宋代却是“大商富贾，坐列贩卖”。

行商与坐贾之间的转变，是商家追逐利润最大化行为的结果，是与不同的经济发展阶段相适应的。人口的群聚效应、商业集群的出现、社会的稳定性提高等，促使行商向坐贾的转变，它不仅给消费者带来了便利，节约了成本，而且减少了人们交易过程中的机会主义行为。

**知识映射：**认识商业形式的变迁。

## 【课程案例】以今为用：抖音为活力28取消罚款

活力28是一家中国国货品牌，为了宣传他们的新产品，三位中年男士上阵进行直播。这三位绅士并不熟悉网络用语，也对流行元素不甚了解。他们甚至会称呼粉丝为“朋友们”“同志们”，给观众带来了极其欢乐的感觉。由于对规则不熟悉，开始时的三位男士主播频繁遭到禁言封号。为了解决这个问题，他们只能手持A4纸，让观众自行下单。

随后，页面购物车因为系统问题突然消失了，这让大叔主播感到困惑。网友们纷纷提醒他们说“小黄车”不见了，建议他们检查一下，但是大叔却认真地解释说小黄车正在外面运货，并没有丢失，门口还有保安在看守。这样诙谐的互动进一步加深了主播和观众之间的亲近感。

再到后来，物流发货的困难带来了一系列问题。根据平台规定，如果商品不能及时发货，就必须承担赔偿责任。由于活力28在短时间内积压了大量订单，并且三位大叔对规则不熟悉，他们暂时面临着高达50万元的罚款。

抖音等直播平台在曝光此事后，充分考虑到活力28的特殊情况，作出了取消对其罚款的让步。这种处理方式无疑展现了平台的人性化和灵活性。同时，平台也不断完善自身规则，以满足不同用户的需求。

**知识映射：**世界终因正能量变美好。

# 一、直播营销概述

## （一）直播营销的概念

直播营销是指在现场随着事件的发生、发展进程同时制作和播出节目的营销方式，该营销活动以直播平台为载体，达到企业获得品牌的提升和销量的增长的目的。

## （二）直播营销的发展背景

### 1. 移动网络提速和智能设备的普及

在移动互联网时代，直播视频和直播 App 开始涌现，并受到资本市场的关注。移动网络速度的提升，以及流量资费的降低，视频直播能够比以往更加流畅。智能手机的普及，让人们逐渐完全摆脱无线网络和电脑，而可以直接通过智能手机进行视频拍摄上传。这就使视频直播能够有更多的场景，从而让企业有了全新的营销机会，可以更加全面地展示企业的文化，宣传企业的声音。

### 2. 企业需要更立体的营销平台

微博、微信主要还是基本以图文为主，而图文始终不够立体，用户看到的还都是静止的，单纯的文字传播很可能被忽略。视频直播正在兴起，弥补了以前企业进行营销传播时的缺憾，在微博、微信之外，多了一个更为立体生动的营销阵地。

### 3. 网友看视频、玩视频的习惯养成

无论是移动互联网时代的机遇也好，还是企业营销的需求驱动也罢，这一切最重要的根基是用户愿意在这个平台上进行交流。越来越多的人愿意在视频平台上花费时间创造内容和浏览内容，这都得益于用户习惯的培养完成。

## （三）直播营销的优势

直播营销是一种营销形式上的重要创新，也是能体现互联网视频特色的板块。对于广告主而言，直播营销有着较大的优势。

### 1. 当下的语境中直播营销就是一场事件营销

除了本身的广告效应，直播内容的新闻效应往往更明显，引爆性也更强。一个事件或者一个话题，相对而言，可以更轻松地进行传播和引起关注。

### 2. 能体现出用户群的精准性

在观看直播视频时，用户需要在一个特定的时间共同进入播放页面。这种播出时间上的限制，也能够真正识别出并抓住这批具有忠诚度的精准目标人群。

### 3. 能够实现与用户的实时互动

相较传统电视，互联网视频的一大优势就是能够满足用户更为多元的需求。不仅是单向的观看，能一起发弹幕交流，还可以直接献花打赏，根据网友的需求规划节目进程等。这种

互动的真实性和立体性，也只有在直播的时候能够完全展现。

4．深入沟通，情感共鸣

在这个碎片化的时代里，在去中心化的语境下，人们在日常生活中的交集越来越少，尤其是情感层面的交流越来越浅。直播，这种带有仪式感的内容播出形式，能让一批具有相同志趣的人聚集在一起，聚焦在共同的爱好上，情绪相互感染，达成情感气氛上的高位时刻。

### （四）直播营销的作用

1．精确的市场调研

直播是向大众推销产品或者个人，推销的前提是平台深刻地了解到用户需求，才能够提供对应需求，同时还要避免同质化的竞争。只有精确地做好市场调研，才能作出真正让大众喜欢的营销方案。

2．项目分析

精确分析自身的优缺点。做直播，营销经费充足，人脉资源丰富，可以有效地实施任何想法。但对大多数企业来说，如果没有足够充足的资金和人脉储备，这时就需要充分发挥自身的优点来弥补。一个好的项目也不仅仅是人脉、财力的堆积就可以达到预期的效果，只有充分发挥自身的优点，才能取得意想不到的效果。

3．市场受众定位

直播的受众是谁，他们能够接受什么等等，都需要做恰当的市场调研，找到合适的受众是做好整个营销的关键。

4．直播平台的选择

直播平台种类多样，根据属性可以划分为不同的几个领域，选择合适的直播平台是关键。

5．良好的直播方案设计

做完上述工作之后，成功的关键就在于最后呈现给受众的方案。在整个方案设计中需要销售策划及广告策划的共同参与，让产品在营销和视觉效果之间恰到好处。在直播过程中，过分的营销往往会引起用户的反感，因此，在设计直播方案时，如何把握视觉效果和营销方式，还需要不断商榷。

6．营销效果反馈

营销最终是要落实在转化率上，实时的、后期的反馈要跟上，同时通过数据反馈可以不断地修整方案，不断提高营销方案的可实施性。

## 二、直播营销分析

### （一）直播影响因素

官方系统中提示需要在直播间重点维护和引导的数据，而且粉丝会有分层，有新粉、铁粉和钻粉，每个粉丝在每个阶段的权益可以自己去设置。通过这些数据的设置，每次直播前针对粉丝提出的问题，写好互动话术，导入直播间人气互动软件，引导粉丝互动评论，激活粉丝，设置点赞频率，营造直播间热度，获得更多的官方流量。

1. 访客停留时长

（1）主播的内容

当主播能通过他的阅历经验、技能去作分享，包括他的人格魅力，可以让更多的人驻留在直播间。内容包括主播做的事说的话，是否受到粉丝喜爱，直播间氛围如何，这些因素就决定了用户是否愿意停留在你的直播间。

（2）直播间优惠

设置一些优惠信息，引导粉丝来完成任务，就可以去领取到相应的福利。可以设置一些更多的优惠券、红包、主播好礼等，商家以此可以去增加直播间访客停留时长。

（3）更新商品

当推荐的商品的更新周期快，款式新颖，会有很多访客因为主播的货品而选择留在直播间。

2. 粉丝回访

粉丝回访包括三点，首先是粉丝的分层，其次是在线人数，最后是关注欲。

（1）粉丝的分层

不同的粉丝做好不同的分层，就可以享受到不同的待遇。如果主播能吸引他们，用户每天都会来打卡，这就是粉丝的回访。

（2）在线人数

通过中控台有一个数据详情，可以看到每分钟进出直播间的人数。最主要的就是通过内容、商品和福利，延长粉丝在直播间的停留时间，这样直播人数也是会有所提升。

（3）关注欲

如果主播有魅力，粉丝每天都愿意观看直播，这叫“关注欲”。通过主播的学识、内涵、魅力等，让粉丝愿意持续关注和回访。

## （二）直播数据分析

商家可以参考的直播数据非常多，不只是销售量、销售额，还有合作主播的详情，商品详情、直播详情等，具体包括以下几点。

1. 主播销量与粉丝画像，分析投放效果

商家最看重的就是主播的带货能力，能带出量的就是好主播。在主播详情里，可以找到自家的单场直播详情，里面统计了主播的整场销售情况，包括上架的商品数、总销售数量和销售额。一场直播中有许多不同品类和不同价格的商品，通过不同商品的直播预估销量，可以分析主播适合什么样的商品。

2. 竞品投放主播列表，省钱、省时、省力

除了分析自家的主播，还可以了解竞品的主播，了解其他主播销售的情况。对于优秀的主

播，也可以考虑批量跟进。直播场次说明了该主播和这件商品的合作次数，合作次数较高的主播说明商家和这个主播合作得比较满意，商品转化效果不错，这样的主播就是值得投放的。

3．商品合作主播列表，优化投放策略

除了竞品外，同品类的商品直播数据也有很多可取之处，对客单价较低的商品，可以参考运营做得好的商品。在商品投放分析中点击详情可以看到它的带货主播，以投少量头部和腰部主播，大量投放潜力主播，低价引流。

## 三、直播营销实施

### （一）直播营销实施形式

以抖音和快手为代表的直播是有内容基因的电商，淘宝直播是有促销基因的电商。在做内容的地方做品牌，在做销售的地方做促销，而品牌内容决定直播营销的上限。从长远看，只有优质的内容与有吸引力的品牌相结合，才能长期高效地触达目标用户群体，完成对用户群体的营销和转化，同时促进品牌的增长。

1．明星代言式直播

明星代言是传统广告最常用的一种营销方式，品牌给代言人一笔费用，代言人将自己的个性和标签赋予品牌，同时借助明星的知名度迅速打开市场，建立影响力。传统明星代言的核心有两点：一是长期，长期才能让明星将自己的个性赋予品牌；二是重复，重复才能让品牌的特点占领心智。

2．IP 打造式直播

直播的火爆，让不少 CEO 走进直播间，共同为直播带货提供了一个新视角。相对带货，更重要的是企业领导人 IP 的打造和影响。不少品牌都有自己的虚拟 IP，且经过长年的打造具有很强的群众基础，让这些 IP 进行直播，同样可以带动品牌营销。

3．内容创意式直播

现在直播营销刚刚开始，未来直播营销的形式一定会更多。有些直播跟带货毫无关系，是一次线上展示，目的就是品牌曝光、与用户群体互动。随着直播营销逐步深化，内容直播的形式会越来越多。

4．PUGC 式直播

PUGC 营销从微博、微信时代开始就是一种重要的与用户共创内容、完成营销的重要方式。品牌直播同样可以实现 PUGC 直播，挖掘用户的潜力，让用户为产品写直播脚本，为产品做直播内容创意，甚至直接招募素人走入直播间做品牌直播，这些都是很好的营销方式。

5．粉丝运营式直播

做品牌的一个重要任务就是做粉丝运营，主播能够给粉丝什么内容、价值，这是很重要的一点。如果刚开播就引导粉丝群体大量买货，而主播在此前给用户提供了什么价值，很可

能会适得其反。

未来还会出现诸如普通员工直播、品牌联合直播、与粉丝连麦直播等其他方式。

### （二）直播营销策略

随着移动互联网时代的来临，营销行业进入剧变时代。变化的是营销的载体和形式，但营销的核心是策略和创意并没有变。对于直播，不应该只看到带货，而应该站在品牌营销的层面上看到更多的东西。

1．把内容创意的思维用于直播

传统营销人最具优势的地方就是策略和创意，他们日常会做各种各样的创意。

2．把 IP 运营的方法用于直播

不少品牌都有自己的 IP，直播是打造和运营 IP 的手段，它能丰满 IP 的形象，赋予 IP 鲜明的性格特点，同时让 IP 走近用户，拉近与用户的关系。

3．把粉丝运营的策略用于直播

在直播中的粉丝运营，关键在于一定要给用户有价值的产品或内容。这些东西，也许是技能，如教用户化妆；也许是好的内容，如教学如何打造微综艺等。

4．把整合营销的技艺用于直播

整合营销是应对媒介多元化的一个营销手段，一次直播只是一个单点事件，如果将整合营销的技术运用到直播上，就不只是一次直播。

## 四、直播营销查询工具

抖查查（https://www.douchacha.com/）是国内知名的直播电商短视频大数据分析平台，致力于帮助众多达人、商家、MCN 机构提高运营效率，实现精准营销。主要功能有：拥有排行榜、热门视频、脚本库、直播电商等数据分析和查询功能；提供热门视频、直播、音乐、爆款商品及优质账号；提供全方位数据支持，曾为多位明星提供直播场控支持；实现多账号运营分析，立体化展现直播、视频、商品等数据，实时秒级监测；利用大数据追踪直播和短视频市场趋势及流量趋向；助力创作者账号运营内容定位、粉丝增长、粉丝画像优化及流量变现。

直播眼（http://www.zhiboyan.net/）淘宝直播全场景 AI 数据平台，实时监控全网流量，查询主播数据，直播间一键诊断，智能分析投放效果，直播代运营，品牌店铺全链路解决方案。

## 五、单元思考

### （一）判断题

1．企业需要更立体的营销平台。 （ ）

2．主播的人格魅力能提高访客停留时长。（ ）
3．长远来看，只有优质的内容与有吸引力的品牌相结合。（ ）
4．直播是打造和运营 IP 的手段，它能丰满 IP 的形象，赋予 IP 鲜明的性格特点。（ ）

### （二）简述题

1．简述直播营销的概念。
2．简述直播营销的作用。
3．简述直播影响因素。
4．简述直播营销策略。

### （三）课堂讨论

目前，直播行业的内容生态已经实现了多元化发展，在新冠疫情期间主流新闻媒体取得了非常好的传播效果。可以看出，严肃内容与社会民生、时代发展紧密相连，直播平台不仅是娱乐内容传播的平台，同时也是为传递主流声音提供了新的阵地。因此，监管要逐步完善，平台布局要日益成熟，不断满足以年轻用户群为主的用户需求，加快在线直播行业内容生产的精品化。

讨论：怎样引导电子商务主播开展更多的正能量商品直播？

**知识映射：**正能量传播者才是主播应该有的样子。

## 六、实战操练：直播营销分析

**知识映射：**通过实践，解决直播营销数据分析的问题。

### （一）任务导入

小张的网店已经正常开张，虽然化妆品的销售能保持店铺稳定的收入来源，但面临流量始终难以大幅提升。经过团队多次头脑风暴，决定尝试开展直播营销。现决定对直播平台已经开展的竞店进行分析。

### （二）操作思路

1．分析竞店品牌库情况。
2．分析热销商品的关键词。
3．分析带货达人的带货能力。

### （三）小试牛刀

请以某店铺商品为对象，分析竞店的直播情况。

# 项目六　服务数据分析与营销

服务营销是企业为充分满足消费者需要在营销过程中所采取的一系列活动，是营销组合的重要因素。

网店依靠服务质量来获得客户的良好评价，以口碑的方式吸引、维护和增进与客户的关系，从而达到营销的目的。服务营销的职能比传统营销要宽泛得多，服务营销是企业为了谋求长期的生存和发展，根据外部环境和内部条件的变化所作的具有长期性、全局性的计划和谋略。基于网店运营的服务营销也延伸到网店经营的各环节。

## 任务一　在线客服数据分析与营销

### 【学习目标】

#### （一）知识目标

理解在线客服岗位职责。

理解在线客服营销心理。

理解在线客服营销对策。

理解在线客服流程。

理解在线客服绩效考核要求。

#### （二）能力目标

掌握店铺知识、售前导购、售中跟进、售后处理的处理方法和技巧。

掌握考核指标权重，并根据实际情况进行调整。

掌握内部晋升机制与薪酬计算。

#### （三）职业目标

根据店铺情况，调整在线客服绩效考核方案。

### 【学习关键词】

在线客服岗位职责、在线客服流程、考核指标。

## 【课程案例】以史为鉴：店小二的职责范围

店小二是古代饮食店接待顾客的侍应人员。先秦时期大多叫作“酒保”；汉魏六朝又称为“佣”“佣保”“酒家保”“酒家胡”等。隋唐宋元时期称为“过卖挡头”“店家”“行菜者”“下番人”“茶酒博士”“撒暂”“厮波”“得婆”“闲汉”等；明清一般又称为“店小二”“店伙”“堂倌”“跑堂的”“幺师”“斗户”“坐柜”“茶房”等。

店小二主要从事门前迎宾、安座问好、提瓶献茶、介绍菜单、斟酒布菜、结算账目、送客出门、清席检场等劳务，有时还要送菜上门、催讨欠款或者是承办客人临时委托的事情，如购物、请人等等，相当琐碎。店小二在摆台、安席、布菜、斟酒、配置味碟、切削水果、结算、清场上都有一套十分娴熟的基本功，并且具备多种社会知识，善于同各方面的人接触，口齿伶俐，见话答话，常以主动热情、细心周到的服务取悦于人，故而被视为饮食业中的重要工种。

**知识映射：**重新审视古代服务业的样子。

## 【课程案例】以今为用：三只松鼠独到的主人文化

三只松鼠成立于2012年，主要产品为休闲食品，包括坚果、果干、干果、花茶等。创始人章燎源在休闲食品行业拥有超过15年的销售和管理经验，创立三只松鼠互联网坚果品牌，依靠阿里生态和销售渠道，成长为一家百亿元级休闲食品公司。三只松鼠的成功主要体现在，阿里生态赋能、颠覆传统的营销方式、深耕全产业链、创始人的独到眼光等方面。然而，从细节上来说，三只松鼠的成功，是对客户的细心服务，形成了良好的用户体验，给用户带来深刻的印象。而维护客户、稳定客户、增加客户黏性，都离不开三只松鼠的客服。

三只松鼠爆发式增长，不管是品牌口碑，还是客户在极致体验后建立的口碑，都是通过社交化媒体建立网络口碑。三只松鼠的品牌营销做得非常到位，其核心是站在消费者的角度思考需求，品牌自身的企业文化也起了积极的推动作用。

**知识映射：**让客户得到最具个性化的服务。

# 一、在线客服营销

## （一）在线客服能力要求

在线客服是店铺与客户沟通的基础，如果客服不达标，很有可能导致流失客户。

### 1. 语言能力

语言能力是一个在线客服应该具备的最基本的能力，也是最重要的能力。在虚拟的网购平台，所有交易过程都需要也只能通过即时通信工具进行沟通，这种沟通的方式不是面对面的，具有一定的难度，不能准确地表达实际情况，文字在这个过程中起到关键作用。因此，一个合格的客服必须具备良好的语言组织能力和表达能力，能通过文字让对方正确地理解和掌握商品信息，同时也让买家了解卖家的服务态度和服务水平，一次愉快的交易，往往是从

售前咨询到售中协商，再到售后服务，最后到评价都离不开良好的沟通，各个环节都要给买家留下好的印象。

2. 专业能力

一个合格的在线客服，必须对店铺的商品了如指掌、胸有成竹，这样解释起来才更有说服力。专业技能主要体现在熟悉客服工作流程、掌握工作平台的操作流程、掌握店铺活动的操作流程、对淘宝各项规则的熟记于心。这就需要客服在与客户交流过程中、商品描述中不断地积累和总结。

3. 心理素质

在电商平台上，在线客服会遇到各种各样的人，很多情况都有可能发生，没有一个良好的心理素质是很难胜任的。这里的心理素质不仅是指自己的心理，还要具有洞察买家心理的本领，随时抓住买家的心，了解买家的想法和动机。这就要求客服具备敏锐的洞察分析能力，从而引导交易成功。

4. 服务态度

态度可以决定一切。作为一名客服，态度是非常重要的，由于买卖双方是在虚拟的环境下进行的交易，整个过程都只能通过语言文字交流来进行，其中客服的态度会给买家最直接的印象，是决定买家是否愿意购买的关键因素。不管什么情况，客服不要冷落任何一名买家，对于自己的过失，应该主动向买家道歉，对于买家的过错，应该积极引导。

5. 应变能力

一个在线客服综合素质是否过硬，应变能力相当重要，对于买家所提出的问题，除了要真实客观地回答外，有时候也需要客服思路清晰，灵活应对。这需要客服不断地积累与各种买家打交道的经验，在实际中灵活运用。

6. 交际能力

虽然电子商务是一个虚拟的购物环境，但还是人与人之间的交际活动，因此，如何处理好这个关系同样值得重视。特别是对于一些老客户，不要一开口就是与生意有关的话术，这样会让客户觉得不把他们当朋友，没有人情味。对于经常光顾的买家，应该以朋友式的语气与其交谈，适当的时候可以聊聊与生意不相关的内容，拉近彼此的距离，这样更容易锁定一个长期的客户。

7. 规则制度

作为在线客服，既要熟悉规则，又要知道如何灵活地运用这些规则。客服只有熟练掌握这些规则，在处理问题的时候才会沉着冷静，思路清晰。否则，就很容易中恶意买家设下的埋伏，要学会抓对自己有利的证据，引导买家说出对自己有利的话语。

8. 中差评处理

本着合理和合算的原则进行处理。合理就是能让买卖双方都能接受的范围内，按照实际情况，站在中间的立场来处理；合算就是作为卖家，在处理中差评退让必须有一个度，不能一味地用钱来买评价，这样损失的不仅仅是店铺的利益。在一些中差评处理中出现的问题，很多都是可以解决的，真诚的道谦、委婉的语气等总会打动客户的，而不应一味地纠缠在谁对谁错上。

### （二）在线客服营销心理

抓住买家的购物心理，客服就能更好地开展营销。每个人都有从众心理，特别是消费者。在线客服还应该懂得抓住买家的这种心理，来说服他们下单。

#### 1．告知全国销量领先

一方面，尽可能地把时间延长。在线客服告诉买家，该产品在当年的全国销量领先，要尽量把时间延长。另一方面，尽可能地具体化。客服要想通过这种说服的方法促使买家下单，就要在告诉买家“产品销量全国领先”时做到具体化，并提供具体数据来说明。

#### 2．渲染销量火爆

用数字进行证明。数字是最有说服力的，最能让买家信服。售前客服说明在运用这种说服方式时，除了要告诉买家产品的销量火爆之外，还要用数字说明火爆的程度。

用表示程度的词进行强调。客服人员只有把火爆的程度说得强烈，才能更有说服力，此时就需要用表示程度的词语进行强调。用词语来强调说明产品销量火爆的程度，就更能击溃买家的心理防线，促使他们下单。

#### 3．强调同龄人都喜欢

一方面，了解买家属于哪个年龄层。客服要想通过强调“同龄人都喜欢”的方式来促成交易，就要弄清楚买家属于哪个年龄层，否则就很容易闹出笑话，甚至招致买家的反感。而要弄清楚买家属于哪个年龄层，客服可以从两个方面入手：看买家关注的产品、了解买家是为谁购买。另一方面，聊出同龄人的特质。客服人员要想激起同龄人的购物欲望，就要善于聊出同龄人的特质。

#### 4．利用案例进行说服

案例要形象、具体。客服要想利用案例进行说服的方式促使买家下单，关键在于案例要真实可信。而案例要想真实可信，就要做到形象、具体，案例中出现的人物要有具体地址，有机会还要告诉买家案例中年龄以及购买产品的时间。

### （三）在线客服营销对策

在线客服应根据不同情况，要采取不同对策。

#### 1．客户犹豫时的对策

具体对策：强调时间就是金钱。机不可失，时不再来。

（1）询问法

通常在这种情况下，客户对产品感兴趣，但还没有弄清楚商品的某个细节，或者有难言

之隐，不敢决策，或者是推托之词。因此，要利用询问法将原因弄清楚，再对症下药，药到病除。

（2）假设法

假设马上成交，客户可以得到什么好处，如果不马上成交，有可能会失去一些到手的利益，利用人性特点迅速促成交易。

（3）直接法

通过判断客户的情况，直截了当地向客户提出疑问。

2．客户嫌贵时的对策

具体对策：强调一分钱一分货。

（1）比较法

与同类产品进行比较，或与同价值的其他物品进行比较。

（2）拆散法

将产品的几个组成部件拆散，一部分一部分来解说，每一部分都不贵，合起来就更加便宜了。

（3）平均法

将产品价格分摊到每月、每周、每天，尤其对一些高档服装销售最有效。买一般服装只能穿多少天，而买名牌可以穿多少天，平均到每一天的比较，买贵的名牌显然划算。

3．客户提出市场不景气时的对策

具体对策：强调不景气时买入，景气时卖出。

（1）赞美法

现在决策需要勇气和智慧，许多成功人士都是市场在不景气的时候打下了成功的基础。通过说购买者聪明、智慧等，获得客户的认可。

（2）化小法

景气是一个宏观环境的概念，是单个人无法改变的，对个人来说在短时间内影响不大。将事情淡化，将大事化小来处理，就会减少宏观环境对交易的影响。

（3）例证法

举例包括前人、成功者、身边的人、相同爱好群体的人等，让客户产生冲动，马上购买。

4．客户讨价还价时的对策

具体对策：强调价格是价值的体现。

（1）得失法

交易就是一种投资，有得必有失。单纯以价格来进行购买决策是不全面的，光看价格，会忽略品质、服务、产品附加值等，这对购买者本身是一个遗憾。

（2）底牌法

这个价位是产品目前在全国最低的价位，要想再低一些，实在办不到。通过亮出底牌，让客户觉得这种价格在情理之中，买得不亏。

（3）诚实法

在这个世界上，很少有机会花最少钱买到最高品质的产品，告诉客户不要存有这种侥幸心理。

5．客户拟选其他店铺商品时的对策

具体对策：强调本店的服务有价。

（1）分析法

大部分人在做购买决策的时候，通常会考虑产品的品质、价格、售后服务等因素。应在这些方面展开分析，打消客户心中的顾虑与疑问。

（2）转向法

不说店铺产品的优势，而转向客观公正地说别的竞店产品的弱势，打破客户心理防线。

（3）提醒法

提醒客户不要贪图便宜而得不偿失。

6．客户预算不够时的对策

具体对策：强调没有条件可以创造条件。

（1）前瞻法

将产品可以带来的利益讲解给客户听，催促客户进行预算，促成购买。

（2）换位法

分析产品不仅可以给客户本身带来好处，还可以给周围的人带来好处。对一些企业的采购部门，可以告诉他们竞争对手在使用，已产生什么效益，不购买将由领先变得落后。

7．客户觉得不值时的对策

具体对策：坚定信心，相信判断。

（1）投资法

做购买决策就是一种投资决策，普通人是很难对投资预期效果作出正确评估的，都是在使用或运用过程中逐渐体会、感受到产品或服务给自己带来的利益。既然是投资，就要多看看以后会怎样，现在也许只有一小部分作用，但对未来的作用很大。

（2）反驳法

利用反驳，让客户坚定自己的购买决策是正确的。表扬客户是一位眼光独到的人，不用怀疑所作的选择。

（3）肯定法

再来分析给客户听，以打消客户的顾虑。可以对比分析，可以拆散分析，还可以举例佐证。

8．客户拒绝时的对策

具体对策：坚持就是胜利。

（1）夸张法

客服在推销过程中的适当夸大，不是让销售员说没有事实根据的话，而是表明销售员销

售的决心，同时让客户对自己有更多的了解，让客户认为客服在某方面有优势。

（2）比心法

客服向别人推销产品，遭到拒绝时，可以将自己的真实处境与感受讲出来与客户分享，获取客户的同情，促成购买。

（3）坚持法

在推销过程中，客服需要不断挖掘客户的消费需求。客户会下意识地提防与拒绝别人，销售员要坚持向客户进行推销。如果客户一拒绝，销售员就撤退，客户对销售员也不会留下什么印象。

## 二、在线客服营销流程

### （一）店铺知识

#### 1．熟悉店铺

（1）店铺活动。店铺活动细节，注意问题，特别是大活动问题。

（2）店铺框架。店铺各个模块的内容、位置。

#### 2．熟悉商品

（1）热卖 TOP 商品。必须知道店铺 TOP10 商品，尽可能向卖家推荐 TOP 商品。

（2）商品知识。了解商品库存、卖点、材质、价位、用途等商品属性，做到快速回复。

### （二）售前导购

#### 1．接待客户

（1）欢迎语。

（2）活动介绍。介绍店铺促销活动，并尽量引导客户参加店铺活动。

（3）商品介绍。回答或者向客户介绍产品的专业知识，给客户推荐其他产品，在线客服实现关联销售，提高单个客户单次营业额。

（4）解答问题。回答客户常见问题。

（5）商品推荐。从聊天进行中了解客户的性格，尽量推荐符合客户需求的产品或者以适当方式推荐类似同款替代产品，给予客户专业的卖点推荐。

（6）确认库存。对客户咨询时、下单后都要确认有无库存，若下单后无库存，及时下架并在群里通知。若发现无库存还上架的商品，请把库存改成零后下架。商品和小店库存同步。

（7）接待登记。登记成交失败的原因，成交失败包括：未下单、下单未付款的记录。

#### 2．订单成交

（1）确认付款。客户拍下后，较长时间没有付款，可做合适的付款提醒。

（2）核对订单。下单后及时跟客户核对物流信息，告知客户大致发货时间和到达时间，查询物流等。

（3）快递确认。告知客户店铺的常用快递及运费情况，确定客户什么快递可到，避免错发快递。

（4）特别备注。客户的特殊要求，及时备注，并提交发货人员配合处理。

（5）销售报表备份。管理客户信息，登记售后，跟踪退货退款，直到双方交易完成。

#### 3. 欢送客户

（1）加为好友。每回复完客户都要加为好友，并作相应的分组归类，便于客户管理。

（2）感谢客户。付款成功，表示感谢，交易愉快，并给客户送祝福语。

（3）委婉提示客户收藏本店，给五星好评，加群，加关注等，欢迎下次光临。

### （三）售中跟进

#### 1. 出库单

（1）注意区分商城和小店抬头，选择正确的出货仓库、在线客服业务员、部门。

（2）客户的特殊要求，在出库单备注中注明。

（3）结合订单详情，仔细核对出库单金额。

（4）缺货及时与客户联系处理。需调货的通知相关仓库内勤配货，晚班客服还要与早班客服交接跟踪货物，同时在后台备注。

#### 2. 快递单

（1）注意修改地址的快递单。

（2）客户上线反映填错地址，要改订单信息，或快递公司发错不到等问题，如果货还没有发出，马上跟相关部门沟通，找出订单，并更改信息，回复让客户放心。

（3）后台点发货。

（4）制作发货信息报表。

### （四）售后处理

#### 1. 查件催件

（1）查件。收集好常用的快递查询网址，或直接与快递电话联系，及时回复查件客户，做好记录跟进。

（2）催件。在店铺承诺的时间内发货，没能及时发货的，及时给客户留言或电话通知并表示抱歉。还没有到承诺时间，上线催发货的，请客户耐心等待，并说明原因，及时发货。

#### 2. 少货

（1）查出库单底单。

（2）看快递单称重。

（3）盘点库存数量。确实少发的，立即打出库单冲单。如需补发，在线客服需要重新打出库单。

（4）如果少货的产品金额较小，且体积小重量轻，无法查实，可以直接给客户退款。在

线客服单据处理，需要打出库单冲单，同时做费用单冲抵。

（5）如果少货的产品金额较大，可以和客户商量退款或补发，并给客户道歉。在线客服单据处理，补发需要重新打出库单。

（6）少货，要做相应的售后登记，并跟踪到交易确认。

### 3．错货

（1）先确认客户拍的东西和店铺发的东西是否一致，可以请客户告知收到的货的条形码。如果一致，是客户拍错了，仔细和客户解释。

（2）如果不一致，让客户提供图片看一下核对，也可以通过查底单来检查是否漏发货，通过查发货时的称重重量来判断是否错发。

（3）错发的商品和运费比较。如果高于运费，联系客户退换。如果低于运费，和客户商量折价处理，如果客户说不需要，那就赠送，并且给客户马上补发或退款。

（4）单据处理。退换货时，最初的出库单先冲单调整。退货收到后打退货单，换货补出库单。

（5）错货。要做相应的售后登记，并跟踪到交易确认。

### 4．运输破损

（1）让客户提供图片确认损坏情况，如果轻微的损坏，和客户商量部分退款，并说明签收验货可以避免损失。

（2）如果是严重的损坏，让客户退回，商量运费承担问题，如果不可以退换，协商部分退款或者全部退款。

（3）单据处理。不退换货仅退款时，做费用单。退货退款不换货时，退货打退货单，退回的运费做费用单。退货且换货时，退货打退货单，退回的运费做费用单，换货另打出库单。

（4）不管是什么样的损坏情况，都要做相应的售后登记（旺旺名、损坏产品的货号、损坏程度），并跟踪到交易确认。

### 5．质量问题

（1）质量问题，首先要和客户确认是否使用不当。

（2）和客户商量折价多少钱。

（3）如果客户坚持要退换，那就包邮退换。

（4）单据处理。不退换货仅退款时，做费用单。退货退款不换货时，退货打退货单，退回的运费做费用单。退货且换货时，退货打退货单，退回的运费做费用单，换货另打出库单。

（5）要做相应的售后登记，并跟踪到交易确认。

### 6．投诉维权

（1）遇到投诉问题，要先了解情况，如果是店铺问题及时道歉，控制好客户的情绪，给出解决方案。

（2）疑难问题立刻上报给部门主管，说明情况，做好投诉备注，及时解决问题。

7．退货签收流程

（1）检查退货产品的数量。数量正确的，在原出库单上备注业务员姓名，与仓库人员交接产品并拿回退货单。数量有误的，按少货错货流程查明少货错货原因并作相应的单据库存调整，或与快递沟通理赔。

（2）退货收到后及时与客户沟通，并联系财务退款或作相应的补发等操作。

（3）在售后登记表中记录售后进程，及时跟进。

8．售后处理要求

（1）所有售后问题必须当天给出客户解决方案。

（2）所有售后问题必须整理到每日的售后登记表，并跟踪到位。

## 三、在线客服绩效考核

### （一）绩效考核定义

绩效考核是卖家针对企业内或店铺内客服员工，对其不同类型和岗位的工作职责，制定相应的工作方法与考核指标方法。绩效考核是员工管理的一种措施，也是帮助员工成长的激励手段，更是考核员工绩效与薪资管理的重要方式。

### （二）在线客服绩效考核要求

1．售前考核（见表6-1）

表6-1　售前考核

| 考核项目 | 工作场景 | 细节解释 | 影响因素 |
| --- | --- | --- | --- |
| 转化率 | 售前咨询，引导下单 | 整体客户服务，引导订单成交并付款，越高越好 | 诸多因素 |
| 接待数量 | 售前咨询 | 当天当班中所接待的咨询买家数量或业务量，越多越好 | 客服接待分流、店铺自身流量、店铺接待转化率、促销活动等 |
| 客服成交额 | 引导下单 | 整体的当天交易额，越高越好 | 客单价、接待量、接待能力等 |
| 落实客单价 | 引导下单 | 通过客服服务之后的客单价，越高越好 | 关联营销、客户关怀、话术引导、商品本身等 |
| 退单率 | 售前咨询 | 通过客服服务之后的订单出现退换货或其他投诉情况的概率，越低越好 | 客户服务满意度、商品满意度、问题处理的效果与能力等 |

2．售后考核（见表 6-2）

表 6-2　售后考核

| 考核项目 | 工作场景 | 细节解释 | 影响因素 |
| --- | --- | --- | --- |
| 催付款 | 订单管理 | 买家下单后通过各种方式催付款的成交额，越高越好 | 催付手段与话术方法等 |
| 完成率 | 交易纠纷 | 处理买家纠纷等事件完成度，越高越好 | 买家情况、PR 能力、话术等 |
| 评价处理 | 交易纠纷 | 针对中差评情况的处理，改变评价，越多越好 | PR 能力、买家情况 |

3．综合考核（见表 6-3）

表 6-3　综合考核

| 考核项目 | 工作场景 | 细节解释 | 影响因素 |
| --- | --- | --- | --- |
| 响应时间 | 售前咨询售后服务 | 针对买家旺旺消息的反馈时间间隔，以回馈信息发送为准，越短越好 | 操作熟练度、工具的使用 |
| 打字速度 | 售前咨询售后服务 | 打字的速度，以分钟计，越快越好 | 熟练程度 |
| 回复率 | 售前咨询售后服务 | 客服回复客户消息与客户消息数量的比值，越大越好 | 操作熟练度、工具使用等 |
| 聊天记录 | 售前咨询售后服务 | 通过事后聊天记录的抽查，发现客服服务的态度、心态，越优越好 | 客服专业程度、客服心情心态等 |
| 专业知识 | 售前咨询售后服务 | 通过对商品等方面的专业知识考核来判定，越优越好 | 客服专业程度等 |
| 满意度 | 售前咨询售后服务 | 售前：单客服服务满意度或订单完成时对整笔交易的满意度；<br>售后：对售后处理的整体满意度 | 服务满意度、交易满意度、商品满意度 |

## （三）考核指标权重

1．售前客服

售前客服是与客户接触的最前线，售前客服的素质和水准，往往可以直接促进成交及客单价。

（1）指标完成率

成交额是指某一特定时期内（天、周、月、年），店铺整体销售的金额，其单位以人民币“元”计算。成交额可以细分到类别，甚至单品等。它直接反映到店铺的盈利、资金等问题，是店铺最关注的问题之一。

（2）咨询转化率

转化率可根据客服等级和每个季度规划适当调整。转化率高低也是客服自身能力的一个表现，在询单过程中如果能洞察客户的需求和喜好，针对性推荐从而引导成交，转化率就会高。

（3）客单价

客单价应根据本店商品均价和客服等级调整，在考核时，客件数的考核要参考当月所有在线客服平均客件数。这一项考核标准，是将销售能力细化到客单价来考量，可以进一步激发客服主动性的商品关联推荐，让客户感觉到专业化的商品搭配建议，提升店铺整个的品牌价值和服务。

（4）旺旺回复率

旺旺回复率是在近 30 天内一个自然日内有效响应的人次，包括店机器接待人次和人工主动回复人次及等待咨询人次总数（咨询人次对同一个子账号每日去重）。

（5）首次响应时间

首次响应时间是指买家联系客服，客服第一次回复买家的平均值，自动回复不算，系统自动过滤。

（6）满意度

服务得分的考核包括聊天记录、回复率、响应时间、客户评价等指标项，投诉处理、备注精确度、回复的专业性也包括在内。这是考核点中占比最高，也是最需要重视的方面，服务得分对于店铺的品牌建设是相当关键的，客服接待过程中的话术、回复率、响应时间及备注等都能为店铺形象增彩。

2．售后客服

售后客服又区别于售前客服，没有销售目标，主要处理的是物流查询、退换货和评价处理的工作。很多店铺的售后客服缺乏考核，唯一和售后挂钩的就是动态评分（Detail Seller Rating，DSR）的服务得分。售后客服更需要秉承“客户第一”的原则。售后客服主要处理退换货及其咨询沟通的工作，重点考量处理的数量和效果，因此，必须及时高效地处理交易纠纷。其中，完成率包括退款的处理速度、催款转化率、差评处理率等。

（1）纠纷解决率

买卖双方未自行协商达成退款协议，由在线客服人工介入，且判定为支持买家及维权成立的维权笔数总和。淘宝纠纷退款率计算方法：

纠纷退款率=最近 30 天纠纷退款笔数/最近 30 天支付宝成交笔数

（2）首次响应时间

其定义与售前首次响应时间定义一致。

（3）聊天记录

聊天记录主要包括的内容有：响应时间，与客户沟通情况，处理问题水平能力，产品及促销活动了解程度，等等。

（4）专业知识

客服必须熟悉产品，接待客户时，要充分表现出自己的专业知识，如一些必要的问候语、客户咨询回答、议价处理、发货到货时间等，货到付款的订单处理，客户评价。

（5）满意度

与售前客服一样，服务得分的考核同样包括聊天记录、回复率、响应时间、客户评价等几项指标项，不同的是，客户评价占比有一定差异。因为售后客服是最贴近“客户服务”的，此前客户对店铺的印象，有可能因为售后客服的服务质量而迅速扭转。

## 四、单元思考

### （一）判断题

1. 在线客服主要依赖人机交互，语音沟通能力并不重要。（　　）
2. 对于自己的过失，应该主动向买家道歉，对于买家的过错，应该积极引导。（　　）
3. 客服人员要想激起同龄人的购物欲望，就要善于聊出同龄人的特质。（　　）
4. 客户预算不够时，可以放弃与客户的沟通。（　　）

### （二）简述题

1. 简述在线客服岗位能力要求。
2. 简述在线客服营销心理。
3. 简述在线客服服务流程。
4. 简述在线客服绩效考核要求。

### （三）课堂讨论

服务不是销售的终点，而是营销的起点，这是营销的趋势。在每个接触点上提供精准的服务，让每一次客户接触变成触动，变成转化，变成生意机会。客服正在被寄希望以新的使命，走上前台逐渐承担部分营销的职能。因此，客服中心正在从“成本中心”走向“利润中心”。

讨论：电子商务在线客服应该扮演怎样的营销角色？

**知识映射：**将个人的成长融入企业的发展。

## 五、实战操练：客服绩效评估

**知识映射：**通过实践，解决客服绩效评估的问题。

### （一）任务导入

小王是某高职院校大三学生，学习的是电子商务专业。顶岗实习是高职学生学习生涯中必不可少的一部分，是由学校走向工作岗位的过渡期。小王选择在某电商平台实习，从事售前客服工作。经过一个月的实习，小王发现在线客服不是一份简单的工作，既需要耐心，又需要熟练掌握工作中的各类专业知识，终于明白老师说的“纸上得来终觉浅，绝知此事要躬行”的道理。

工作之余，小王也想计算自己的绩效和工资，一方面是评估一下自己的专业水平，另一方面也方便管理自己的财务。

（二）操作思路

1．运用绩效考核方案，计算小王的工作绩效。

2．结合工作情况，计算小王的月工资。

（三）小试牛刀

小周在公司从事售前客服两年，为金牌客服，月销售目标为180000元，实际完成销售金额为178821元，咨询转化率44.2%，客单价213元，旺旺回复率99.8%，首次响应时间31秒，客服主管对其工作非常满意。试根据计算公式，计算小周的绩效和工资。

# 任务二　物流服务数据分析与营销

【学习目标】

（一）知识目标

了解电子商务物流、电子商务物流方式。

了解物流服务营销的概念、意义、特点。

了解电子商务物流服务的形式。

了解淘宝物流服务的概念。

（二）能力目标

掌握网店物流配送过程。

掌握物流服务营销的途径。

掌握淘宝物流服务的注意事项、常见问题。

（三）职业目标

针对使用的物流服务，开展平台物流的优劣势分析。

针对淘宝物流服务的注常见问题，及时提出调整方案。

【学习关键词】

电子商务物流、平台物流、物流服务营销、淘宝物流服务。

【课程案例】以史为鉴：古代的物流形式

物流活动是随着商品生产活动日益繁荣而产生的活动，我国古代的物流活动形式主要包括三种。首先是驿站。驿站是古代供传递官府文书和军事情报的人或来往官员途中食宿、换马的场所。我国是世界上最早建立组织传递信息的国家之一，邮驿历史长达3000多年。其次是漕运。漕运就是利用水道调运粮食的一种专业运输，是我国古代历代封建王朝将征自田赋的部分粮食经水路解往京师或其他指定地点的运输方式。历代漕运保证了京师和北方军民所需粮食，有利于国家统一，并因运粮兼带商货，有利于沟通南北经济和商品流通。最后是镖局。中国古时的镖局是最早的物流公司。古时，水陆交通非常不便，随着经济发展，各地区之间交易日趋频繁，但因驿站仅限于官方使用，为了保护行旅安全，将货物平安送达目的地，镖局便应运而生。

**知识映射：**快递的前世今生。

【课程案例】以今为用：顺丰速运的服务能力

随着我国电商交易量越来越大，快递量也日渐增长。圆通、申通、韵达、顺丰处于中国快递业前列，在业务量增速与快递业务收入增速上都超出了行业平均水平。各大快递的服务能力有所差异。数据显示，2019年顺丰速运的服务能力得分达85.3分，韵达快递的服务能力得分为63.74分，居行业之首。

随着数字化升级，移动互联网为快递行业创造了新的价值，带来新的发展。以菜鸟裹裹为例，通过数字化技术协同优质快递力量，解决了用户从寄件到送达端以及用户在寄件过程中遇到的问题，给用户带来更好的服务体验。

**知识映射：**提升客户体验是企业的核心竞争力。

## 一、电子商务物流

### （一）电子商务物流概念

电子商务物流是指物流配送企业采用网络化的计算机技术和现代化的硬件设备、软件系统及先进的管理手段，针对社会需求，严格地、守信用地按用户的订货要求，进行一系列分类、编码、整理、配货等理货工作，定时、定点、定量地交给没有范围限度的各类用户，满足其对商品的需求。这种新型的物流配送模式带来了流通领域的巨大变革，越来越多的企业采用电子商务物流配送。

### （二）电子商务物流方式

#### 1. 电子商务物流方式分类

网店物流配送是外包给以快递企业为代表的第三方物流企业完成的。由于电商平台经营商家和需求用户的分散性，快递企业需要把大量订单做集中处理，在集合订单过程中发现并提取规模价值，这是传统配送理论在电子商务环境下的发展。快递企业依靠其分布在全国各地的集散货网点和区域分拨中心等节点实现快递物件的跨区域集散。很多电商平台没有配送体系，就会与专业的第三方物流企业合作。

2．淘宝推荐物流

淘宝实行的物流方式是推荐物流。淘宝为了更好地为卖家和买家服务，其采用与物流企业进行供应链合作的策略。供应链合作就是淘宝与物流企业合作，为广大的卖家和买家提供可选择的物流服务，物流企业直接在网站后台接受和处理客户的物流需求订单，从而建立起C2C电子商务平台。

（三）平台物流配送过程

第一步，买家在网上寻找自己需求的货品并联络卖家，在电子商务平台上下订单。

第二步，快递人员收取货品后将本店的一切货品汇集，经过卡车等运送工具将其运往该快递企业区域集货网点。

第三步，分发货库房担任将来自该区域的所有集货网点的货品进行扫描分拨，将所有货品依照配送区域、不同种类及不同运送工具进行堆积。

第四步，买家地点的同一快递企业的分发货库房在收到发来的货品后，将货品卸车扫描，把货品进行检查收拾归类、分区，将所有货品进行检查核验，将分拨后的货品按区域配送需求分发给离买家地点近的区域集货网点。

第五步，区域集货网点在收到货品后再次将其细分，将货品分配后送往离买家最近的收发货网点。

第六步，收发货网点的快递员联络买家，将货品准确无误地送往买家手中，并由买家进行货品签收，整个物流流程结束。

（四）平台物流的优劣势

1．推荐物流的优势

加强了对物流环节的控制。物流企业在进入淘宝的推荐物流之前，要与淘宝签订相关协议，约定服务价格、内容和方式，以及非常优惠的赔付条款，并规定由淘宝网监控和督促物流企业对于投诉和索赔的处理。

物流服务水平的提高和规范化。淘宝对物流的控制力加强，给消费者带来的则是物流服务的优化。由于淘宝的涉入和监督，加上推荐物流企业之间的相互竞争，物流的服务标准较规范化，包括价格体系、服务标准、服务态度以及赔付标准的规范化。

物流信息的即时性提高了物流运行的速度和客户满意度。采用推荐物流企业，当卖家处理订单，点击发货后，物流企业能够即时收到淘宝网传递过去的物流订单，并且在线处理订单。

2．推荐物流的劣势

推荐的物流企业多，平台对其管理力度薄弱。电商平台一般也只能在大的方向上对物流企业作些规定，而对实际的物流操作事务往往存在管理不到位的情况。另外，由于当前我国的快递企业配送员工的普遍素质不高，在完成投递服务时，经常发生送货人员与收货人员冲

突的事件。由于快递企业对消费者的服务没有任何跟踪，快递企业或者快递员在最后投递环节有可能把平台的物流服务彻底毁掉，造成消费者降低对店铺的评价。

## 二、物流服务营销

### （一）物流服务营销概念

物流服务营销是指物流服务外部供给者为了有效满足物流需求而系统地提供服务概念、价值、价格、沟通的行为组合。物流营销是市场营销的组成部分，是传统市场营销体系在新形势下的必然发展，也是市场需求链的最集中、最具活力的环节。其使命是围绕市场需求，计划最可能的供给路径，在最有效和最经济的成本前提下，为客户提供满足的产品和服务。只有把物流与营销结合成一个共同的竞争战略，物流系统才能够成为一个有效的系统，才能提高企业的竞争优势。物流服务营销是指物流服务提供者通过创造客户的价值和获取利益回报来建立客户关系的过程。

### （二）物流服务营销意义

#### 1．提高营销能力

在市场竞争日益激烈的现代社会，物流企业应以市场为导向，重视客户的需求，加强企业的服务意识。物流营销可以有效地为物流企业收集客户需求、市场信息、产品状况等方面的信息，使物流企业有的放矢，提高物流资源配置的能力，最大限度地满足客户的需要，实现企业的营销目的。

#### 2．集中优势减少风险

现代物流领域的设备设施、信息系统等投入较大，加上物流需求的不确定性和复杂性，投资有较大风险。物流营销可以集中资源优势，使企业实现资源优化配置，将有限的人力、财力集中于核心业务，进行重点研究，发展基本技术，开发新产品等，以增加竞争力。

#### 3．降低运行成本

物流营销之所以能够显著降低交易成本，主要是因为其主体是由诸多节点和线路组成的网络体系。由原来点和点、要素和要素之间偶然的、随机的关系变成了网络成员之间的稳定的、紧密的联系。从交易过程看，物流营销有助于减少物流合作伙伴之间的相关交易费用。同时，物流营销可以减少库存。物流提供者借助精心策划的物流计划和适时的运送手段，可以最大限度地减少库存，改善需求企业的现金流量，实现成本优势。另外，物流企业的规模经营，使得物流业务外包的费用比单个企业自身经营的费用要低，其中的差值就是物流企业所节约的成本，也是其客户服务利润的来源。

#### 4．提高物流能力

物流营销可以更好地处理信息，更好地分析所获得的市场信息、客户信息。用营销知识分析物流市场情况，有利于物流企业进行内部治理、资源配置，提高服务质量，增加物流灵敏性。这样，物流企业可以及时、优质地配送货物。因此，信息资源最大范围的共享、优质的客户服务体系、准时化、小批量的配送系统，可以提高物流企业的核心竞争力。

5．提升企业形象

物流营销以客户为服务中心，物流提供者与客户是战略伙伴关系，通过全球性的信息网络使客户的供给链治理完全透明化。通过遍布全球的运送网络和服务提供大大缩短了交货期，帮助客户改进服务，树立自己的品牌形象。物流企业通过定制化的设计，制订出以客户为导向的低成本、高效率的物流方案，使客户在同行者中脱颖而出，为企业在竞争中取胜创造了有利条件。

### （三）物流服务营销特点

1．物流服务供求的分散性

在物流服务营销活动中，服务产品不仅覆盖了第一产业和第二产业，还包括第三产业的各个部门和行业。物流企业提供的服务广泛分散，而且涉及各类企业、社会团体和成千上万不同类型的消费者。物流服务的特殊性要求服务网点要广泛而分散，尽可能地接近消费者，形成了物流服务供求的分散性。

2．物流服务营销方式的单一性

物流服务营销由于物流生产与物流消费的统一性，决定其只能采取直销方式，中间商方便介入，储存待售也不可能。物流服务的需求者在购买物流服务之前一般不能进行检查、比较和评价，只能凭借经验、品牌和推销宣传信息来选购。不同于有形产品的营销方式可以采取经销、代理和直销等多种营销方式，物流服务营销只能采取单一的营销方式，在一定程度上限制了物流服务市场规模的扩大，给服务产品的推销带来了困难。

3．物流服务营销对象的复杂性

物流服务的购买者既可以是生产企业，又可以是消费者个人，而且购买服务的消费者的购买动机和目的各异，同一物流服务的购买者可能涉及社会各行各业、各种类型的家庭和不同身份的个人，造成了物流服务营销对象的复杂性。

4．物流服务消费者需求弹性大

物流服务需求受外界条件的影响，企业对物流服务的需求与对有形产品的需求在总金额支出中相互牵制，也是形成需求弹性大的原因之一。

5．服务质量评价的不确定性

物流服务者的技术、技能、技艺直接关系着服务质量。消费者对物流服务产品的质量要求也就是对服务人员的技术技能、技艺的要求。由于物流生产过程与消费过程同时进行，工业企业在车间进行质量管理的方法无法适用于物流企业。同一物流服务提供者提供的同一物流服务会因其精力和心情状态的不同而有较大的差异，而且服务业绩的好坏也与消费者的行为以及消费者对服务本身要求的差异性密切相关。

### （四）物流服务营销途径

**1．将“客户”要领引入企业内部，建立全员服务营销理念**

物流服务营销就是把客户服务作为所有员工的事情，而不仅是直接与客户接触的一线员工，也不仅是客户服务部门员工的事情。将“客户”要领引入企业内部，就是将整个物流企业每个员工都看作服务部门的一分子，建立全员服务营销理念，因为企业每一个员工的行为都直接或间接影响着客户满意的程度。

**2．创建“服务至上”的物流企业文化**

现在越来越多的物流企业开始重视客户服务，开展服务营销，但效果却不尽如人意。主要是因为“服务至上”的服务营销理念没有根植到每个员工的心中，更好地为客户服务还没有成为企业员工的自觉行为，“客户至上、服务客户”的企业文化还没有形成。现代社会条件下物流企业在服务上的竞争，不是服务项目和产品的数量，关键在于企业文化的竞争，创建“客户至上、服务至上”的物流企业文化是提高物流企业核心竞争力的根本保证和长远动力。

**3．作好服务营销系统规划**

一是要建立客户资料库。客户资料是物流服务营销活动的起点，因此，要做到对客户了如指掌，不定期进行意见反馈，征求意见，针对每一个客户，提供个性化服务。二是提供全方位营销服务。物流企业为客户提供全方位营销服务，可以增强客户对企业的依赖性。要设置高的转换壁垒，在提高客户忠诚度的同时，可以不断提高企业的核心竞争力和盈利水平。三是开展一对一服务营销。完善的服务营销系统规划，可以在确定提供哪些服务项目之前，先识别客户关心的服务项目，然后进行优先排序，对重点和优良客户量身定做服务项目，实施一对一服务营销和关系营销，突出企业核心竞争力。

**4．建立战略合作关系实现双赢**

在众多的客户关系中，最牢固的客户关系应该是战略联盟与伙伴关系，即对物流客户来说，要有量身定制的物流方案，不断改善、提高的物流服务质量，在追求整体利润最大的前提下，满足客户的物流需要。通过双方资源的不断整合、优化，降低物流费用，提高客户产品竞争力，使客户和物流企业成为新的利益共同体，形成稳固的战略合作伙伴关系，最终实现双赢目标。

## 三、电子商务物流服务

### （一）电子商务物流服务形式

**1．在线下单**

在线下单是指使用与淘宝合作并推荐的快递企业。选择在线下单的快递企业，淘宝会负责联系相应的快递企业上门取货。与淘宝合作的推荐物流企业有 EMS、E 邮宝、申通、圆通、韵达、宅急送、中通等。

2．限时物流

限时物流是为了对物流的时效进行约束而产生的一种新型的物流方式。它是指淘宝与快递企业签订的协议，令快递企业保证在约定的时间内把卖家的商品送达买家。如若延时或者超时，将对快递企业作出罚款等相应的处罚。在淘宝物流平台上提供限时物流服务的有以下物流企业：韵达、圆通等。

3．自己联系物流

除选择淘宝提供推荐的物流企业外，商家还可以自己在本地直接联系物流企业。

4．无须物流

如果卖家出售的是虚拟物品或本地自取，不需要物流运输，选择在无须物流里直接单击确认即可完成发货。

### （二）淘宝物流服务规则

由于每个地区不同，快递企业给的价格也不同。因此，设置物流信息之前，应实地考察当地快递企业的价格情况，确定要选择的快递企业。淘宝物流服务规则一般包括以下内容。

1．模板名称

卖家在设置模板名称的时候，可以根据不同地区设置不同的模板名称，用于区分不同的运费模板。

2．商品地址

即商品的所在地，搜索页面商品所在地的展示地址。

3．发货时间

买家在店铺付款购买了商品，每个商品都可以看到发货时间的，因此，发货时间也要着重填写一下，一般选择 48 小时内就可以。

4．是否包邮

商品是否由卖家承担运费。

5．计价方式

商品运费的计算方式，分为按件数、重量、体积进行计算；如商品按重量或按体积进行计算，需要在商品的发布页面将“运费模板”属性中的重量或体积信息填写完整。

6．区域限售

如支持区域限售，商品只支持在设置了运费的地区进行出售，其他地区的买家无法购买此商品。

### （三）淘宝物流服务注意事项

淘宝卖家都会遇到客户投诉店铺的物流有问题，相关注意事项包括以下内容。

（1）再次确认买家的收货地址与姓名。为了保证收获地址的正确性，卖家应该主动且有义务去提醒，对买家的负责。

（2）要注意快递超重问题。快递超重往往会增加快递费用，进而降低利润。

（3）查看买家收货地址是否有派送。

（4）确认每一个快递企业是否送货上门。多数卖家一直认为所有快递都是会亲自送货上门的，当卖家系统查出是已签收，客户却没有接到任何信息，打快递电话也没人接，就会造成一些不必要的麻烦。

（5）发货后要在电脑上确认发货以及告之客户快递单号。避免快递实际已经寄出，但在系统里仍然显示未发货的麻烦。

（6）提醒买家当着快递员的面先检查再签收，即使是委托代理也一样。

（7）不要在阿里旺旺以外的聊天工具进行交易，以免触犯平台规则。

（8）商品超卖，发不出货。在大促期间，商家为了能够多卖点货，会将商品库存设置过高，但实际又没有对应的库存量，一旦超卖将会导致订单大量揽收不及时，继而影响指标。

（9）订单激增发货能力未跟上。在促销期间，订单是日常的几倍，同样的发货人力和物流揽收人员已经无法满足发货需求，商家在促销之前，需要提前预估人手，匹配相应的发货人力。

## 四、单元思考

### （一）判断题

1．淘宝对实际的物流操作事务往往存在管理不到位的情况。（　　）

2．物流企业应以市场为导向，重视客户的需求，加强企业的服务意识。（　　）

3．将“客户”要领引入企业内部，建立全员服务营销理念，势必导致企业的管理混乱。（　　）

4．限时物流是为了对物流的时效进行约束而产生的一种新型的物流方式。（　　）

### （二）简述题

1．简述电子商务物流方式。

2．简述物流服务营销的意义。

3．简述物流服务营销途径。

4．简述电子商务物流服务的形式。

### （三）课堂讨论

电子商务与现代物流业的关系是一种互为条件、互为动力、相互制约的关系。关系处理得当，采取的措施得力，二者可以相互促进，共同加快发展；反之也可能互相牵制。

讨论：应如何做好物流以提高网店运营水平。

**知识映射**：做好局部，使整体效益得到最大发挥。

## 五、实战操练：快递服务评价

**知识映射**：通过实践，解决快递服务评价的问题。

### （一）任务导入

小张是一位天猫商家，已经经营天猫店铺一年多，从事家具类经营。经过自己不断摸索，找有经验的商家学习，店铺终于成功开设起来了。然而，最近小张又为发哪家快递发愁。

区域内的常见快递物流主要有 EMS、顺丰、申通、中通、德邦五家快递物流企业，请对这几家快递企业进行评价，选择合适的快递。

### （二）操作思路

1. 检索网络评价快递企业的标准，选择与店铺经营契合度较高的评价角度。
2. 从快递企业评价角度，分别检索、分别选择权威机构的评价数据。
3. 对各类评价数据进行综合评价，选择合适的快递服务。

### （三）小试牛刀

请结合 EMS、顺丰、申通、中通、德邦等五家快递物流，进行综合评价。

# 任务三　视觉服务数据分析与营销

## 【学习目标】

### （一）知识目标

了解视觉营销的概念、作用。

了解视觉营销要点。

了解 AIDA 模型。

### （二）能力目标

能结合店铺自身情况，选择视觉内容类型。

能掌握视觉服务营销策略。

能熟练视觉营销的操作步骤。

（三）职业目标

根据店铺营销需要，选择对应的视觉服务营销策略。
结合店铺和产品的文化内涵，开展视觉服务营销。

【学习关键词】

视觉营销、AIDA、视觉服务营销。

【课程案例】以史为鉴：宋朝的包装业蓬勃发展

宋朝时期商品经济的发展，促进了包装业的发展。一方面，五代十国后撂荒的大量土地在宋朝政策鼓励下，得到长足开发，农业得到极大的恢复，进而推动服务业和手工业发展；另一方面，商人社会地位的提高也进一步提高了商人的积极性。宋朝百姓对于生活品质的要求比较高，文人士大夫阶层甚至市井百姓对商品的要求也水涨船高。宋朝包装注重专一性，即不同商品，根据其自身特性以及消费者的喜好来选用不同的包装模式。比如食盒，文人喜欢高雅华丽的点缀，寄情山水，而普通百姓则倾向于艳丽的图案，彰显富贵与和美。包装材料也呈现多元化发展的趋势，不再是传统的兽皮和藤条，出现了木质品或瓷器。

**知识映射：**商品包装代表了一种新型的审美需求。

【课程案例】以今为用：贵州小吃品牌"赶场子"

文化 IP 是一个地方人民生活轨迹积攒的能量包，是无数前人在不同时空地域中生活，积累、筛选、遗留下来的结晶果实。这些结晶果实就是民艺资产。这些民艺资产蕴含了可以重新激发人气购买的能量，把它称为品牌借力的"能量包"。赶场子把贵州的特色美食，历史文化、风土人情等呈现给更多的人，让人们享受到关于贵州的美食与美好。

**知识映射：**感受贵州的特色饮食文化。

## 一、视觉营销概念

（一）视觉营销定义

视觉营销属于营销技术的一种方法，也是一种视觉体验，是指通过愿景进行产品营销或品牌推广的目的。视觉营销通过视觉冲击和审美视觉感知来推广产品或服务，以增加客户的兴趣。视觉营销作为一种营销手段，是一种视觉呈现，是表达公众视觉体验的最直观的方式。它最初起源于 20 世纪七八十年代的美国，当时盛行用流行的视觉广告进行产品营销，并发展为视觉营销。

视觉内容营销涉及使用视觉内容将信息传达给受众，建立情感联系并发展业务。视觉内容营销不仅是共享漂亮的图片和图表，而且要了解人脑如何处理视觉效果，并利用这些信息来促进开展营销工作。与纯文本或听觉信息相比，视觉信息保留的时间更长。视觉效果可以改善学习和理解能力，并增加采取行动和消费其他内容的动力。

## （二）视觉营销作用

视觉营销是为达成营销的目标而存在的，是将展示技术、视觉呈现技术与对商品营销的彻底认识相结合，与各部门共同努力将商品提供给市场，加以展示销售的方法。商家通过其标志、色彩、图片、广告、店堂、橱窗、陈列等一系列的视觉展现，向客户传达产品信息、服务理念和品牌文化，达到促进商品销售、树立品牌形象之目的。其作用主要包括以下内容。

### 1. 吸引眼球

我们将人在观察外界事物时视觉的集中点称为“聚焦点”。这个焦点通常会停留在色彩鲜明、形状独特、轮廓清晰、具有整体性和容易理解的形象上。精美的视觉效果甚至可以使最无聊的主题变得有趣而生动。在内容中添加视觉效果，以吸引观众，以免让用户感到无聊。

### 2. 激发兴趣

在被一个事物吸引后，研究起来却觉得索然无味，事物也就失去了价值。因此，一个出色的设计方案，不仅能用新、奇、特吸引客户的注意力，还能让客户发现它的内涵、了解它的文化，从而达到激发兴趣的功能。

### 3. 传播品牌文化

视觉是无声的语言，通过视觉传播其品牌文化，引导大众深刻理解品牌，是视觉最重要的展现部分。当标志、图片、产品、橱窗、陈列等营造出品牌的消费意境时，发挥出启发思维、引导销售和加深印象的作用。

### 4. 视觉很容易消化

通过在视觉上介绍概念，使信息更易于理解。

### 5. 视觉效果的共享

互联网时代的网络用户喜欢在社交媒体上分享图像和视频，优秀的信息图表和视频有利于在互联网上被分享。

### 6. 有利于 SEO

具有适当 ALT 标签的视觉效果，可以在图像搜索引擎上显示相关关键字。另外，更多的共享可以帮助店铺建立反向链接，从而提高搜索引擎排名。

### 7. 提高品牌知名度

将徽标、企业名称甚至网站链接添加到信息图表和视频中，可以在社交平台上提高品牌知名度。

## （三）视觉内容类型

### 1. 信息图表

从营销人员到消费者，每个人都喜欢信息图表，信息图表方便理解。信息图表还能推动

网站访问量，提高品牌知名度，是建立思想领导力和提高 SEO 的出色工具。可以将信息图表用作文章的一部分，以提高参与度。

2．视频

视频是最流行的内容类型之一。有很多方法可以为品牌使用视频内容，主要包括创建演讲者的视频、讲解者的视频、屏幕共享的视频、短片来展示企业文化等。寻找机会将现有内容重新改编成短视频。

3．照片

对于各种品牌和企业而言，照片是最流行的视觉内容之一。可以用于内容营销的照片包括产品照片、企业照片、团队头像、推荐书、库存图片。

4．GIF 动图

超越静态图像并不总是意味着需要创建完整的视频。GIF 动图可以为内容添加更多视觉的内容，但又像视频占用过多空间。与静态图像相比，该演示将为读者提供更多价值。

5．屏幕截图

销售数字产品的企业可以使用屏幕截图来展示其产品或服务。通过使用屏幕截图，以直观的证据来支持企业的主张，这有助于建立与受众的信任。当使用其他工具和产品时，在软件评论或操作方法中，则可以使用产品的屏幕截图来演示如何使用它。甚至可以使用箭头和框来注释屏幕截图，以突出显示屏幕截图的特定部分。

6．插图

在找不到符合内容的视觉素材时，可以使用插图。插图是使视觉效果突出并引起注意的好方法，也可以体现内容的独特性、想象力和原创性。插图可用于多种目的，包括博客标题、社交媒体帖子，甚至可以代替头像。

7．数据可视化

如果要在内容中包括统计数据和研究结果，请考虑创建该数据的直观表示。数据可视化可以采用多种形状和形式，用于可视化内容营销中最常用的视觉效果；还可以使用数据小部件可视化百分比和较小的统计信息。

8．幻灯片

为内容增值的另一种好方法是与观众共享演示文稿或幻灯片。精心设计的幻灯片可以使用户更轻松地共享文章摘要、一系列提示，甚至操作步骤。还可以创建幻灯片来展示企业的产品和服务，并将其嵌入文章中。将幻灯片放映作为内容的一部分时，请确保精心设计，以使其与品牌保持一致。选择可能吸引观众的颜色，并使用最少的文字和大量的视觉效果，使幻灯片看起来更具吸引力。

## 二、视觉营销策略

### （一）视觉营销要点

#### 1．首页店招营销

华为的店招如图 6-1 所示。

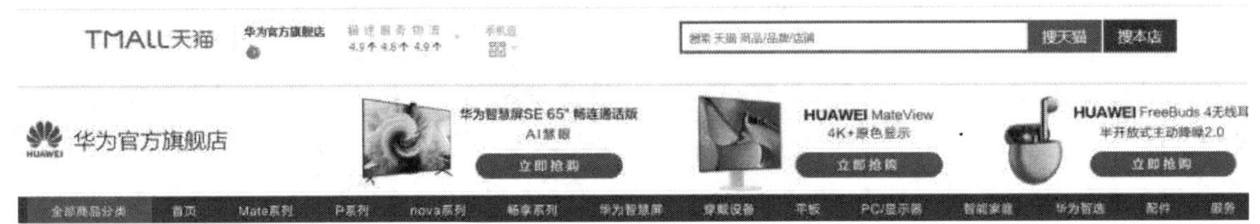


图 6-1　华为的店招

店铺店招一般包含五部分元素，即品牌名称、Logo、店铺名称、广告语、宣传图。店招营销要点包括以下内容。

（1）店招设计要有强烈的视觉冲击力，给买家形成强烈的店铺印象。

（2）店招设计要清晰透出主打产品、当季热销商品。

（3）店招设计要快速传递用户店铺定位、价格区间、主营风格。

（4）店招设计要简洁大气、醒目有力，让用户快速形成店铺印象。

#### 2．首页海报营销

店铺首页海报的特质是透出店铺主卖商品，输出店铺形象。海报营销要点如下。

（1）海报风格要和店铺统一，通过统一的视觉符号加深用户店铺印象。

（2）海报主要目的是向用户透出店铺当前活动，包括促销活动、新品上市、店铺爆款、节日气氛等。

（3）海报设计要简洁大气，用尽量少的元素透出最核心的内容，强表现力。

（4）海报设计要注意信息主次分明，一张海报只突出一个核心信息。

#### 3．首页布局营销

店铺首页布局的核心要素是店招、优惠券模块、首页海报、店铺导航、产品展示（主推、次推），店铺首页布局营销要点如下。

（1）首页店招要视觉突出，主题鲜明，推广促销活动和产品曝光。

（2）优惠券模块要让用户快速了解优惠券的使用方法，创意设计，视觉吸引力。

（3）店铺导航设置要清晰，帮助用户快速找到意向商品，提升转化。

（4）产品展示布局是否合理，主推商品优先曝光，次推商品关联搭配，提升整体转化。

通过店铺视觉分析，可以快速帮助商家梳理自身店铺视觉存在的问题，通过视觉优化，提升店铺转化，并对核心用户形成统一、深刻、直观的店铺形象，有助于提升店铺老客户复

购率和新用户下单率。

## （二）视觉服务营销策略

### 1. 留白

文字留白是指字与字、行与行、组与组、组与图案间的间距形成视觉落差。合理的留白处理能让图片更美观、和谐、大气。各个页面的图文间距都控制好，页面整体感觉更通透，衬托出信息内容。这种留白，给用户思考和想象的空间，在引导用户视觉和创造流畅的视觉感受方面非常重要。

### 2. 色彩

当人们的眼睛感知到一种颜色时，它们与大脑相连，这给内分泌系统发出信号，释放出调节情绪的激素。色彩心理学在许多行业都很有用，包括商业、营销和设计。产品的成功在很大程度上取决于为设计选择的颜色。正确选择的颜色有助于让用户进入强制他们采取行动的心境。

### 3. 平衡、对齐、对比

平衡、对齐、对比是极简主义的三大要领。累赘的内容可以用空白和适当的构图取代，而不需要补充额外的视觉辅助。在平衡的把握上，信息的主次对比非常明显，不只是颜色上，还有大小上，让用户在第一时间感知重要信息。图片的位置、大小的控制、人物的视觉方向、每张海报的文字对齐方式都是根据整体页面的平衡感来设定，同时考虑整体的对齐。

### 4. 排版

排版的主要作用是让图片看起来有美感，是调整页面可视化大小、位置等元素，让页面布局条理化的过程。常见的排版方式有左图右文、左文右图、中心布局、黄金比例布局、不规则布局等。

### 5. 情境化

设定场景，传达出清晰的信息，很巧妙地把价格信息融入场景中。自然、优雅地展现，并不突兀却又能恰好地体现信息内容。优秀的情境化图片具有亲和力，使用户不会对单纯的价格展现而心生反感。

### 6. 节奏感

视觉元素的造型、大小、色彩分布符合一定的比例关系，能在视觉上产生类似于音乐的节奏感。

### 7. 筛选的图形化

很多电商网站在搜索筛选上做了可视化图形，集合了趣味性与实用性于一体的表现形式。这种表现方式的缺点是当筛选属性、条件太多时很难都用图形展现。

## 三、视觉服务营销实施

### （一）AIDA 模型

在现代的市场营销领域中，视觉营销已经成为众多品牌营销的重要策略，是品牌塑造的重要工具。国际推销专家海英兹·姆·戈德曼曾在 1920 年提出 AIDA 模型，具体表达为注意（Attention）、兴趣（Interest）、欲望（Desire）、行动（Action）。AIDA 模型是指注意诱发兴趣，兴趣会刺激购买欲望，欲望会导致购买行为的促成。视觉在其中就是扮演着诱因的作用，通过刺激消费者的视觉，通过一系列的反应最后促成消费者的购买行为。在这个过程中不管会不会导致最后的购买，其中的广告效应也是非常重要的，会让消费者留下印象，使得产品和品牌的可识别度更高。其主要包括以下内容。

1．形成关注点

人的知觉是具有选择性的，人们在观察到外界事物的时候，会把具有鲜明特色、具有较强美感和较高区别度的部分作为关注点。因此，色彩鲜明、轮廓清晰、形状独特、简单大气、美感强烈会更具有吸引力。

2．引起兴趣

视觉营销在这个过程中所起的是区别对待的作用，对于独特、漂亮、具有设计感的产品，消费者会对这些产品或者品牌更感兴趣，从而诱发消费者对于品牌的好感度。其中，包括产品的包装、名牌的命名、色彩的搭配、产品的陈列、周围环境等因素。

3．调动求知欲望

企业形象和品牌文化是视觉营销所要展现的重要内容，利用借助形象具体化的方式阐述和说明，通过视觉要素有机地结合在一起，形成一个完整的系统。消费者的兴趣会诱发进一步的了解，通过视觉要素的明确表达，使企业和品牌形象在客户心中变得更加清晰，让企业形象和品牌文化更加容易理解。

4．激发购买动机

视觉营销通过营造的情调和氛围，使消费者更加想尝试体验其中，产生一种欲望，会刺激其购买需求，从而产生购买动机，特别是对于随机型和冲动型容易受到外界事物影响的消费者。

在以客户为中心的现代营销理念下，客户购买的不只是物质商品的使用功能，还包括商品知识、流行资讯、感官享受、安全保证、售后服务等，这些可以称为商品的“体验功能”，品牌的附加值也由此而体现。

### （二）视觉营销操作步骤

视觉营销工作中需要对应的逐一排查，并且按照提示每一步都进行操作。具体包括以下几个方面。

### 1．店铺视觉问题分析

（1）店铺风格问题分析。主要包括：店铺没有主题，没有明确的人群定位表达；转化率低、回购率低，店铺的推广成本高；拍摄的照片风格凌乱，图片质量差，和竞店对比同质化严重；店铺辨识度低，文案、配色等没有主题。

（2）页面布局问题分析。主要包括：没有明确的布局方式，布局混乱；页面停留时间短、跳失率高、单品转化率差；买家总是咨询页面有描述的问题。

### 2．店铺整体视觉定位

（1）整体配色。主要包括符合人群喜好、符合产品定位、有冲击力，符合基本的美观度。

（2）字体选择。主要包括黑体、宋体、华康、变形字体。

（3）视频。主要包括主图视频、宣传视频、详情页视频、视频推广和视频评价。

### 3．PC 和无线首页排版

主要包括：店招设计、页头背景突出店铺定位；店铺主题活动海报；优惠券、赠品等说明；主要产品分类；主推款海报；其他款展示；品牌优势；等等。

### 4．无线详情页排版

主要包括：产品核心卖点；产品优势说明；核心功能原理说明；产品信息、尺寸；产品模特、场景等；产品细节展示；产品白底图展示；服务说明。

### 5．产品主图分析

（1）首图。主要包括：完整表达产品，产品主体突出，增加产品卖点和活动要符合官方要求。

（2）产品图。主要包括：增加细节展示；展示工艺、原料、效果等；增加模特、场景、实验展示；增加尺码、尺寸展示。

（3）注意规则要求。主要包括平台要求、行业相关要求、赠品展示要求。

### 6．推广创意图分析

主要包括：产品主体突出且完整；卖点针对关键词进行分类管理；文案突出卖点和活动；字体大小合理；整体配色舒适；创意图测试。

### 7．关联销售图分析

主要包括：商品是否有助于提高转化率、降低跳失率；活动关联是否有助于提高客单价；平时关联主图和侧栏关联是否有助于引导销售；无线端增加卖家推荐。

### 8．增加自定义页面分析

主要包括：会员体系页；品牌说明页；主推款页面；新品页面；定制、售后、服务页面等。

9．页面数据分析

主要包括：单品转化率；页面停留时间；页面跳失率；整体访问深度；图片点击率数据；产品评价反馈；客服工作反馈；买家咨询反馈。

## 四、单元思考

### （一）判断题

1．视觉内容营销涉及使用视觉内容将信息传达给受众，建立情感联系并发展业务。（　　）

2．视觉效果与 ALT 相关关键字没有关系。（　　）

3．数据可视化可以采用多种形状和形式，但往往效果不好。（　　）

4．海报风格要和店铺统一，通过统一的视觉符号加深用户店铺印象。（　　）

### （二）简述题

1．简述视觉营销的作用。

2．简述视觉营销要点。

3．简述理解 AIDA 模型。

4．简述视觉内容类型。

5．简述视觉服务营销策略。

### （三）课堂讨论

很多商家对店铺产品图片不重视，随意地把拍摄的照片，或者过度修饰的图片，立即上传，致使出现实物与图片不符的情况。由此引发的客诉和差评，往往使店铺得不偿失。

讨论：在店铺装修过程中，如何有效把握图片处理带来的“实物与图片不符”问题。

**知识映射：**诚信经营才是企业长久发展的法则。

## 五、实战操练：视觉效果评价

**知识映射：**通过实践，解决视觉效果评价的问题。

### （一）任务导入

在大学期间，小李就经营着一家网店，毕业后小李继续经营着这家网店。结合前期的分析，已经确立店铺装修风格，需要从店招、海报、促销公告区、分类区、商品详情页等各个细节确保店铺总体风格。在电商店铺运营中，不仅要对自己店铺定位和风格有明确的了解，还必须了解竞店的网店视觉营销进行分析，做到知己知彼，在对比情况下查漏补缺。

### （二）操作思路

1．进入店铺详情页，分析商品详情页。

2．根据前期竞争环境分析，进入竞店，分析竞店商品详情页。

3．形成网店视觉营销的总结与建议。

## （三）小试牛刀

试以某服装店铺商品为对象，按照以上格式，对本店和竞店进行视觉剖析分析。

# 项目七　营销工具应用

随着互联网技术的不断发展，越来越多的网店把通信、网络技术和计算机应用引入店铺的日常管理工作和业务开发处理中来，企业的各类信息化程度也在不断提高。互联网技术和数据挖掘技术应用在网店经营中能全面细致地分析数据资源，并从中提取有价值的信息来对商业决策进行支持，从而来控制运营成本、提高经济效益。

优秀的网店管理者，不仅要掌握好店铺的运营知识，还要知道如何运用基于互联网的各种营销推广工具，来管理和推广店铺。一方面，为店铺提供在线查询行业数据、店铺数据、关键词数据、商品数据等数据分析功能；另一方面，还要能方便配合平台开展各类促销活动的开展。

## 任务一　自主工具应用与营销

【学习目标】

（一）知识目标

了解超级推荐、微淘、聚划算、淘金币、淘抢购、天天特卖等概念、推广形式、特点与优势。

（二）能力目标

理解超级推荐的推广模式、核心工具、策略。

理解微淘的数据查询、等级指标、运营、分享有礼。

理解聚划算报名流程。

理解淘金币的特权、抵钱设置、注意事项、兑换流程、用淘金币来提高店铺转化率。

理解淘抢购自运营功能、注意事项。

理解天天特卖阶段性要求、频道功能。

（三）职业目标

根据店铺推广需要，选择超级推荐、微淘、聚划算、淘金币、淘抢购、天天特卖等不同的营销手段。

结合营销阶段性特点，组合选择不同的营销方法。

【学习关键词】

超级推荐、微淘、聚划算、淘金币、淘抢购、天天特卖。

【课程案例】以史为鉴：成都的十二月市

从唐代开始，成都每个月都会在当时最繁华的大慈寺一带，举行类似于现在商品交易博览会的集会。到了宋代，随着农业和手工业的发展，成都商品市场进一步扩大，原有的定期市场发展完善，按月令季节集中销售当地土特产品，正式形成了成都历史上著名的“十二月市”。北宋赵抃在《成都古今集记》中对“十二月市”明确记载：“正月灯市，二月花市，三月蚕市，四月锦市，五月扇市，六月香市，七月七宝市，八月桂市，九月药市，十月酒市，十一月梅市，十二月桃符市。”可见当时的成都每月都有一种特色商品交易会举行。

**知识映射：**北宋的“成都十二月市”传统文化。

【课程案例】以今为用：褚橙进京

2012 年 10 月 27 日，随着《经济观察报》一篇《褚橙进京》报道的发布，褚橙的品质故事和励志意义得以广泛传播，迅速引爆品牌影响力。2012 年 11 月 5 日，网络首发，5 分钟卖出 800 箱，20 吨在三天半售罄，最终卖了 200 吨，该年褚橙总产量为 9000 吨。

75 岁再创业，10 年终于种出好橙子的励志故事，随着褚老的北上传遍了全国各地。故事打动了消费者，褚橙也随之热销。不少褚橙的消费者，都自言是褚老的粉丝。褚橙的形象，从一出生，就自带悲壮气质和励志光环。用十九年的时间去追求，用钢铁般的意志去实现一颗橙子的初心，做一颗好吃的橙子，做一件认真的事业。

**知识映射：**想要做好一件事，永远不会太晚。

## 一、超级推荐

### （一）超级推荐简介

超级推荐（tuijian.taobao.com）是在手机淘宝“猜你喜欢”等推荐场景中穿插原生形式信息的推广产品，是淘宝推出的一款信息流营销工具，主要是将产品广告推送到精准人群。超级推荐不同于其他工具，人工控制只是辅助，阿里云计算才是根本，通过大数据进行数据的分析归类打包成一个个店铺能够认知的一些标签，然后供给商家进行标签的选择与测试。超级推荐获取流量，首先要人群标签的精准，其次需要产品图片点击率高。流量利用率对于淘宝来说是非常珍贵的，不能有效吸引买家注意力的产品不是好产品。

超级推荐的收费模式主要有 CPC 和 CPM；支持推广形式有商品、微淘图文、哇哦视频、直播间、淘积木；主要核心资源位有猜你喜欢（首页/购物车/支付成功页）、微淘关注热门、有好货、直播广场精选。

## （二）超级推荐特点

### 1．全场景覆盖

覆盖场景广，囊括手淘核心推荐渠道，如猜你喜欢（首页、购物车、支付成功）、微淘、直播广场、有好货，迎合消费者浏览的需求，引爆店铺在推荐场景中的流量。

### 2．多创意沟通

支持商品、图文、短视频、直播间、淘积木等多种创意形式，让店铺以更丰富的形式，与店铺的消费者进行沟通。

### 3．数据技术驱动

基于阿里巴巴大数据推荐算法，赋能全方位定向体系，从商品、店铺、类目、内容、粉丝等多维度，帮助店铺精准找到潜在消费者。

### 4．多维度价值

超级推荐依托原有的单一成交价值体系，从消费者运营视角出发，提供消费者流转、粉丝流转价值，突出消费者生命周期价值，全面呈现推广价值，帮助客户实现品牌人群的增长。

## （三）超级推荐推广模式

### 1．商品推广

商品推广主要是以商品为主体的营销推广，将商品推广至猜你喜欢等优质资源位。

### 2．图文推广

图文推广主要是以图文或短视频内容为主体的营销推广，把内容推广到手淘猜你喜欢，以微淘营销为主。

### 3．直播推广

直播推广主要以直播为主体，推广至直播广场、猜你喜欢等优质资源位，以实时直播为主。

### 4．智能推广

智能推广效果比较好，流量更加容易获取，智能推广系统会自动给店铺抓取对应的人群和出价。在对超级推荐不甚了解的情况下，可以尝试使用智能推广。

### 5．爆款拉新

拉取从没有与店铺建立过任何联系的顾客。爆款拉新主要通过商品推广计划和图文推广计划开展。商品推行计划有两种模式可供选择：标准推广计划、智能投放计划。标准推广计划，完全由广告主自己设置预算、出价、人群和资源位溢价等要素。智能投放计划，只需设置预算、投放时间等关键要素，投放人群和资源位的选择由系统自动完成。

## （四）超级推荐核心工具

### 1．人群

超级推荐核心工具包括人群、资源位、素材，因此，要做好超级推荐的操作，第一件事情就是选择合适自己的人群。超级推荐的人群中有以下几个分类。

（1）智能定向人群

通过系统算法挖掘和店铺现有人群的相似人群，这也是所有超级推荐现有人群标签中流量最大、使用最多的标签。

（2）拉新定向人群

根据店铺相似人群、单品相似人群进行潜客拉新，流量大、价格低、转化率低。

（3）重定向人群

对店铺现有人群和收藏加购人群进行重定向，流量小、价格高、转化率高。

（4）达摩盘平台精选人群

系统推荐的达摩盘精选人群包。

### 2．资源位

人群确定后，再按照投放目标来选择合适投放的资源位。

（1）首页猜你喜欢

流量大、价格低、转化率低。

（2）购中猜你喜欢

购物车、收藏夹页面下猜你喜欢，流量小、价格适中、转化率高。

（3）购后猜你喜欢

付款成功页面下猜你喜欢，流量小、转化率高、价格高、投产高。

（4）基础流量包

系统边缘展示位，价格最低、投产高。

### 3．根据产品和人的关系将产品分成 3 类

（1）产品用户只会在需要的时候购买。

（2）产品用户只会在逛街的场景下购买。

（3）产品用户既能在需要的时候购买，又能在逛街的情况下购买。

## （五）超级推荐策略

首先要确定店铺开超级推荐的目的，是拉新还是收益，然后根据不同的目的去操作。

### 1．拉新策略

（1）人群包位置定向选择

店铺自身人群标签比较精准的情况下，店铺拉新首选智能定向人群，系统实时根据店铺

的访客属性、商品标题、商品属性等维度，智能匹配出对店铺商品更感兴趣的人群投放。如果店铺人群标签不强或者人数比较少的情况下，可以选择拉新定向标签，通过对相似店铺及相似商品，以获得更多的人群曝光。

（2）资源位溢价

人群标签的溢价现在有两种模式可以选择。

①高出价方式：

出价=系统建议出价×150%

优点是曝光大、冷启动时间短，缺点是价格高扣费贵，一般获取流量后逐步降低出价。

②低出价方式：

出价=直通车平均 PPC×50%

优点是平均价格低，缺点是冷启动时间比较长，获取流量难度比较大，一般逐步提高出价。

2．收益策略

（1）人群包位置定向选择

效果最好的直接选择重定向人群，可以直接对在店铺产生收藏、加购、浏览人群直接投放产生收益；如果想进行多重收益标签使用，可以选择达摩盘>我的标签>行为标签。

（2）资源位溢价

一个计划中三个主要位置可以同时投放，溢价可以分高低，其中，购后猜你喜欢出价最高、购中猜你喜欢出价其次、购前猜你喜欢出价最低。位置溢价起步 10%，在流量不足的时候可以逐步提高溢价获得更多曝光。

## 二、微淘

### （一）微淘概念

微淘（https://we.taobao.com/）是手机淘宝变形的重要产品之一，定位是基于移动消费领域的入口，在消费者生活细分领域，为其提供方便、快捷、省钱的手机购物服务。微淘的核心是回归以用户为中心的淘宝，而不是小二推荐、流量分配，每一个用户有自己关注的账号、感兴趣的领域，通过订阅的方式获取信息和服务，并且运营者、粉丝之间能够围绕账号产生互动。

微淘可以直接带动自然搜索提升，只要坚持每天发布微淘，就可以获得额外的自然搜索曝光，因为微淘是属于淘宝自己的产品，淘宝是会有扶持的。

微淘的作用主要有：微淘本身就是流量来源；微淘可以强化店铺粉丝黏度，提升流量质量；微淘有助于提升店铺的个性化标签，店铺的粉丝反复浏览和查看可以强化店铺的风格标签；微淘是全新的私域运营阵地，提升非粉转粉、老粉留存率，打通淘内外分发流转链路。

## （二）微淘数据等级

微淘指数查询流程：千牛后台→自运营中心→发微淘→账号→商家号成长。

微淘层级一共划分为 L0～L6 层级，新手卖家微淘的等级基本是 L0 级，只需要通过发布一些优质内容的文章就可以快速突破到 L1 层级。升级的等级越高，相对带来的权益也会越来越高，相应的要求内容的价值也会越来越严苛，每个层级的要求都不同。L0～L2 等级之内，只有关注了店铺的粉丝才可以看到店铺所发布的微淘内容，也就是私域流量。当微淘等级达到 L3 之后，店铺发布的微淘内容就算没有关注店铺的粉丝也是可以看到的，可以获取公域流量，获得更多的展现。系统每周三会自动更新指数，满足指数要求的商家可直接晋升至对应等级。

微淘等级提升对应的达标要求分为三个内容，分别是内容质量分、粉丝质量分、账号健康分。提升等级的要求就需要从这三个维度出发。首先，通过发布优质微淘来提升店铺的内容质量分，发布优质的文章内容，且杜绝抄袭。官方会根据发布微淘的内容，从文章的字数、图片清晰度、图片的格式大小差异等来进行评判。其次，对于发布的内容如果是纯产品，没有图片以及文案，这样的文章发布是会拉低店铺的内容价值分的。

## （三）微淘运营

### 1．通过有意向购买或者成交的买家增粉

需要在微淘上发布一些优惠的活动，买家咨询客服时客服要引导其关注店铺微淘，通过微淘上的活动进行下单能有优惠，特别是店铺有在微淘搞比较大的活动的时候要加大推广力度。成交之后可以在包裹里放入引导关注店铺微淘的提示，针对这部分用户做一些对应的活动。

### 2．蹭热点

店铺做内容时，可以找当下最流行的热点话题进行发布，在内容签名处打上双#号引入话题，发布的内容会被收录相关的话题页面中。这样会增加店铺曝光的机会，有利于快速增粉。

### 3．微淘活动

淘宝店铺达到条件后，可以申请“优选好店”V 标认证。一旦申请通过，打了“优选好店”的 V 标，系统会自动进行推荐，根据千人千面免费进行推荐。这样容易获得更多的新粉丝和流量。

对于一个店铺来说，要想通过微淘提高店铺流量，内容一定要优质，常与粉丝互动，这样才能提高店铺的销量和流量。

## （四）微淘分享有礼

设置微淘分享有礼的流程：阿里创作平台→互动中心→互动管理→分享有礼。创建活动需要添加生效商品、生效时间、中奖条件、奖品设置及分享者权益。

微淘的等级不同，可发布微淘的条数也不同。较低的微淘层级只能发布三条微淘。因此，要把握好这个发微淘的时间，在发布微淘时要考虑买家的浏览时间，在买家浏览时间最多的阶段来进行发布。

## 三、聚划算

### （一）聚划算概念

聚划算是由淘宝网官方开发平台组织的一种线上团购活动形式。聚划算的产品都是有优惠价格的，是一种促销，能给店铺带来流量。聚划算依托的是淘宝网巨大的消费群体。

#### 1. 聚划算的流量分配

聚划算的流量主要来源于 PC 端、聚划算客户端、手机淘宝首页的聚划算和聚名品入口等。聚划算打开首页的商品流，包括无线端和 PC 端。首页有两个固定位置可以申请，竞争非常激烈，再接下来就是各频道内部。频道内部楼层之间的排序规则各类目略有不同，其中运动户外的楼层是按照销售额倒序排列，在 PC 端频道首页的右侧会有三个商品展示，就是当天开团累计销售额最多的。如果能够做到一开团就爆发，在接下来的时间里面就能够获取更多的流量。

#### 2. 产品的热卖标

热卖标是聚划算商品团特有的一种标志，打上这个标志的商品团位置会更靠前，拿到的流量会成倍地增长。根据规则，要被系统打上这个标，必备条件之一是：销量突破 1 万件，或者销售额突破 100 万元。在聚划算的商品团中，比较容易实现的低单价的商品销售超过 1 万件。

#### 3. 聚划算仅是店铺流量的一部分

流量包含三个部分：商业流量的投入；自身店铺的引流，尤其是老客户的唤醒；聚划算的流量。聚划算给商家的最大作用是给商品打上聚划算的标，让转化率提升 2～5 倍，这样才能够获得更大的爆发。

#### 4. 聚划算的活动可以配合平台的大促

聚划算开团与淘抢购、淘清仓是冲突的，不能同时开团。但可以与淘宝和天猫的大促同时开团，也可以配合一淘的超级返活动。做一次高质量的聚划算，需要制订周密的计划，配合平台的大促，以获取更大的流量。

### （二）聚划算意义

买家可以在卖家参加聚划算时购买选中的商品，比较划算，而且每天都会有不一样的促销商品的，如果每天关注聚划算，就可以买到比较划算的商品。对于商家来说有下面几个好处。

1．清库存

除了利用聚划算打造爆款，若想要把库存变现金，聚划算是不错的选择。尤其对于有运营能力的卖家，聚划算可以高效地解决库存管理难题。

2．关联销售

聚划算的引流对于店铺是一种高效的手段，通过关联销售，可以带动店铺其他商品的销售。

3．累积销量和评论

通过聚划算，增加流量（提高搜索排名等）和提高转化率（销量高评论好）。

4．积累用户

提高老用户回头率。

5．发现短板

通过聚划算，发现产品、客户、物流等环节的短板，并加以改善。

### （三）聚划算报名

进入淘宝聚划算统一官方入口，点击“商家报名”里的“我要报名”，填写相关信息，然后选择添加商品以及商品详情，等待平台审核。审核状态在商品页面都有相关提示，初审通过时当前状态栏会显示“初审通过”字样。报名注意事项如下。

1．选品

不管是参加什么活动，都需要通过测试，对产品进行选取，不要随便拿商品就去报名参加活动。商品测款时，重点关注产品的受欢迎程度和退换货率。

2．备货

很多卖家总是先报名后备货。这就会导致报名通过后匆忙备货，没时间测款，备货量过多，活动结束时产品堆满了仓库。最好能提前备货，在测款时就计算好数量，不要太多，主要参考供应链决定。

3．付费引流

商家不要太过依赖活动当天的流量，要站内站外配合共同引流。不管是直通车还是钻展，上了活动后的回报都比平时高很多，可以加大预算，付费引流。

4．关联销售

关联销售是搭配成套的产品进行销售，是提升客单价以及销量最直接的方式。

5．客服

聚划算开团前的一个小时左右咨询的人会特别多，要安排好客服，如果人手不够，可以设置快捷回复或者智能机器人回复。

6．好评返现和优惠券

活动后针对客户的维护工作，一般商家都会选择好评返现或者发放满减优惠券的形式。对于参加聚划算的客户，他们活跃在各大折扣平台，回头客较少，因此，商家选择好评返现的效果会远好于满减优惠券。

## 四、淘金币

### （一）淘金币概念

淘金币是淘宝网的虚拟货币，能在淘金币这个应用平台进行兑换和使用，是资深淘友的一种体现。淘金币的用途很多，可以兑换自己喜欢的物品，也可以参与淘金币抽奖，还可以参加淘金币应用中心兑换游戏道具和其他物品。

1．兑换淘金币商品

搜索淘金币商品，选择商品后，进入卖家店铺，在卖家的店铺商品详情页面看到折扣兑换的淘金币价格，点击立即购买扣除淘金币，进入付款页面后，看到淘金币价格的折扣选项卡，确定并提交订单。

2．使用淘金币全额兑换

在淘金币全额兑换页面选择商品，点击全额兑换按钮，进入商品页面，在商品详情页可以看到全额兑换的淘金币数量，点击立即购买，即扣除商品所需的淘金币，进入付款页面后，看到淘金币全额兑换的优惠选项卡，确定并提交订单。

3．参与淘金币抽奖

在淘金币抽奖页面选择商品，点击抽奖按钮，同时扣除相应的淘金币数量，中奖后，进入卖家店铺即可看到商品，确定好商品后，点击立即购买，即可以 0.01 元购买到这个商品，确定无误后，付款即可。

### （二）淘金币营销优势

淘金币营销是为淘宝卖家量身打造的店铺营销工具，可以通过买家身份赚金币，给买家发金币，打造店铺专属自运营体系，提高买家黏性与成交转化。其优势主要体现在以下几点。

1．搜索优先展示

在商品搜索淘金币专项筛选、店铺搜索淘金币直达、手机淘宝搜索等处优先展示。

2．免费上淘金币展示

淘金币专门开设淘金币抵钱频道，设置金币抵钱就有机会进频道展示，尽享平台日均1000 万 UV。

3．增强买卖互动

每天 2000 万买家通过各种渠道赚淘金币，卖家通过发淘金币，可以持续吸引买家进店互动。

4．提升成交转化

全网超过 1 亿买家有淘金币，设置全店支持淘金币抵钱，可以吸引买家进店消费，拉动店铺成交。

5．直通车特殊展示

如果店铺也加入了直通车推广，在直通车展位享有淘金币特殊标识。

## （三）淘金币特权

淘金币金主一共分为三个特权，分别是专享皮肤、专享红包和专享活动。

1．专享皮肤

专享皮肤是淘金币金主能够在淘金币活动页面有专属的颜色和专属身份标识，在成为淘金币金主之后就会自动更新。

2．专享红包

淘金币金主每天都有一次抢专享红包的机会，一个月最多能够领取五次。

3．专享活动

淘金币金主的专享活动可以在金主专享红包中查看，一般在 7 个自然日内都是有效的。专享活动的时间为每月的 26 日，淘金币金主可以在活动页面享受到活动商品的双倍抵扣优惠。淘金币作为淘宝商家的营销工具，能够为店铺带来不少的流量。在淘金币活动中，淘金币的店铺签到活动广受欢迎，这个活动可能是淘金币流量最大的活动，同样也是获取买家成本最低的活动，并且能够让买家重复地访问店铺，提升客户黏性。

## （四）淘金币注意事项

（1）淘金币是为了淘宝卖家量身打造的店铺营销工具，打造店铺专属自运营体系，提高买家黏性与成交转化。开通淘金币，可以引入更多的流量，以此来带动店铺其他产品的销量，通过淘金币交易也可以增加店铺的权重。

（2）买家在购物时，通过金币抵扣钱，每天可以通过金币庄园领取淘金币，或者完成任务，系统也会赠送淘金币。

（3）平台通过买家购物时使用的金币来赚取其中差价。卖家通过报名活动，系统会给予淘金币的推广，跟直通车一样，按点击一次进行扣费。

（4）纯金币竞价就跟直通车钻展一样，提高自己的出价，能尽量让自己获取流量，搜索点击扣费是在搜索区，推荐点击扣费是在推荐区。

（5）淘金币的规则是淘金币抵钱，100 金币是 1 元钱。

（6）淘宝店铺需要 4 星以上才能去开通，并且年度累计的违规扣分需要小于 12，而天猫店铺没有要求，只要符合淘宝规则就可以。

### （五）淘金币营销策略

#### 1．购物送金币

用“返利”功能，有买就有送，买得越多还送的越多，有封顶金额要求。

#### 2．分享送金币

让买家帮店铺分享进其 SNS 网络，相当于熟客带朋友的销售模式。

#### 3．收藏送金币

店铺收藏量增长，以提升自己的店铺权重得分，有稳定的老客户回访，增加店铺收藏。

#### 4．签到送金币

激活老客户，让老客户成为店铺的回头客，方法很多，但是签到送淘金币，持续性非常强。

#### 5．关注微淘送金币

手机淘宝微淘广场的亿万流量曝光，实现商品详情页老客召回通道，增加账号浮现权重，官方买家定向消息，手机微淘首屏 banner。

## 五、淘抢购

### （一）淘抢购概念

淘抢购是一个免费的淘宝活动，淘宝、天猫商户都可以免费报名参加，展示的位置在淘宝手机客户端的主页第二行，位置非常好，根据商家报这个活动的效果，如果能够报上，甚至可以在一两个小时之内带来成千上万的销量。

#### 1．报名时间

一般为上线日期提前 16 天，需要密切关注抢购官方报名平台。

#### 2．报名要求

报名商品需达到 30 天销量不低于 10 件，价格为 30 天最低价 9 折打底。

3．报名更改

暂不支持产品信息更改，只能撤销后重报。若该日期报名已截止，则撤销后不可再报。

## （二）淘抢购优势

1．强大的流量和访客数量

淘抢购能给店铺带来巨大的流量，活动本身带来的流量能让店铺在短时间内瞬间暴涨。淘抢购时刻更新着各类目的应季产品，很直观展现给消费者，可让消费者快速作出产品购买选择，这样既可提升消费者体验，又可拉近商家与消费者的距离。

2．打造爆款的利器

因为淘抢购本身的特殊性，可以让店铺的产品在短时间内同时展示给全国所有手机用户，在几分钟或者几个小时内，提高产品销量，为爆款打造奠定坚实的基础。淘抢购活动还可以作为商家提高自身品牌知名度的重要渠道。由于活动带来不计其数的新客户，只要保证产品质量，做好售后服务，让新客户转变成自己的老客户，从而提高自身品牌知名度。

3．短时间抢占市场份额

淘抢购平台精准的定位，大大地调动客户的购买热情，可以让客户随时随地购买自己需要的产品。每一次抢购活动都可以带来很多新的客户，大大提升店铺的销量和营业额。

4．带动店铺整体销量

无论是活动期间还是当店铺活动商品售罄时，都是带动店铺销量的好时机。报名淘抢购无论对于中小卖家还是大卖家好处都是非常大的，可以从中获得更高的利益，提升店铺层级。

## （三）淘抢购功能

1．整点抢

整点抢表现为前**分钟下单立减、前**分钟第二件免单、前**分钟三件八折。商家设置好整点抢之后，要先做好预热准备，并且设置好活动提醒。

2．分时开团

报名成功淘抢购自运营后，商家可以随时参加活动。商家可以自行安排时间，而且不限制场次和数量，随时可以开淘抢购团让买家购买。设置好之后就能一键装修到店铺的首页和详情页中，这样会让店铺的整体活动氛围更加浓郁。

3．聚人气

聚人气是让买家通过拉人来访问这一个活动商品，然后获得店铺红包的一种操作。对于商品红包池的金额设置可以适当提高，否则很难起到吸引买家的作用。

## （四）淘抢购商品选择

淘宝首页上每一个板块都是流量的入口，是商家都很重视的地方，而最为抢眼、地位最重要的淘抢购更是商家必争之地。应注意以下事项。

（1）性价比。相同的品牌同样的产品消费者会选择物美价廉的商品。

（2）质量过关。质量最直观的是评价和动态评分，消费者会对比同类产品的评价。

（3）高销量。大多数消费者在同样的产品的前提下，会选择购买销量高的产品，转化率高。

（4）季节性。要充分考虑商品的季节性和库存深度。

## 六、天天特卖

### （一）天天特卖概念

天天特卖是淘宝推出的一种让利消费者的服务，卖家可以将本店铺内比较热销、商品性价比好的商品，通过天天特卖频道与其他卖家进行竞争，提供给消费者购买，优惠让利给消费者，以包邮的形式进行销售，这样不仅为卖家带来了收益和流量，同时达到了买卖双方的最大双赢效果。

天天特卖定位为淘宝网小卖家扶持平台，专门扶持有特色货品、独立货源、一定经营潜力的小卖家。为小卖家提供流量增长、营销成长等方面的支持。其报名、审核、排期和展现均为系统自动化，不收取任何费用。

### （二）天天特卖优势

由于天天特卖是淘宝推出的最为基础的活动，许多商家参与其中，其优势表现为以下方面。

#### 1．快速地增加销售额

天天低价把握了消费者渴望优惠的心理，吸引消费者，而商家在此大大提升了曝光率，销售也就自然而然提升上去。

#### 2．增加店铺的访问量和销售量

在一家店铺买到实惠的商品时，消费者会浏览店铺里的其他商品，甚至能再挑选几件，天天特卖对于提升店铺的曝光率和访问量也非常有利。

#### 3．新品的推出

部分商家会将自己的新品推出去参加天天特卖，利用免费的机会为自己的商品创造条件，通过数据统计测试店铺的商品。

### （三）天天特卖注意事项

#### 1．上线前的要求

上线前，报名通过的卖家须在其店铺首页和参与活动的商品详情页面，展示天天特卖频道指定 Logo 图片。报名通过后卖家应即刻在指定页面按要求展示图片，展示时间为活动上线后的一个月内。

2．推广中的要求

推广活动上线后，不得随意更改价格；不得随意更改库存；不允许商品自行下架；支持阿里旺旺在线；做好店铺内的关联营销工作；天天特卖每日10点开抢，频道8点自动更新。

3．结束后的要求

活动结束后按卖家承诺及时发货；参加活动的商品在活动结束后一个月内不得以低于当时活动价进行销售；由于参加活动时出现违规行为而被投诉的卖家，将被取消后续活动报名资格；活动下线后卖家应做好数据总结工作，在帮派内分享活动经验和心得；该类卖家将优先获得下次活动报名资格。

（四）天天特卖功能

1．十元包邮

十元包邮这个频道是一个低价特色频道，除了报名的一些基础要求，还需要在价格上不超过十元，并且是全国包邮（港澳台除外），在报名的时候要注意核算店铺的成本。十元包邮为特色栏目，天天特卖类目活动为日常招商，每周还会有不同的主题活动。

2．主题活动

主题活动是不定时不定期的，主题有海淘、中国制造、冲冠特惠、企业店铺等。主题活动属于非固定活动，没有预告、活动时间根据主题性质不同、展示时间不同。

3．今日爆款

此功能是无法报名的，只能根据各个时间段，根据活动中的商品数据表现，系统随机抽取推荐。

4．特惠屯

主要以批量产品为主，此活动频道主要分为人气精选、食品饮料、居家百货、美容个护、内衣配饰、母婴用品。

5．限时特价

此频道只展现在无线端，要求更高，信誉要求三钻以上，店铺DSR评分不低于4.7分。品牌商品必须有品牌方提供的售卖证明，或者报名库存所要求的购买发票证明，或者有品牌渠道商的资质证明；自有品牌商品提供自有品牌的相关证明；报名商品必须为一口价；报名商品排期后不得修改商品价格；报名商品活动价低于近30天商品最低拍下价；报名商品近30天销量大于10件；报名商品必须全国包邮等。

## 七、单元思考

（一）判断题

1．如果店铺人群标签不强或者人数比较少的情况下，应果断放弃该类标签。　（　　）

2. 微淘是手机淘宝变形的重要产品，定位是基于移动消费领域的入口。 （ ）

3. 热卖标是聚划算商品团特有的一种标志，打上这个标志的商品团位置会更靠前，拿到的流量会成倍地增长。 （ ）

4. 淘抢购是一个免费的活动，仅限天猫商户免费报名参加。 （ ）

### （二）简述题

1. 简述超级推荐的推广模式。
2. 简述微淘的概念。
3. 简述聚划算的意义。
4. 简述淘金币的营销优势。
5. 简述淘抢购的自运营优势。
6. 简述天天特卖的优势。

### （三）课堂讨论

打折是消费者喜闻乐见的事情，很多零售商和品牌的营业额也非常依赖打折。然而，从长期发展来看，店铺经营应该形成企业独到的产品文化。降低对打折的依赖，不仅有利于品牌提高利润率，也有益于品牌建设。

讨论：如何在店铺经营中减少对各类打折促销的依赖？

**知识映射：**价格打折，质量不打折。

## 八、实战操练：聚划算策划

**知识映射：**通过实践，解决聚划算策划撰写的问题。

### （一）任务导入

小张有五年多的电子商务工作经验，一直从事淘宝天猫运营及其他渠道平台运营推广工作。熟悉天猫商城的运营、活动策划，具有很强的数据分析能力，能够针对产品、受众提出有效的营销推广方案。目前，小张所在的天猫店主营游泳装备。

暑期即将来临，新上架的商品存在着流量不足的问题，拟对高端泳镜开展聚划算活动推广。

### （二）操作思路

1. 针对高端泳镜，开展聚划算活动策划，对活动主题、目的、准备工作、活动方法、活动策划等进行策划。

2. 根据高端泳镜的聚划算活动策划，在聚划算平台选择合适的活动，详细记录对应的步骤。

### （三）小试牛刀

根据网店的游泳装备，制订聚划算的活动策划，并选择具体的聚划算活动。

# 任务二　平台工具应用与营销

## 【学习目标】

### （一）知识目标

了解服务市场营销工具。
了解第三方营销工具。

### （二）能力目标

掌握生意参谋、生E经、收藏大师、淘客联盟推广、店铺促销工具等工具的基本功能。
掌握店侦探、店查查、淘大象、看店宝、店透视的基本功能。

### （三）职业目标

能根据店铺运营预算，选择合适的营销工具。
针对店铺的营销需要，选择营销工具。

## 【学习关键词】

生意参谋、生E经、收藏大师、淘客联盟推广、店铺促销工具、店侦探、店查查、淘大象、看店宝、店透视。

## 【课程案例】以史为鉴：商帮

古代的商帮按照地域划分为四个商帮，分别是晋商、徽商、浙商、粤商。

晋商的历史是很长的，起源于春秋战国的时候。《易经·系辞传下》："日中为市，致天下之民，聚天下之货，交易而退，各得其所。"电视剧中《乔家大院》中的乔致庸是晋商的代表人物。

徽商指的是徽州府管辖的商人，徽商诞生于东晋，成长于唐宋，盛于明，衰于清末。徽商是由于家乡耕地不足加上外来人口大量涌入，而逐渐形成了外出经商的风俗。曾经富可敌国的晚清红顶商人胡雪岩是徽商的代表人物。

浙商的兴起主要是中国历史上经济重心的向南方转移，特别是安史之乱之后到了五代，浙江商业非常繁荣，到明清时期，江南成了中国经济非常核心的区域。海外贸易的发展，对浙商也有非常大的推动作用。元末明初的天下首富湖州人沈万三是浙商的代表人物。

粤商的兴起得益于清政府仅开放广州的贸易政策，这种政策优势直接促进了广东多地商业的快速发展。粤商们在中外文化交会的第一线，他们把中国传统中的吃苦耐劳与西方倡导的竞争进取结合起来，利用四通八达的海运，逐渐发展壮大。被称为“1000 年来世界上最富有 50 人”之一的伍秉鉴是粤商的代表人物。

这四大商帮的成功都离不开诚信为本、童叟无欺等商业理念。

（资料来源：中国古代四大商帮．百度文库，https://wenku.baidu.com/view/f64d781451ea551810a6f524ccbff121dd36c53c.html?_wkts_=1699924871346）

**知识映射：**近代乡土团体的商业文化。

**【课程案例】以今为用：普通天猫店的经营成本**

某经营沙滩鞋的 6 年店天猫店铺，店铺具有稳定的货源。店铺 DSR 分别为：商品与描述相符 4.9 分，卖家的服务态度 4.9 分，物流服务的质量 4.8 分。现有运营主管 1 名，运营助理 1 名，设计人员 1 名，客服人员 2 名，库管人员 1 名。一款商品标题为“凉拖鞋夏洞洞鞋男士防滑软底包头沙滩鞋男女潮凉鞋室外拖鞋男外穿”，进货成本 20 元，上架价格为 60 元。

**知识映射：**树立成本意识。

## 一、服务市场营销工具

淘宝卖家服务（https://fuwu.taobao.com/）是淘宝网提供给淘宝卖家各种服务的平台，服务内容涵盖网店运营各种需要。提供的服务主要以软件（工具）的形式来满足淘宝卖家店铺运营的需要，也包括一些网店运营技巧知识和新手开网店等流程讲解。

### （一）生意参谋

#### 1．生意参谋简介

生意参谋诞生于 2011 年，最早是应用在阿里巴巴 B2B 市场的数据工具。生意参谋集数据作战室、市场行情、装修分析、来源分析、竞争情报等数据产品于一体，是商家统一数据产品平台，也是大数据时代下赋能商家的重要平台。生意参谋定位为统一的商家数据产品平台且支持多端联动，基于全渠道数据融合、全链路数据产品集成，为商家提供数据披露、分析、诊断、建议、优化、预测等一站式数据产品服务。

#### 2．生意参谋主要功能

（1）首页

专属用户的个性化首页、常见功能模块聚合入口，商家运营阵地。

（2）实时直播

以店铺实时动态数据为切入点，提供实时数据的查询与分析。

（3）经营分析

以商家电商经营全局链路为主思路，结合大环境，对经营的各个环节进行分析、诊断、建议、优化、预测。

（4）市场行情

以行业分析、竞争情况为切入点，对市场行情进行分析。

（5）自助取数

提供数据定制、查询、导出等高端数据服务，灵活可配置、周期可定制。

（6）专题工具

着重专题分析和一站式优化工具，含竞争情报、选词助手、行业排行、单品分析、商品温度计、销量预测等专项功能。

（7）帮助中心

门户及产品功能引导、数据答疑解惑、门户运营与推荐、用户互动学习等。

## （二）生E经

### 1. 生E经简介

生 E 经是一款收费的淘宝数据分析软件，主要包括流量分析、销售分析、商品分析、行业分析等功能，可以对店铺的各种数据进行全面分析，达到指导营销的目的，从而促进店铺的持续发展。

### 2. 生E经主要功能

（1）流量分析

生 E 经可以按时段、按省份对流量进行分析，也可以按受访页面和流量来源进行分析。其操作方法为：进入生 E 经页面，在顶部导航栏中单击“流量分析”选项卡，在左侧的导航栏中选择需要查看的流量数据即可。

（2）销售分析

生 E 经的销售分析主要包括销售概况、销售指标、销售来源分析、买家分析等功能。通过生 E 经的销售分析，经营者可以全面掌握店铺的销售数据，了解店铺订单状况，了解买家的付款时段和付款省份，并可追踪买家的下单路径和订单来源，同时，还可对销售人群的性别、年龄、数量等进行查看和分析。

（3）商品分析

商品分析可以对商品的上架时间、标题、主图、标价、橱窗推荐、销售搭配等各种影响店铺搜索排名的要素进行分析。

（4）行业分析

生 E 经的行业分析功能主要用于分析某个行业的信息，包括热销商品排行、热销店铺、卖家信用分布、卖家城市分布、上架时间分布、商品价格分布等。

## （三）收藏大师

收藏大师是一种专门帮助淘宝卖家进行营销的辅助工具，收藏大师推出两个版本的服务，分别是高级版和互动版。

### 1. 高级版（适用全网商家）

提供的服务主要有免费手淘资源位、抽奖锦鲤、首页小红包、关注送抽奖券（不影响最低价）、关注送店铺券、加购商品、分享送券、关注满减/包邮、关注享折扣、关注送流量、关注店铺链接、收藏商品链接、加购商品链接、活动海报、新老粉丝区分送券等。

2．互动版（适用小皇冠、天猫商家）

提供的服务主要有免费手淘资源位、抽奖锦鲤、首页小红包、关注送抽奖券（不影响最低价）、关注送店铺券、加购商品、分享送券、关注满减/包邮、关注享折扣、关注送流量、关注店铺链接、收藏商品链接、加购商品链接、活动海报、新老粉丝区分送券、抽奖大转盘/九宫格、弹射猫猫、集卡有礼、阶梯分享送券、签到有礼、红包雨、摇钱树、刷红包、投票有礼、互助有礼。

### （四）淘客联盟推广

1．淘客联盟简介

淘客联盟是与淘宝、天猫、网购网站合作的平台，汇集各网站的促销、打折商品，在淘宝、天猫的支持下，具有购物返利的功能，支持在线交易，也是淘客们的平台，为淘客提供网络推广。淘客联盟为建站者提供免费的网上开店知识，包括有不同的专场，分别是返利专场，网赚专场，女性专场，男性专场，情侣专场，儿童专场，手机、数码、单反相机等，这些专场都可为购买者提供返利，为淘客提供推广途径。

2．淘客联盟收费标准

淘客推广是一种按成交量计费的推广模式，淘客只要从淘客推广专区获取商品代码，任何买家经过您的推广（链接、个人网站或者社区发的帖子）进入淘宝卖家店铺完成购买后，就可得到由卖家支付的佣金。

### （五）店铺营销工具

店铺营销工具主要分为四种：店铺宝、单品宝、搭配宝、优惠券，这四种营销工具用于店铺做日常活动，拉新客源，提高销量。

1．店铺宝

店铺宝是店铺优惠工具，核心价值为提升店铺单笔件数和价格。适用于所有天猫、淘宝商家，支持全店及部分商品的满元减/赠、满件折/赠等，可与单品优惠、优惠券、双十一购物津贴、红包叠加使用；支持预热。

店铺宝的定位更多的是做店铺的促销营销作用，通过店铺宝创建的活动，提升店铺成交金额，提高店铺动销率。店铺宝还包括满多少元减多少元的活动、多件多折活动、拍下立减活动、拍下赠送赠品活动、两件 7.5 折活动等。可以通过店铺宝创建活动，提升店铺成交金额。特别是节假日促销，店铺宝就能发挥出它最大的价值。

2．单品宝

单品宝是商家单品优惠工具，适用于所有天猫、淘宝商家。核心价值为提升单品转化

率，支持商品级别与 SKU 级别的打折、减现、促销价。其中，双十一活动商品，仅生效双十一大促价；非双十一活动商品，生效单品宝优惠价。

单品宝比较适合做店铺的日常活动，单个商品的折扣活动，单个商品的单个 SKU 折扣活动。在针对特定人群做折扣时，主要有设置店铺的粉丝专享价、会员的专享价、老客户专享价等方法。单品宝看起来像是跟优惠券一样都是减少钱，但实际上是有很大的区别的。优惠券更多的是在原价的基础上，通过优惠券抵扣一部分，达到减钱的效果。而单品宝的可玩性比较丰富，可以针对单个 SKU 级进行折扣或者整个单品进行折扣。单品宝更多的是对客户群体做深、做透。通过单品宝，能更加深度地去触达客户，留住客户，对客户做二次营销。

3．搭配宝

搭配宝是店铺内商品关联营销的工具，核心价值是提升商品连带率（客单价）。它适用于天猫、淘宝商家，支持固定及自由搭配；有智能算法，推荐适合的搭配商品，帮助店铺提升客单价和转化率；套餐将穿透到公域，参与主搜，成为引流利器。搭配宝一般都是作为套餐捆绑售卖的形式，带动店铺的关联销售的。通过搭配套餐，提升店铺成交金额，提升店铺动销率。一般搭配宝比较适合做店铺清仓，服饰鞋帽搭配居多。

4．优惠券

优惠券的作用主要是省钱，如果一个客户领取了优惠券，这个客户就会成为店铺的潜在客户。这个客户在淘宝首页的推荐都会看到店铺的产品，或者在搜索同类产品时，店铺的商品会排名非常高，会出现在客户的视窗内，方便客户再次进店下单。店铺优惠券分为很多种形式，有店铺优惠券、商品优惠券、裂变优惠券等。

（1）店铺优惠券

店铺优惠券是全店通用，领取后，下单金额高于店铺设定的使用条件，就可以进行抵扣。

（2）商品优惠券

商品优惠券仅针对于某个单品商品使用，其他未参与这个活动的商品使用不了这个商品优惠券，客户领取后，下单金额高于店铺设定的使用条件，就可以进行抵扣。

（3）裂变优惠券

裂变优惠券是一种很好的拉新方式，使用的满足条件是，将这个优惠券分享给 3 个朋友，就能领取到这个优惠券。通常店铺为了拉新客户，都会设定一个大额的裂变优惠券，让客户进行分享，得到这个优惠券，被分享者也能获得这个大额优惠券，有很大的概率将被分享者转化为店铺的新客。在创建店铺优惠券的时候，系统会让店铺自定义选择推广渠道，包括全网推广、官方渠道推广、自有渠道推广。

## 二、第三方营销工具

### （一）店侦探

1．店侦探简介

店侦探（https://www.dianzhentan.com/）看店宝插件是一款专为淘宝用户开发设计的数据

分析软件，店侦探看店宝插件功能很强大，可以为用户提供 7 天的历史数据，还可以为用户带来店铺分析、流量分析以及销售分析等功能，店侦探看店宝插件为店铺带来高效便捷的使用体验。

#### 2．店侦探功能

（1）7 天透视分析。

（2）对手引流关键词分析，摸清对手直通车词，搜索引流词，扩展自身流量。

（3）对手爆款商品分析，深度解密爆款商品数据，了解爆款原因，复制创造爆款。

（4）发现对手活动情况，及时了解对手活动效果，复制对手活动经验，减少试错成本，高效报名活动。

（5）免费使用的搜索栏，各种关键词、店铺、商品一键查询。

### （二）店查查

#### 1．店查查简介

店查查（https://www.dianchacha.com/）是淘宝天猫商家提供淘宝数据统计、店铺关注、商品价格关注、直通车选词、标题优化、销售数据分析等专业的数据分析软件。店查查淘宝店铺数据分析是一款简单实用的浏览器插件，店查查淘宝店铺数据分析功能全面，可帮助淘宝商家对每个商品的上下架时间、PC 端在线人数、商品的历史价格进行详细展示记录。

在淘宝搜索的页面上直观地展示每个商品的上下架时间、PC 端在线人数、商品的历史价格，同时还统计了所有商品的价格，付款数等汇总数据。

在淘宝详情的页面上直观地展示商品的上下架时间、PC 端在线人数、实时排名查询、同款货源查询、联盟推广渠道、优惠券和鹊桥活动等等。

#### 2．店查查功能

（1）天猫淘宝店查查插件

淘宝客、关键词、聚划算数据直观展示，在浏览器里安装店查查后，打开天猫和淘宝页面时，自动加载页面相关的、多种维度的分析数据，快速跟踪竞品商品的改价历史，隐藏优惠券，店铺淘宝客推广等数据。

（2）关键词分析

店查查插件在天猫和淘宝的搜索页面上，就能直观地分析出关键词的坑位销量、竞品类目和区域、价格区间，查直通车关键词，查导流关键词等等。

（3）聚划算活动数据

聚划算活动各个阶段数据一目了然，从预热趋势到成交趋势，全面了解活动数据，用于调整策略参考，更有实时数据监控，实时监控活动详情数据和成交趋势。

（4）店铺运营的千里眼工具

好用的电商插件，如同多了一双千里眼，上下架时间、商品历史价格、淘宝客数据、隐藏优惠券等功能助您快速了解竞品的各种运营数据，是卖家最实用的千里眼插件。

## （三）淘大象

### 1．淘大象简介

淘大象（https://taodaxiang.com/）可以查看店铺的操作有没有效果，看排名有没有上升，以排名为依据去调整后续的运营。

### 2．淘大象功能

（1）提供更智能的搜索模式，有输入关键字、语音、拍照等多种形式。

（2）每个订单信息都有非常详细的解释，可以对自己的商品了解得更加全面。

（3）每个订单都可以固定的比率返利，从而总体上提高了质量并节省了成本。

（4）可以获得大量的电子商务储蓄优惠券，一天 24 小时进行续签。

## （四）看店宝

看店宝（https://kandianbao.com/）可以查询任意淘宝或者天猫店铺的整店数据，获知店铺结构，还可以查看店铺经营分析、商品分析、评价分析、问大家、SKU 分析、关键词搜索排名数据、分析行业上下架情况、标题优化等数据。

### 1．店铺分析

（1）淘宝店铺经营分析

提供竞争对手数据查询功能，快速了解竞争店铺的基本信息、销售品类、运营情况等情报，提供成交量、销售额等实时销售数据和经营数据。

（2）全店商品销售数据

分析淘宝天猫的卖家店铺的各种销售商品数量及最近 30 天销量查询，主要用来分析店铺或者竞争店铺的运营情况。

（3）新品上架

提供店铺新品上架情况，可以看到店铺最多近 30 天上架的新品，也可以看到店铺的准备上线计划、商品的收藏销售状况。

（4）DSR 动态评分计算

根据淘宝网官方提供动态评分计算规则和计算公式在线查询店铺动态评分和计算需多少个 5 分好评达到预期 DSR 分数，也可以看达到行业平均分值所需要的单数。

（5）淘宝隐形降权查询

看店宝的隐形降权查询，是卖家在线检测店铺商品是否被淘宝网隐形降权的分析工具，淘宝客户服务推荐软件。

（6）淘宝天猫店铺搜索

输入关键词查询相关的数据（店铺最近 30 天销售笔数、创建时间、主营、经营分析）。

（7）淘宝天猫相似店铺搜索

淘宝天猫相似店铺搜索分析功能，是为了掌握在淘宝集市和天猫商城中销售相同商品的店铺的信息。

（8）多店铺对比

可以对比竞争店铺的运营情况，分析不同店铺的销售数据、查看商品和品牌结构情况，掌握店铺特点和优劣势。

2．商品分析

（1）人气商品详情分析

通过分析淘宝天猫商品的基本信息、销量和价格走势、相关店铺情况、类目属性、商品创建时间、商品上下架时间、促销等各种信息。

（2）商品评价信息分析

将商品评价信息全部或者根据关键词、描述语句进行提取分析，包括购买客户、评价内容、款式等。数据来源于商品详情页评价记录。

（3）相似商品查询

查看在线相似商品，分析相似款的交易情况和对应的店铺信息。

（4）同款商品查询

查看在线同款商品，帮用户掌握销售同款产品的交易情况和对应的店铺。

（5）手淘预览

快速查看手淘详情，了解对手差异，实时查看手淘店铺活动，轻松应对竞争，监控手淘动态，对对手变动情况了如指掌。

（6）手淘问大家

通过整理买家问题分析商品痛点，提炼出商品的最大卖点，有效设计商品的主图和强化商品优势，从而有效地提升转化率。

（7）商品 SKU 分析

查看商品的 SKU 设置（名称、价格、SUK-ID），查看剩余库存，分析商品备货情况。

（8）淘宝天猫商品对比

通过对比多个商品，找出不同商品之间的差异，分析商品的优劣点。

3．标题优化

（1）搜索下拉框选词

通过淘宝、天猫、京东、速卖通、1 号店、阿里巴巴等搜索下拉框获取优质关键词，可以查看热度和推荐词，是标题优化和直通车选词的好帮手。

（2）TOP20 万关键词库

提供淘宝官方每周更新的 TOP20 万个词库，包括潜力词、PC 端热搜词、移动端热搜词、淘宝首页热搜词等、搜索量极大，曝光量高。

（3）关键词组合工具

查看在线相似商品，分析相似款的交易情况和对应的店铺信息。

（4）标题优化

查看在线同款商品，帮用户掌握销售同款产品的交易情况和对应的店铺。

4．搜索分析

（1）手淘 App 搜索排名

获取店铺的商品在手机 App 搜索的排名位置，在计算机端就可以看到手机端淘宝 App 搜索排名，从淘宝 App 排名规则中获取到大量数据。它包括各种数据图表分析，方便选款定位。

（2）直通车推广查询

主要用于查询直通车的排名，分析淘宝直通车和天猫直通车的竞争对手投放情况、淘宝搜索关键词排名，准确显示页码、位置，提升直通车技巧。

（3）直通车无线端推广

主要用于查询各类无线直通车的优化排名，分析淘宝直通车和天猫直通车的竞争对手投放情况、准确显示页码、位置，提升直通车技巧。

5．运营工具

业绩分解表：辅助店铺运营工作，制定销售目标和销售计划，确保每月指标顺利达成。

6．淘宝数据

淘宝店铺排行榜：根据淘宝店铺天猫商户最近 30 天的销量（该店铺所有商品最近 30 天销售笔数的累计）进行排序，方便市场调查和选择有实力、能力强的分销商代理商。

（五）店透视

店透视（https://www.diantoushi.com/）是淘宝店铺数换算工具，流量指数、搜索人气、加购指数、收藏指数、流失指数、流失人气、搜索热度、点击人气的卖家工具。主要功能包括以下几个方面。

1．生意参谋指数转换

一个账号多店使用；可查看同类任意商品关键指标；覆盖市场、竞争、品类、流量模块；快速查找蓝海词；商品标题深度分析，操作便捷；同价格带爆品分析，透视爆品起爆方式；自动计算高阶指标，如客单价、UV 价值。

2．直通车工具

关键词市场数据指数转化；批量添加人群；深度解析关键词，关键词扩展词，好词快速添加；省级、市级城市数据优化，开车更精准；批量下载同关键词下的车图；时段优化，数据精确到每小时。

3．市场罗盘神器

不限类目、无须市场洞察，一键生成竞品市场数据；类目商品定价、卖家区域分布、行业是否被垄断、类目市场大小、直播达人投放等均可获知；一键分析，图表清晰展示；资深运营数据分析模板。

4．商品详情页工具

评语、问大家、买家秀一键下载；主图、主视频、SKU 图、详情页图一键下载；淘宝客推广、聚划算推广透视；SKU 数据分析、评语趋势分析；动态评分计算，一键得出所需五星单数；市场分析，掌握地域、价格、卖家情况；秒变手淘、PC 也能看手机端的详情页。

5．SKU 实时销量监控

监控任意商品的 SKU 实时销量；新品上新、SKU 配比有依可循；实时销量监控；监控任意商品当天分时销量。

6．商品动态监控

监控任意商品的 SKU 价格、标题、主图、优惠券等变动；第一时间掌握竞品的动态；及时调整自己的运营策略。

7．订单批量插旗

复制订单号，一键批量标旗备注；订单管理清晰明了，避免误发货；省时、高效、节省不必要的退款支出。

8．超级推荐工具

快速便捷切换计划、单元；批量修改状态、溢价、一键导出数据等；全局搜索，更快搜定关键点。

9．店铺上新监控

监控任意店铺的上新策略；每日更新新品的销售量；日销增长率、日销量，助店铺快速挖掘优质新品。

10．标题优化

结合本品和竞品的关键词数据；拆解市场 TOP 关键词，参考关键词数据趋势；以词根为最小单位，调整标题。

11．爆款分析

分析行业高交易、高流量、高意向商品在不同价格带的市场表现；择取综合表现较好的商品，了解其起爆方式，快速产品跟进。

12．货源分析

综合分析线上近 20 家货源平台；一键获取同款货源平台；与供货商直接沟通。

13．淘宝直播工具

直播数据实时监控，直播流量、涨粉统计、商品动销；直播间营销管理，批量添加商

品、分享裂变、优惠券设置、自动回复。

14．淘客检测

订单系统扫码检测淘客单。

15．商品实时查排名

实时查询任意商品全网排名；透视全网商品直通车关键词、自然搜索关键词；排除千人千面，真实客观。

16．黑号透视

查降权号、骗子、爱差评、打假等；订单批量标记（标记颜色有红、黄、绿、蓝、紫5种旗帜）；查询买手需求标签权重。

## 三、单元思考

### （一）判断题

1．生意参谋分别整合量子恒道、数据魔方，最终升级成为阿里巴巴商家端统一数据产品平台。（　　）

2．生E经可以对销售人群的性别、年龄、数量等进行查看和分析。（　　）

3．淘客联盟与淘宝、天猫、网购网站合作，汇集各网站的促销、打折商品。（　　）

4．店查查是淘宝天猫商家提供淘宝数据统计、店铺关注、商品价格关注、直通车选词、标题优化、销售数据分析等专业的数据分析软件。（　　）

### （二）简述题

1．简述生意参谋的功能。
2．简述生E经的功能。
3．简述收藏大师的功能。
4．简述淘客联盟推广的功能。
5．简述店铺促销工具的功能。
6．简述店侦探的功能。
7．简述店查查的功能。
8．简述淘大象的功能。
9．简述看店宝的功能。
10．简述店透视的功能。

### （三）课堂讨论

淘宝天猫竞争愈来愈激烈，主要是开店的卖家增多，买家趋于稳定，自然销量就难以提升。同时，天猫的营销费用高，让很多卖家难堪其重负。在天猫经营碰到了诸多瓶颈，规模限制、产品同质、供应链的质量问题、流量的问题。

讨论：如何在新零售上寻求更多的电商机会。

**知识映射：**把握机遇，迎接挑战。

## 四、实战操练：店铺营销计划

**知识映射：**通过实践，解决店铺营销计划制订的问题。

### （一）任务导入

小张是一家京东网店运营经理，经营着无线蓝牙耳机。为了保证店铺在新的一年能有一个良好发展在制定初步的月销售额的情况下，小张要对网店一年的经营费用进行预算，并初步计算店铺的利润率。

### （二）操作思路

1．分别对每项科目的含义要明确了解，并分别列出对应的公式。

2．根据对应数据制作店铺月份营销计划。

### （三）小试牛刀

根据各项指标计算公式，完成表格的制作，并计算出店铺的年利润率。

# 项目八　营销效果数据分析与评价

网店营销效果评价是指按照已经确定的目标对网店进行测定的行为，明确活动价值的过程。评价必须有明确的目的，但评价过程本身并不是目的，评价的终极目标是便于店铺经营者查漏补缺、调整整体决策。网店营销效果评价是指借助一定的定量的和定性的指标，对网络开展的营销活动的各个方面进行评价，以达到改善网络营销活动、提高企业的网络营销水平的目的。

基于流量、转化率和客单价的评价已经被行业广泛接受，流量相关知识已经在前面章节有过讨论，本章主要对转化率和客单价开展分析。

## 任务一　转化率数据分析与营销

【学习目标】

（一）知识目标

了解转化率的概念及分类。

了解下载率、激活率、打开率、成交率的概念及影响因素。

了解淘宝购物各环节转化率的概念。

了解跳出率、加购率、下单率、支付率、退款率的概念及影响因素。

（二）能力目标

能根据店铺情况，分析店铺各环节的转化率。

能根据店铺转化率低下的情况，提出转化率提升对策。

（三）职业目标

能结合行业基本转化率情况，判断店铺转化率的健康程度。

能协调不同部门的工作，制订店铺转化率提升方案。

创新数据分析和营销方法，提升数据分析和营销的敏锐嗅觉。

【学习关键词】

转化率、下载率、激活率、打开率、成交率、跳出率、加购率、下单率、退款率。

## 【课程案例】以史为鉴：唐代消费者权益保护

与现在的"无条件七日退货"一样，其实退货制度在唐代就已经有了。据《唐律疏议》记载，消费者买到商品后如果在三天内出现问题，可以找商家进行无条件退货。退货时也会有相应的验证，确实存在质量问题就能退货。如果商户不予退货，则可以向官府举报，由官府强令卖方退货，并抽卖方40鞭子。

**知识映射：**唐代消费者权益被重视。

## 【课程案例】以今为用：用心做，降低退货率没那么难

小林是淘宝的一个女装店铺卖家。2011年开店后，凭着产品高性价比的优势，小林已经是女装行业的Top级的卖家。某一天，仓库收到一个退货单子。小林记得，那个买家一口气在店铺买了10件衣服。发货的时候，因为超重，这笔订单的邮费骤增到50元。没想到，买家收到货后就发起了退款申请，要退9件衣服。小林看着那笔订单，真正成交了一件衣服，一件衣服的利润也就10元，整个单子亏了40元。因为"款式不喜欢"，买家的一个退货行为，对于卖家而言，却是一笔不菲的成本。一件衣服，卖家最少花4元的邮费，寄到买家手中。买家退货后，衣服退回到仓库，工人需要重新拆开、检查，如果产品有质量问题，需要返回工厂；如果没有质量问题，工人也要重新质检再包装。整个退货流程下来，平均每件衣服在下次出库前，会增加10元的成本。小林店铺每天能产生8000个订单，其中退款订单可以达到2000单。他粗算了一下，每年因为退货花费的快递费就超过300万元。

**知识映射：**做任何事都要用心。

## 一、常见转化率

### （一）下载率

下载转化率是指某个内容的下载量与被展示量的关系，其计算公式为：

下载率=下载数/被展示数

下载率是衡量推广内容对访问者的吸引程度以及实际效果，通常用于衡量App、软件等产品对访问者的吸引程度以及实际效果。下载率越高，说明整体推广效果越好。其详细指标会根据不同产品业务及使用场景而略有差异。其中，下载人数通常统计的是成功下载的用户，还受应用安装包大小、下载网络环境、应用详情页跟用户兴趣的匹配度等因素影响，影响App下载率的常见因素主要包括以下几种。

#### 1．ASO分析跟踪

应用商店优化（App Store Optimization，ASO）会影响App在应用市场中的知名度。如果操作正确，则该应用程序的ASO可以提高用户获取率，下载量和收入。反之，糟糕的ASO导致应用下载量大幅下降。

成功的ASO包含两个基本组成部分：关键字优化和转化率优化策略。关键字优化会影

响应用在搜索中的可见度。关键字优化是一个动态过程，因为关键字会改变其排名，搜索特定关键字的人越多，关键字的排名就越高。而转化率优化则会影响下载，这些策略是相互依赖的。因此，需要为应用程序使用适当的关键字分析和跟踪工具。

2. 图标 icon 吸引力

图标 icon 的设计必须符合 App 的主题重点，不同属性的 App 要有相对应的图标，一方面提醒用户该 App 的使用目的，另一方面吸引用户的目光。

3. 老用户评价

App 用户评价是给从未使用过相同 App 的用户的一个咨询渠道，借由他人的使用经验与评价，让没有经验的用户得以判断特定 App 是否值得下载。在正常情况下，评价包含评分以及文字评论，而评分大多以 5 颗星作为最高评价。

正面评论虽然能让不具经验的用户加深 App 下载意愿，但负面评论则会让用户印象深刻，因此，App 运营者要设法避免负面评论的情况发生。一个 App 很难满足各式各样用户的需求。如果收到负面评论，应在最短时间内，以负责任的态度改善 App 缺失并给予用户回复，App 仍然可以获得用户青睐。

4. 提供动态视频介绍

动态视频能让用户更容易吸收 App 内容的精髓，但在大多数情况下，动态视频长度不宜过长或过短，必须控制得当，免得用户失去耐心或尚未理解视频内容就播放完毕，企业也将失去与用户建立初次关系的机会。

5. 好友的口耳相传

App 运营者还可以通过社群的帮助，动用社交圈内亲朋好友的力量来推广 App。如果推荐者或 App 使用邀请者是自己熟识的人，该 App 就会有比较高的下载机会。

6. 功能满足性

功能及满足是媒体受众主动对传播内容作出选择，受众自发性选择媒体内容来满足自身需要、社会需要及心理需要，进而对媒体产生期望，并且在作出选择以及接触媒体内容后判断是否获得满足感。把 App 当成一种媒体，把 App 功能当成媒体内容，用户会自发性选择他们所要下载的 App，使用后再以自身的社会需要或心理需要来判断该 App 是否能够帮助他们完成满足的目的。因此，App 运营者必须清楚知道目标用户的社会与心理需要，才能契合 App 用户的使用与满足需求。

7. 定期更新应用

发布的应用程序更新越多，它越会出现在应用程序商店的“更新”部分中，潜在用户可以在其中找到并下载它。要获得更多应用程序下载，至少在 iOS 或 Android 发布新版本时，需要发布新版本的应用程序。除了要吸引新的操作系统外，应用程序更新还应包括错误修复，用户考虑的新功能或改进的设计元素。通过这种方式，可以提高应用的可见性，并在推动应用下载的同时为用户提供更便捷的体验。

8. 提供 App 截图

App 截图是一个产品向用户展示的机会。应用截图是产品的展示窗口，开发者通过置放精美的截图，吸引用户，从而带来下载量。基于事实本身的应用截图更容易带来事实的转换。其作用主要包括以下方面：通过截图让用户明白产品，明白剧情，告诉用户产品的功能；截图做了应有的美化与修饰，并配以相关文案来引导用户，从而促进用户的下载；用户可以通过 App 进行短视频的录制、进行拍照，然后分享。

（二）激活率

激活率是指某段时间内的新增用户。激活，可以以用户注册认定为激活，也可以以启动程序认定为激活。经过一段时间后，又继续使用应用的被认作留存用户，这部分用户占当时新增用户的比例即是留存率。

1. 创意与内容匹配度

创意与内容的匹配度，需要从用户的需求点出发，用户点击广告时都希望所呈现的内容是独一无二的，这是一个好创意所带来的优势。如果用户点击进入广告后发现内容与创意内容不一致，就会造成大概率流失用户事件。因此，一定要注意创意与内容的匹配度。如果能够把握好内容匹配度，对于这些用户来说又非常容易形成转化。广告推广最终目的是提升企业业绩，如果只在乎提升点击量而忽略转化，则是舍本逐末的。

2. 落地页设计

落地页的设计对于企业来说十分重要，落地页是与用户建立第一印象的决定性因素，在设计落地页时尽可能地符合现在用户的浏览习惯。

3. 网络环境

与以往的网络环境相比，现在的网络访问速度已经有很大的改观。对于流量敏感的用户，如果投放 App 没有在 Wi-Fi 环境下，会浪费很多点击，特别是对于一些 APK 安装包比较大的产品。

4. 运营商

有些企业的产品可能只适合部分运营商用户。例如，对于一些携号转网的用户，注册、激活时平台发送出的信息（短信验证码等）用户可能无法接收到。

5. 平台设置

主要有两大平台，即安卓与 IOS，App 产品包应选择合适的平台进行投放，清晰的分类投放会在很大程度上提升激活率。

（三）打开率与分享率

打开率是指在折叠栏里点开公众号文章的人数/文章推送的到达人数，打开率不等于阅读率。因为不算朋友圈等外部导入的阅读数，打开率是粉丝通过公众号对话打开文章的比率，打开率越高，说明粉丝黏性越强。打开率体现了文章的选题和标题是否足够吸引人，这直接决定了用户是否点开文章。分享率则体现了文章内容是否足够打动用户，这直接决定了文章的二次传播。

基于公众号文章的打开率和分享率，一个公众号的所有推文主要包括以下四种类型：高打开率，高分享率；高打开率，低分享率；低打开率，高分享率；低打开率，低分享率。针对不同类型的推文，策略也不一样。

1. 高打开率，高分享率

打开率和分享率都很高的情况，是公众号最为成功的表现。如果公众号有这样的推文，应该认真总结。认真分析这类推文，从选题到标题、从排版到内容、从转发设置到情感表达，逐一分析，归纳出技巧，长期打磨积累，形成自己的系统知识。

2. 高打开率，低分享率

打开率高而分享率低的软文，往往说明文章的本身质量不够。因此，需要提高软文的质量，尽量给用户提供高质量软文。

高质量软文主要包括以下两类。

（1）易于分享的软文内容（见表 8-1）

表 8-1　易于分享的软文内容

| 软文类型 | 软文特点 |
| --- | --- |
| 思维型干货 | 主要是各种大咖思维、方法论、战略策略等内容 |
| 逼格型干货 | 主要是垂直领域内深度知识的挖掘、未知事物的解读、颠覆常识的拆解等知识 |
| 资讯型干货 | 主要是精彩、完整、时效的资讯新闻，需要把握分享的时效性 |
| 观点型干货 | 主要是各种独到的、犀利的、有价值的观点 |
| 盘点型干货 | 主要是行业相关各种盘点 |

此类软文都是各种社交资源，提供谈资、帮助别人、展示形象、帮助表达、显示地位等等，能很好地塑造公众号的自我形象。

（2）不易分享的干货内容（见表 8-2）

表 8-2　不易分享的干货内容

| 软文类型 | 软文特点 |
| --- | --- |
| 技能型干货 | 主要是各种技能干货，快捷实用，马上解决问题 |
| 资源型干货 | 主要是垂直行业内各种干货资源，越是大众接触不到的越好 |
| 工具型干货 | 每个垂直领域都有各自领域的工具的使用技巧 |
| 独门绝招型干货 | 主要是其他类型的各种小巧招，最新发现的新招、怪招，非常规技巧等 |

3．低打开率，高分享率

文章推送出去，分享率还挺高的，但是打开率很低，这种情况的出现意味着问题出在标题上。标题对于新媒体推文非常重要，如果一个标题不能迅速地吸引用户，这篇软文会很快消失在用户的视线里。主要方法有以下几类。

（1）数字符号

人的大脑会优先识别数字，标题使用数字，能够帮增加辨识度，而且带有数字符号的文章让人觉得信息量大。数字的魅力在于，能够很好地去总结和概括，非常利于手机阅读。“8个规律”“1 篇长文”“10 分钟”“22 条结论”“4 个问题”等都用数字体现了非常清晰的利益点。

（2）疑问反问

疑问句式可以很好地引发粉丝共鸣，如果恰好粉丝也想要知道答案，他就会点击阅读。而反问的语气会更强烈些，往往能打破读者的过往认知和思维误区，引发读者的思考。

（3）名人热点

除了公众人物外，各行各业都有一些公认的名人，借助这些名人或者这些知名机构，从他们口中发出声音，吸引大家的关注。

（4）实用干货

这类标题收藏和阅读量较高，都是属于告诉读者破解方法的推文。总结梳理某个细分领域的内容，将内容包含的知识进行提炼，让用户一眼看上去这篇文章足够实用，而且还能节约时间，提高效率。

（5）引用对话

标题想要有共鸣，引用对话是最常见的一种标题类型，最简便、快捷的方法就是把“你、我”这两个字加入进去。这种对话就像好友间的对话，就像读者就在你的对面，有代入感。

（6）惊喜优惠

优惠类标题是最常写的标题。写优惠标题的时候，先告诉读者产品的最大亮点是人气旺、销量高、明星青睐等，然后营造稀缺感，触发读者害怕失去优惠的心理。

（7）戏剧反差

戏剧化的核心，就是制造反差，这个技巧最常见于故事型标题。

（8）好奇悬念

当激发用户的好奇心之后，不立即揭示答案，而是启动一个看上去不直接相关的话题。本来用户注意力已经激起，却没有揭示，对答案的渴望就会上升。通过标题，激发用户好奇心，却不揭示答案，让读者点开文章。

（9）对比法则

这类标题主要是从产品或者观念的差异点出发，通过数字对比、矛盾体对比、与常识相违背制造冲突和比较。通过比较，放大描述对象某一方面的特点，让用户更有点击、了解的欲望。

（10）对号入座

这个“对号入座”，可以是自己，也可以是具有相类似属性的人。

4．低打开率，低分享率

这种打开率和分享率都很低的情况，意味着该篇推广效果非常不好。应学会总结失败的原因，形成自检清单，这样，离成功就会越来越近。

（四）成交转化率

店铺成交转化率是指所有访问店铺的消费者中，最终能转化为成交客户的比例。成交转化率是衡量一个店铺是否健康的重要依据，是店铺商品质量、服务能力、营销手段等店铺水平的最终体现。特别是在做推广引入流量前，一定要确保店铺的转化率达到一个可以接受的值，才能不浪费宝贵的流量资源。

店铺的转化率数据还能用于推广效果的预计。即将进行的推广活动的预计流量乘以店铺的转化率，就是这次活动所能带来的成交人数。一般情况下，在推广所带来的流量中，转化率通常都会比实际预估值要低。如果活动或推广中的转化率下降幅度较大，就说明活动推广策划出现了问题，没有将流量有效地转化为成交，或者就是流量的质量有问题，所带来的流量价值不高。

## 二、电商转化率

（一）跳出率

1．跳出率的概念

跳出率是指用户通过搜索关键词来到店铺，仅浏览了一个页面就离开的访问次数与所有访问次数的百分比。观察关键词的跳出率就可以得知用户对店铺内容的认可，或者说店铺是否对用户有吸引力。店铺的内容是否对用户有所帮助并留住用户，也可以从跳出率中看出来。因此，跳出率是衡量网站内容质量的重要标准。跳出率的高低是网站分析的一个重要指标，通常用于评估网站的用户体验，用于指导网站以及页面的改善。跳出率越高，说明该网站对访问者的吸引力越低。当跳出率达到一定的程度时，就说明网站急需优化或者改进。

2．跳出率影响因素

店铺都存在着跳出率过高的问题，主要影响因素如下。

（1）主图：引导买家看商品。

（2）定价：符合消费者价格预期。

（3）页面打开：速度影响转化。

（4）旺旺：在线很重要。

（5）店铺类别：高信誉更受信赖。

（6）咨询：转化的直通道。

（二）加购率

1．加购率的概念

加购是客户将自己喜欢的产品加入淘宝购物车中的行为，加购率是加购行为人数对比访客人数的指标，其计算公式为：

加购率=加购人数/访客数

一般情况下，加购率占比应该是店铺的 5%～10%，遇到店铺参加淘抢购或者有提前预售之类的活动，加购率还会更高。对于不同类目的不同产品，加购率也存在一定差异。商家如果让淘宝店铺的收藏和加购率都得到提高，那么店铺转化率提高的可能性也就越大，自然搜索权重也就提高了，店铺的利润也就得到提升。一般情况下，商品的加购和收藏达到 200 以上，其表现就算不错了。

2．加购率影响因素

（1）关键词。

（2）主图。

（3）投广告。

（4）主图视频。

（5）详情页面。

（6）客服。

（7）产品真材实料。

### （三）下单率

1．下单率的概念

下单转化率是所有来到淘宝店铺并且下单付款的总人数与到店进行浏览的总人数之间的一个比率。转化率越高，代表着生意越好，越能够赚钱。其计算公式为：

下单转化率=产生购买行为的总人数/所有来到网店的访客数

2．下单率影响因素

（1）合理规划店铺导航栏。

（2）对店铺进行整体装修。

（3）有技巧性地去展示商品。

（4）开展一定的促销活动。

（5）做好买家秀这个环节。

（6）客服的工作态度。

（7）鼓励老客户复购。

### （四）退款率

1．退款率的概念

退款率是指卖家在近 30 天成功退款笔数占近 30 天支付宝交易笔数的比率。其计算公式为：

退款率=近 30 天成功退款笔数/近 30 天支付宝交易笔数

2．降低退款率的方法

店铺在运营过程中，退款率高的店铺权重会大大降低，影响到整个店铺的推广运营工作、商品排名、关键词的质量度等。降低退款率应从以下几个方面入手。

（1）客服态度。
（2）加强质量检验。
（3）商品描述要标准。
（4）发货的信息核对。
（5）打包要控制好。

## 三、转化率提升策略

转化率能对店铺的成交产生直接影响，影响转化率的因素较多，主要包括以下内容。

1．服务质量

店铺对买家的服务贯穿整个购物流程，包括售前咨询、售中导购、售后服务、物流质量、退换货承诺等。专业的导购及良好的退换货承诺，能让买家产生信赖，增加购买欲望。售后及物流也是购物体验的重要部分，良好的购物体验能带来回头客，回头客转化率通常较高。

2．购物环境

网店的购物环境基本都是基于视觉的，店铺装修、分类设置、活动引导、商品展示等均是购物环境的组成部分。清晰、便捷的店铺设计，能保证买家在最短时间内找到自己想要的商品，从而产生更高的成交转化率。

3．商品质量

商品是一个店铺的基础及核心，商品的质量、设计及价格是打动消费者的重要因素。优化店铺的货源、款式及定价，是提高转化率的重要手段。

4．营销活动

店铺内的营销活动是提高转化率不可或缺的手段，方式也很多。

## 四、单元思考

（一）判断题

1．App用户评价对给从未使用过相同App的用户选择决定性作用。（　　）
2．用户注册认定为激活，启动程序不作为认定为激活。（　　）
3．店铺的转化率数据能用于推广效果的预计。（　　）
4．合理规划店铺首页的导航栏的菜单，有利于提高淘宝下单率。（　　）

### （二）简述题

1. 简述转化率的分类。
2. 简述打开率与分享率的关系。
3. 简述淘宝购物各环节转化率的概念。
4. 简述各类转化率的影响因素。

### （三）课堂讨论

双十一大促刚过，很多卖家的店铺退款率高出平时水平。因为消费者趁淘宝满立减等活动，同一款商品会买不同的尺码或者颜色，收到货之后试穿不喜欢的全部申请退货退款。这对于中小卖家来说伤害是比较大的，参加大促活动喜忧参半。

讨论：如何在大促后降低产品的退货率。

**知识映射：**正视问题，及时查漏补缺。

## 五、实战操练：店铺转化率分析

**知识映射：**通过实践，解决店铺转化率分析的问题。

### （一）任务导入

小王经营一家女裤店铺，表 8-3 是某女裤店铺 4 月各环节的转化数据。请结合女裤行业店铺的转化率情况，分析当前店铺经营状况，并结合各环节转化情况，提出店铺转化率对策。

表 8-3　某女裤店铺 4 月各环节的转化数据

| 客户路径 | 客户数 |
|---|---|
| 进入网站 | 1261 |
| 浏览商品 | 911 |
| 放入购物车 | 362 |
| 生成订单 | 191 |
| 支付订单 | 104 |
| 完成交易 | 93 |

### （二）操作思路

1. 提取店铺某月各环节的转化数据，以合适的图表表达店铺转化情况。
2. 对比相关转化率标准，分析各环节转化率高低，并有针对性地提出转化率提升对策。

### （三）小试牛刀

按照给定数据，结合实际情况，开展营销分析。

# 任务二　客单价数据分析与营销

## 【学习目标】

### （一）知识目标

了解客单价概念的概念与意义。
理解客单价的影响因素。
了解客单价下降的原因。

### （二）能力目标

理解新老客户对客单价的影响。
理解提高客单价的对策。

### （三）职业目标

从新老客户和商品维度，分析客单价下降的原因，并提出对策。
在确保店铺数据稳定的情况下，能创新不同的商品组合，以提高客单价。

## 【学习关键词】

客单价、客单价影响因素、新老客户对客单价的影响、提高客单价的对策。

## 【课程案例】以史为鉴：低价商品更受欢迎

中国古代商人从商朝开始形成了规模，商朝对生意人是采取扶持政策的，这也促进了商朝的商业经济发展。商朝最重要的商业产品是日常用品、肉类蔬菜、武器马匹。商朝的商人经营理念是薄利多销，其经营利润不超过 20%。商代百姓更愿意购买低价商品，因此，那些靠销售低价器具的生意人往往能实现财富的增长。班固《汉书·货殖传》：贪贾三之，廉贾五之。贪图厚利的商人最后只能赚取三成利润，那些低价贱卖的小贩反而可以赚取五成多。

**知识映射：**商代百姓的消费能力还比较低。

## 【课程案例】以今为用：别致的茉莉花茶

买家在购买商品时，前期都通过搜索、分类、对比分析，在层层筛选下，店铺的商品终于进入买家的视野。这时，买家会关注以下问题：卖家销量、产品图片、价格、商品评价。

某天猫花茶店铺，该店铺经营的茉莉花茶属于花茶中的中端店铺，产品定价处于较中间的价位，整个店铺装修也比较普通，商品图片能结合店铺定位和产品特色制作。客单价比同行高，流量一般，店内只有少数几款产品卖得比较好，但也没有到爆款的程度。

**知识映射**：领略花茶文化。

## 一、客单价概念

### （一）客单价定义

客单价（Average transaction value，ATV）是指在一定时期内每一位客户平均购买商品金额，又称“平均交易金额”，客单价也指 App 或者公众号在推广中，平均获取一个用户的成本。客单价随着时间的变化而变化，在计算客单价的过程中要考虑“在一定的时间范围内”。

一般计算公式为：

客单价=商品平均单价×每一客户平均购买商品个数

客单价=销售额/客户数

客单价=有效订单总金额（已成交）/消费总人数

客单价=有效订单总金额（已成交）/成交订单总笔数

客单价就是平均每个买家支付的金额，如果店铺的客单价比较高，店铺的利润也会相对高。对于店铺来说，最好是提升自己的店铺客单价，这样就能够让店铺和利润都进入良性循环发展。

### （二）提升客单价意义

#### 1．提高利润

客单价越高，商家就能够拥有越大的利润空间。销售额=流量×转化×客单价，在增加销售额的三个因素当中，客单价是最快捷的手段，既不会增加额外的推广成本，同时单价提升也有利于利润的增加。

#### 2．提高服务能力

店铺的高客单价，往往意味着商家会更加重视，其服务质量也会更高，给消费者的体验满意度也会大大提高。高客单价会带来更多的店铺和产品使用好评，影响其他的意向消费者，增加转化，因此，也会增加店铺的销量。

#### 3．提升付费收入

电商平台的站内付费工具会随着客单价的提升而增加。客单价比较高时，站内广告的投入回报也会更高。对于中小卖家来说，刚开始客单价不会特别高，随着不断创新，找到提升店铺客单价的方法，能够获取更多的利润，也能给后续的店铺运营带来资金。

### （三）客单价影响因素

#### 1．访问深度

网站访问深度是指用户在一次浏览网站的过程中浏览的网站页数。用户一次性浏览的网

站页数越多，说明用户对网站越感兴趣。用户访问网站的深度数据可以理解为网站平均访问的页面数，是 PV 和 UV 的比值。这个比值越大，用户体验度越好，网站的黏性也越高。

提高店铺访问深度主要包括三个方面：首先，店铺的首页优化要围绕买家的关注点，使用 UV 价值排序比销量排序更好；其次，在店铺中关联营销数量尽量简洁，不宜放同类产品，最好是可搭配销售的产品，能够有效提高客单价；最后，店铺的访问深度一定是淘宝关联销售与老客户浏览的综合。

### 2. 停留时长

停留时长是指当天的总浏览时间/当天店铺所有访客数，单位一般按秒计算。买家停留时长说明对商品感兴趣，涉及详情页、文案、评价、买家秀、问大家等内容营销。停留时长是判断内容营销成功与否的重要因素，也是淘宝运营判断淘宝是否有爆款潜力的元素。

提高停留时间的方法一般包括：一是增加视频介绍，二是详情页的首屏的优化，三是好评、问大家、买家秀等维护。

### 3. 店铺上架商品的广度与深度

店铺品类的广度与深度是影响客单价的主要因素。店铺可以通过在自己专长的品类上拓宽商品的广度和加深其深度，来提升自己店铺的特色化，建构自己的核心竞争力，通过满足客户差异化的需求和快速响应方面更具有优势。店铺凭借产品种类丰富的优势，快速响应客户个性化需求，根据客户多样化需求组织生产，在订单竞争和获取中占有优势地位。

### 4. 店铺商品定位

一方面，店铺商品定位可以体现网店商品的档次，即商品的平均单价。同样的店铺，可能从品类数量和单品数量来对比差不多，不同的店铺定位可能造成客单价相差数倍，是店铺商品定位对客单价的影响。提高客户购买商品的单价主要取决于企业的价格政策、价格浮动范围的合理配置、商品陈列的位置及商品的质量等。自身类目商品的产品定价高低确定了客单价，客单价只会在产品定价的一定范围内浮动。

另一方面，客单价也会影响到淘宝店铺的品牌定位，客单价在商品种类上面没有太大区别的情况下，想要进行市场的定位就需要从商品的价格入手。在大多数的情况下，价格敏感性客户更容易对相对低价的同质商品贡献点击和流量。贸然提高客单价，可能会破坏店铺的人群定位。因此，一旦店铺有定位后，不要随意在客单价上面做大幅度的修改。一些会影响到客单价的活动，如天天特卖、低价促销等需要谨慎使用。

### 5. 购买个数

客户购买的商品个数越多，其客单价也就越高。增加客户购买商品个数的主要途径在于尽可能地唤起客户的冲动购买欲望。具体的做法是：可以通过大量陈列、关联陈列、促销广告、品牌商品、新商品、季节商品和特卖品的合理配置等，唤起客户的兴趣与注意，刺激客户的联想购买和冲动购买。客户在网店选择商品时，合理的商品配置对他们的吸引力非常大，需要综合考虑商品、价格、促销、搭配、赠品等之间的关系。商家在制定价格策略时要以成本为考量，不能无底线地降价，要选择商家可以承受的价格范围内。

对于促销，要兼顾好促销时机和成本。如果持续时间过短的话，就会导致客户在促销活动时间内无法实现重复购买，不能获得相应的利益；反之，如果持续时间过长的话，就会提高费用，并会降低客户心目中的定位。

## 二、客户与客单价

### （一）客单价公式推演

将新老客引入客单价的计算公式如下：

客单价=销售额/下单数

=（新客数×新客客单价+老客数×老客客单价）/下单数

=新客数占比×新客客单价+老客数占比×老客客单价

### （二）新老客户客单价分析

客单价的变化可以从新老客用户数占比以及新老客单价来分析。客单价下降的原因如下。

**1．新老客客单价相对稳定，但是新老客用户数比例变化，新客数占比上升，或者老客数占比下降**

一方面，新客数占比上升，可能是产品处于快速增长期，新客增长速度快，也就导致新客占比逐渐增大；另一方面，新客增长是相对平稳的，但是老客在加速流失，甚至是很多高价值的老客。

**2．新老客用户数比例稳定，新老客的客单价往下掉，可能是两类客群都掉，也可能是其中一个**

一方面，对于新客或者老客，新客中也能分出来客单价高和客单价低的人群，可能是拉新带来的用户质量“比较差”，或者老客中那些消费金额非常高的用户变得“沉默”了。另一方面，用户结构没问题，但是客单价确实往下掉，这个可以从商品的角度分析。

**3．新老客的用户结构以及各自的客单价都有问题**

这说明上面两种情况都出现了。

### （三）商品维度分析

**1．买得少，平均每单的商品数量减少**

对单个用户而言，商品关联推荐的规则会影响同时买多少商品，也可能是用户的购买力下降了；对整体用户而言，有的用户买得多，有的用户买得少。

**2．价格低，用户选择了低价格的商品**

品类结构变化，新上线的商品价格比较低，早期业务主要关注价格偏高的某些类商品，后期为了拓展用户群、提升原有用户黏度、进行品类扩充等。而新引入品类价格相对于之前要低一些，这样也可能导致整体客单价降低，用户被引导去购买低价商品。

3．优惠高，平均到每个用户上的优惠金额高

对单个用户而言，优惠力度大，如季末清仓；对整体用户而言，优惠覆盖范围或整体被使用的优惠金额也会产生影响。

## 三、客单价提升策略

### （一）开展关联营销

关联营销的方式有很多，主要分为互补型关联、替补型关联和促销型关联。通常做促销活动是通过降低一部分商品的价格来起到提高销量的效果。如果在做促销活动的商品上搭配其他产品一起销售，客单价就会提升上去。

### （二）做好促销活动

1．搭配套餐

消费者看到一款喜欢的商品后，就会注意商品的价格，看看价格是否在自己的消费范围内，是否还有比这更便宜的价格。如果能够抓住买家的心理，清楚他们的消费需求，对商品进行套餐搭配，用更实惠的价格打动买家，也能够为店铺增加销量和利润。

2．店铺优惠券

店铺优惠券是提高销量的一种促销手段。鼓励买家消费，在买家消费到一定金额时就送优惠券，不仅能够提高客单价，也有助于客户的维护。买家的二次回购对商品权重提升很有帮助，这也能够让买家对店铺更加了解，非常容易就形成忠诚客户。

3．满就送

满就送是鼓励买家消费的一种方式，消费到一定金额就送一些小礼物，不仅能够提高店铺客单价，也能够提高买家的购物体验。

4．赠品

买赠促销是一个比较好的活动，关键是赠品的选择要有吸引力，能够吸引客户到店。赠品不但要送得出奇制胜，还要送出故事和情感来。

5．引流款与利润款组合

引流款是指为了给店铺和店铺商品带来流量的产品，这样的产品价格不能过高。而利润款就是主要的盈利产品，由卖家对商品预期利润率的估值来定，虽然这类产品流量不多，但是产品的利润高。通过引流款与利润款组合，能有效解决流量和利润的问题。

### （三）优化详情页

详情页是打动用户促使购买的关键页，将页面板块设计为商品板块、评价板块、图文详情板块和推荐板块。

1．商品板块

包含商品属性，如商品图、购买说明、规格选择、价格优惠等。

2．评价板块

传达给用户更多的关于商品的信息，通过用过商品的用户评价、使用说明、售后服务等等介绍，解答用户的疑问和顾虑。

3．图文详情板块

将用户需求的关键点和商品的卖点分出重要级之后，让图文详情板块的前半部分页面信息突出。

4．推荐板块

推荐用户相关同类产品或者与此页产品相搭配的其他产品，给用户更多选择机会。

（四）提高人员销售能力

将小单转化为大单，对销售人员的能力要求会更高一些，这就要求销售人员善于总结销售中的不足，寻找可以卖多一点的机会与方法。客服在提高客单价中可以发挥较大作用，客服通过不同形式的内在联系，作到全方位的推荐。

（五）提高商品内容价值

内容电商会从商品起源、品牌情怀、文化故事等方面强化商品精神附加值，以匹配消费者的价值观，让消费者觉得收获商品功能的同时，还获得了价值认同感。在内容电商中，内容的本质是向消费者传递商品的消费知识，通常使用以下几种内容形式来表达消费知识，提高对用户的吸引力。

1．功能评测型

商品的功能是否解决痛点、是否好用，应该是消费者购买前最为关心的事情了。在以商品功能评测为核心的内容中，要从实际使用的角度去亲测体验，剖析商品的细节和功能，并辅以实景图片、视频等表达真实感。通过阅读评测内容，消费者看到了商品解决实际问题的能力以及良好的效果，而这些问题正是消费者所遇到的，从而前后相互吻合、印证。同时，消费者会在意识中产生自我暗示，形成对产品的认可，引发强烈的占有欲，因此触动了下单购买的欲望。

2．知识解惑型

知识解惑型的内容更加集中分析消费者所遇到的问题，并善于抽丝剥茧，从消费者角度描述问题产生的原因，使得消费者快速理解所遇到的问题。通过知识解惑，触碰到消费者的痛点所在，消费者对问题的认识也更加清晰，同时会产生“懂我”的心理暗示，引发认同和信任，放大了消费者想进一步解决问题的欲望。

3．文化故事型

文化故事型的内容通常会描述商品的诞生背景、历史渊源、发祥地、发明人以及发明的初衷或向往。虽然不具备功能属性，但是可以体现商品的情感属性，从而折射出商品的品牌附加值。对于可以产生价值认同感的事物，更容易引发情感共鸣，迅速拉近两者关系，带来正向的情绪感受。

4．名人背书型

名人具备光环效应，在大量群众的见证下已经获得信任和支持，消费者潜意识认为名人的选择也已经被广大群众所认同和尊重，并具备可靠性。对于不爱选择或决策的消费者，很容易受到他人选择的影响而追随。在以名人背书为卖点的内容中，会从明星同款或明星推荐的角度创造话题，并提到哪位名人在使用该商品，使用后产生的良好效果等真实感受。由于名人效应带来的公信力和影响力，消费者认为选择该商品是可行的，买了它就可以获得与名人等同的使用效果，并解决问题，从而轻易获得消费者的信任以及冲动性跟随，产生下单购买行为。

## 四、单元思考

### （一）判断题

1．PV 和 UV 的比值越大，用户体验度越好，网站的黏性也越高。（　　）
2．客单价不会影响到淘宝店铺的品牌定位。（　　）
3．店铺优惠券是提高销量的一种促销手段，但不能反复使用。（　　）
4．通过多角度强化内容的需求价值，使得用户可以更加深度全面地了解商品。（　　）

### （二）简述题

1．简述客单价的概念。
2．简述客单价的影响因素。
3．简述新老客户对客单价的影响。
4．简述提高客单价的对策。

### （三）课堂讨论

淘宝最常见的是同款商品价格竞争，市场上同款商品很多，于是很多人想到调整价格来获取竞争优势。但有的商家利润却不是很高，没办法降低商品价格，经常为定价犯难。

讨论：如何平衡好利润与价格之间的关系。

**知识映射：**利润是一种道德力量。

## 五、实战操练：价格区间统计

**知识映射：**通过实践，解决价格区间统计的问题。

（一）任务导入

小夏是一名企业运营管理者，具备服装产品开发、生产管理、品质控制的水平；能够编制和完善企业的各项规章制度及生产流程，擅长企业各项成本的预算、控制。工作兢兢业业，为人热情诚恳，具有丰富的团队组建与整编经验，安全管理和沟通、协调水平。近期，拟上架一款连衣裙，打算开展相似款连衣裙价格调研。

（二）操作思路

1．提取相似款商品的商品价格数据。

2．对价格分布进行分组统计，找到数据分布规律。

（三）小试牛刀

试以当前店铺或关注店铺，依照以上操作流程，提取相似款商品的商品价格数据，找到商品价格分布规律。

# 项目九　网店数据营销决策

网店管理是决策、计划、组织、指导、实施、控制的过程，管理的目的是提高效率和效益。管理是聚合网店的各类资源，充分运用管理的功能，以最优的投入获得最佳的回报，以实现网店既定目标。网店的管理系统工程是从决策开始，对于店铺管理者而言，决策的意义在于让管理者具备更全面的思维视角，形成独立思考的能力。网店营销决策是指为了达成某种目的，在多个策略之间按照特定的价值观进行择优选择，最终主动支付该策略执行所需成本的一个思考过程。

因此，在管理过程中，必须充分了解网店的整体情况，开展相关数据分析与预测，并制订网店的阶段性计划。

## 任务一　网店数据诊断与营销

### 【学习目标】

#### （一）知识目标

了解店铺层级和动销率的概念与层级划分。

了解店铺层级影响因素。

了解店铺动销率提高策略。

了解店铺收藏与关注、收藏加购、店铺评价的意义。

了解李克特量表、DSR 的概念与组成、DSR 对店铺的影响。

#### （二）能力目标

能在店铺后台进行店铺层级查询。

能结合 DSR 的概念与组成，进行 DSR 的计算。

能结合店铺实际情况，提出店铺 DSR 提升策略。

#### （三）职业目标

能将店铺收藏与关注、收藏加购、店铺评价等工作普及到店铺客服的日常沟通中。

根据店铺排名和等级需要，提出有效的店铺动销率提升策略。

### 【学习关键词】

店铺层级、动销率、店铺收藏与关注、收藏加购、店铺评价、DSR。

【课程案例】以史为鉴：张手美家的品牌来由

五代至北宋初年出售节令肴馔的市店，也是史书记载最早、最具特色的店铺，店址在开封城阊阖门外。据《清异录》中记载，“水产陆贩，随需而供，每节则专卖一物，遍京辐辏”。意思是说，这个店的老板不仅可以按顾客的要求供应所需的水陆珍味，而且每到节令还专卖一种传统食品，结果京城很多食客被吸引到他的店里。小店本无字号，店主人叫张手美，人称“张手美家”。张手美家经营的节令食品有些继承了前朝已有的传统，如人日即古代节日的六一菜、寒食的冬凌粥，新的食品则有上元的油饭、伏日的绿荷包子、中秋的玩月羹、重阳的米糕、腊日的萱草面等。

**知识映射：**品牌的成长之路。

【课程案例】以今为用：娃哈哈AD钙奶店铺运营

2020年3月24日，杭州娃哈哈电子商务有限公司成立，企业经营范围包括食品经营、食品互联网销售、货物进出口、婴幼儿配方乳粉销售、电子产品销售、化妆品批发、化妆品零售等，以下是其网店运营情况。通过生意参谋数据，可以得到以下分析。

（1）店铺DSR评分4.70，客服回复正常，物流服务正常免罚中，售后服务预警高于5倍类目均值待免罚；

（2）领航员综合分行业排名处于60%～100%中上游水平，店铺综合体验星级今日4.5星；

（3）近半个月评价条数有下降趋势；

（4）近30天平均成团到签收时长不达标，退货包运费服务开通状态未开通不达标。

**知识映射：**打造品牌的重要性。

## 一、店铺层级

### （一）店铺层级概念

淘宝平台的店铺是有店铺层级的，而且不同层级的店铺有不同的流量上限。店铺层级是根据店铺最近30天的支付宝成交金额所产生的排名，因此，店铺层级反映了这个店铺的卖货能力。以及店铺基础。层级越高的店铺，店铺本身拥有更强的实力和更好的店铺基础。高销量的店铺，主要归功于店铺的诸多指标，包括店铺的点击率、转化率、复购率等。一方面，店铺能够实现好的成交金额，店铺自然少不了流量。因此，店铺层级越高，店铺流量也就越多。另一方面，也归功于店铺有一个好的基础，店铺能很好地抓住平台的各种流量。

### （二）店铺层级划分

淘宝层级是根据店铺近30天支付宝成交金额划分出来的。主要是将主营类目成交额排名按分位数分成七个层级，它们分别是0～40%、40%～70%、70%～85%、85%～90%、90%～95%、95%～99%、99%～100%。

1. 第一层级

第一层级，是指店铺近 30 天支付宝成交金额在该类目下已落后于 60%的商家，属于该类目成交额排名的后 40%。第一层级是刚刚开店或者是老店新开。既然是新开的店铺，店铺的基础和相关数据就比较单薄，进来的买家大部分关心的是评价、晒图。第一层级最重要的就是拉近与消费者之间的距离，给消费者信赖感。

2. 第二层级

第二层级，是指店铺近 30 天支付宝成交金额在该类目下已超过 40%的商家，属于该类目成交额排名的前 60%。第二层级是在微乎其微的流量中去抓取比同行更高的转化率。店铺需要的是精准的访客、精准的流量，来提高店铺的转化率，获取淘宝的官方流量。第二层级最重要的就是转化率。

3. 第三层级

第三层级，是指店铺近 30 天支付宝成交金额在该类目下已超过 70%的商家，属于该类目成交额排名的前 30%。第三层级是店铺产品的爆款布局，店铺需要去做一款爆款商品，然后通过爆款商品给整个店铺带来流量，让店铺每个产品都有流量并且形成转化。

4. 第四层级

第四层级，是指店铺近 30 天支付宝成交金额在该类目下已超过 85%的商家，属于该类目成交额排名的前 15%。当店铺进入第四层级，平台就会有更多的免费流量。在此阶段，平台评估店铺的质量在提升，此阶段店铺需要进一步提升自然搜索流量。如果店铺自然流量跟不上的平台要求，店铺还会降低层级。

5. 第五层级

第五层级，是指店铺近 30 天支付宝成交金额在该类目下已超过 90%的商家，属于该类目成交额排名的前 10%。第五层级关注的是直通车、钻展、聚划算、淘抢购等官方活动，给店铺的销量做累积。

6. 第六层级

第六层级，是指店铺近 30 天支付宝成交金额在该类目下已超过 95%的商家，属于该类目成交额排名的前 5%。到了第六层级，店铺应该去做相应的会员营销。其中，对长期积攒起来的会员和粉丝，去做内容化营销。

7. 第七层级

第七层级，是指店铺近 30 天支付宝成交金额在该类目下已超过 99%的商家，属于该类目成交额排名的前 1%。能做到第七层级，说明店铺发展到了一定的阶层，这个时候不仅要注重单品，更要注重整个店铺。

### （三）店铺层级影响因素

店铺层级一共有七层，层级越高，店铺的曝光率会越高。影响店铺层级的因素有评价积分、评价计分以及店铺的信用度。

1．评价积分

评价有淘宝好评、中评和差评，每个评分对应的积分都是不一样的。每个买家给的评论都会有所不一样，如果对商品很满意，基本都会给好评，即使是买家不去评论，也会默认为好评。

2．评价计分

评价分数的计算方法是，一个好评是一分，一个差评扣一分，中评记零分。商家为了提高自己的店铺的层级，应努力获得更多的好评。

3．信用度

信用度是对店铺的长期考察累积出来的。店铺的综合评级较高，相应的信用度也会比较高。

（四）不同层级店铺应对策略

1．低层级店铺应对策略

主要包括第 1～2 层级的店铺，这个层级的基本上都是淘宝的中小卖家，占据了淘宝70%左右的卖家，这类卖家往往经营较为困难。其特点表现为：很多卖家都是抱着试一试的态度在做电商，在店铺运营上基本不会投入太多资金。很多店铺做的是一件代发，产品的主图、详情页的内容都是供应商的原图。这类店铺的总体布局还是主要以卖出产品为首页任务，前提条件是能盈利。此阶段，直通车的操作思路主要以测款、测图为主，辅助店铺选款。应对策略：一是做好店铺选品，二是店铺的主图、详情页、评论的布局。

2．中层级店铺应对策略

主要包括第 3～5 层级的店铺，这个层级的店铺拥有一定的忠实粉丝卖家，店铺基本上都是盈利的。其共同特点为：店铺经营者都懂一些直通车或者有专门的运营人员；一般会有比较好的货源，或者是工厂店，或者是低于同行的进货价；比较重视客服。类目基本上固定，款式也基本上有一个定格。这个阶段，直通车的操作思路主要以引流为主，一般这样的店铺都有一两款爆款，但成交量不够大，直通车的操作思路就是提升成交量、发现新的爆款。应对策略：一是提升成交量，二是发现新的爆款。

3．高层级店铺应对策略

主要包括第 6～7 层级的店铺，这个层级在淘宝系统里是行业里的佼佼者，他们掌握了同类目 40%～60%的流量，也是淘宝系统里面最赚钱的店铺。其共同特点为：店铺的产品比较齐全，形成系列；多为工厂店和总代理店，产品的入手价格低；老客户的维系做得特别好，回头客很多。这个层级的店铺，直通车的操作思路是维护目前的流量和转化，进一步提高支付金额。应对策略：一是不停地推新款，二是优化主图和详情页。

### （五）店铺层级查询

在计算机上面打开千牛，进入首页，点击淘宝生意参谋功能，进入实时榜单界面。找到首页里的“店铺概况”，就可以查看到店铺层级。点击蓝色的问号，可以看到层级对应的金额要求。

## 二、动销率

### （一）动销率概念

动销率是店铺有销售的商品的品种数与本店经营商品总品种数的比率，它反映了进货品种的有效性。动销率越高，有效的进货品种越多；反之，则无效的进货品种相对较多。新品营销推广中能看到30天内发布的新品在7天内的动销率。计算公式为：

店铺动销率=店铺30天内有销量的产品种类数/店铺内所有在售商品数

动销率低于为80%，一般会影响到店铺效益；而动销率高于90%，对店铺效益能起到较大提升作用。动销率分为店铺动销率和商品SKU动销率。

### （二）店铺动销率提升策略

提高店铺的动销率，主要策略如下。

#### 1．保证在这30天内增加销量

为了增加所有在售商品的销量，可以开展促销活动。在店铺的基础条件还不错或差评较少的前提下，只要价位合适，可以开展活动，增加促销力度，以比平时更优惠的价钱来卖产品。可以考虑实行关联营销和套餐促销，把店铺的几个商品放在一起，一起出售，它们的价格会更加实惠。在商品质量较优的情况下，用得好的用户还会再来买，店铺的销量和复购率都会有所上升。

#### 2．减少店铺里的产品总数

需要把店铺内一些销量过低的商品下架，并直接删除该商品，连同图片空间关于该商品的所有图片一并删除。保留一些销量水平高的商品，这样动销率会提高。另外，在合适的时机重新上架之前销量过低的商品，以另外一种形式将其上架，这样店铺的动销率也是会提高的。删除后的商品重新发布，会成为新品，才会获得更多的商品流量。

#### 3．滞销商品的应对

滞销商品，通常是指三个月内没有任何一笔交易的商品，滞销商品在搜索排序中会被降权。对于滞销商品，主要应对方法如下。

（1）加强数据分析以及对消费者的消费习惯、消费心理进行调研，根据消费者的需求适度、谨慎上架新的商品品种。

（2）加大重新上架不动销商品的促销力度，改变不动销商品的营销策略。

（3）通过综合数据分析，如果确定某单品数月内动销数为零，采取一定的促销手段后仍无起色，就应考虑下架。

## 三、卖家服务评级系统

### （一）李克特量表

李克特量表是较为常用的等距量表，常用于测量观念、态度或意见。它是由美国社会心理学家李克特于 1932 年在原有的总加量表基础上改进而成的。李克特量表由一组与某个主题相关的问题或陈述构成，每个被调查者的态度总分就是他对各道题的回答所得分数的加总，这一总分可说明他的态度强弱或他在这一量表上的不同状态。通过计算量表中各题的总分，可以了解人们对该调查主题的综合态度或看法。

李克特量表的尺度形式有多种，常见的是五级量表，即五个答项，另外还有七级量表、九级量表或者四级量表等。其范围从一个极端的态度到另一个极端，如“非常可能”到“根本不可能”。或者“非常同意”到“非常不同意”。知名平台淘宝采用的 DSR 评分，所使用的李克特量表的尺度为五级量表，该量表由一组陈述组成，每一陈述有“非常同意”“同意”“不一定”“不同意”“非常不同意”五种回答，分别记为 5、4、3、2、1。

### （二）DSR 的概念

淘宝卖家服务评级系统（Detail Seller Rating，DSR）是指淘宝店铺的动态评分。店铺动态评分是指在淘宝网交易成功后，买家可以对本次交易的卖家进行如下三项评分：商品与描述相符、卖家的服务态度、物流服务的质量。每项店铺评分取连续六个月内所有买家给予评分的算术平均值。只有使用支付宝并且交易成功的交易才能进行店铺评分，非支付宝的交易不能评分。

DSR 在淘宝的权重一直在上升，说明淘宝搜索越来越注重商品的质量问题。从淘宝加大 DSR 的权重后，很多卖家苦于达不到参加活动所需的 DSR 值。淘宝平台通过降低销量的权重，同时通过提升 DSR 权重的方法，引导卖家向产品的质量和服务倾斜，这样对于提升买家用户的购物体验是非常有利的。销售过程及售后的质量能直接体现在 DSR 评分上。DSR 评分越高，说明店铺的产品和服务质量就越高。

### （三）DSR 的组成

每项店铺评分取连续六个月内所有买家给予评分的算术平均值。三项指标打分分值：非常满意（5 分）、满意（4 分）、一般（3 分）、不满意（2 分）、非常不满（1 分）。打分参考标准如下。

#### 1. 商品与描述相符

分值 5 分，参考标准：质量非常好，与卖家描述的完全一致，非常满意；
分值 4 分，参考标准：质量不错，与卖家描述的基本一致，还是挺满意的；
分值 3 分，参考标准：质量一般，没有卖家描述的那么好；
分值 2 分，参考标准：部分有破损，与卖家描述的不符，不满意；
分值 1 分，参考标准：分值差得太离谱，与卖家描述的严重不符，非常不满。

要求：描述要求卖家实事求是，要把商品最真实的情况展示给卖家，也就是商品是否货真价实。

### 2．卖家的服务态度

分值 5 分，参考标准：卖家的服务太棒了，考虑非常周到，完全超出期望值；
分值 4 分，参考标准：卖家服务挺好的，沟通挺顺畅的，总体满意；
分值 3 分，参考标准：卖家回复很慢，态度一般，谈不上沟通顺畅；
分值 2 分，参考标准：卖家有点不耐烦，承诺的服务也兑现不了；
分值 1 分，参考标准：卖家态度很差，还骂人、说脏话，简直不把客户当回事。
要求：服务主要考察对象是客服，包括旺旺响应时间、礼貌用语、售后纠纷解决情况等。

### 3．物流企业的服务

分值 5 分，参考标准：物流企业服务态度很好，运送速度很快；
分值 4 分，参考标准：物流企业态度还好吧，送货速度挺快的；
分值 3 分，参考标准：物流企业服务态度一般，运送速度一般；
分值 2 分，参考标准：物流企业服务态度挺差，运送速度太慢；
分值 1 分，参考标准：物流企业态度非常差，送货慢，外包装有破损。
要求：物流企业的服务则包括发货时间、发货速度、快递方服务态度、商品包装情况等。

## （四）DSR 计算

公式 1：DSR=（5a+4b+3c+2d+e）/（a+b+c+d+e）
其中，a～e 为各级评分人数。
公式 2：DSR=5A+4B+3C+2D+E
其中，A～E 为各级评分百分比。
DSR 的分析应该注意以下问题。
（1）客户必须评分，放弃评分权利的结果是默认好评并全 5 分。
（2）所有店铺的评分都在 4.5～5.0 之间，分数低于 4.5 的店铺存在着非常严重的问题。
（3）同一个客户每月最多给予买家 5 个有效评价，其余的全部无效。

## （五）DSR 对店铺的影响

### 1．影响转化率

消费者购物时，发现店铺的动态评分商品描述一项是绿色，低于行业平均标准，必然对产品或质量产生怀疑，反之，不会产生相关疑虑。评分不仅反映了买家的一种购物体验，而且还影响到了店铺销售的转化率。

### 2．影响销量

较低的 DSR 无法给客户建立起信任感，导致单品的转化率上不去，坑位产出也会随之下降。留不住买家，平台会逐渐减少对店铺的流量扶持，单品和店铺的搜索权重也逐渐降低。

3．影响店铺排名

店铺搜索排名靠前店铺的知名度就会高，会有更多的买家看到并选择这个店铺，因此，店铺的搜索排名关系到一个店铺的命脉。而店铺的动态评分直接影响到店铺的搜索排名，排名直接影响到此款商品流量引进，继而影响商品销量提升的快慢。

4．影响店铺申报活动

销量和动态评分已经成为影响商品排名权重的重要因素，并把店铺动态评分作为卖家报名活动的一个重要考核点。

5．影响店铺考核

动态评分是淘宝对于商家考核的一项硬性指标。动态评分不但影响着一个店铺的搜索排名，还关系到能否与天猫续签，天猫续签要求商家动态评分连续半年必须在 4.7 分以上。

6．金牌卖家的打标

金牌卖家是淘宝店的一个重点优势标志。很多消费者越来越青睐去金牌卖家购买商品，金牌卖家的服务态度、购物体验、售后体验、商品性价比等因素都是高于其他非金牌卖家的。DSR 分数则是考核店铺能否成为金牌卖家的一个重要因素。

（六）DSR 提升策略

1．赠品

小小的赠品，可以让买家在收到包裹中得到一个惊喜，这也体现了客户让渡价值。在赠品方面，讲求实用性与创意性相结合的策略。当买家在收到这些赠品时，即使对物流的派送速度、产品有小瑕疵、服务不到位等情况，也有更大的包容度。

2．包装

包装的好坏，不仅牵涉到运输途中产品是否受损，而且还影响到买家打开包裹后的第一印象。另外，每一个包裹都是卖家用胶带严密打包过的，目的是保证包裹在运输过程中不受损坏，却给客户开箱带来了诸多不便，他们需要找剪刀、钢笔等尖锐的东西来打开包装。如果在包裹上赠送一个简单的开箱器，不仅可以给买家提供方便，还能给他们带来更好的印象和购物体验。

3．优惠券

返现金额尽可能力度大，淘宝众多卖家一般设置的返现是 2 元、3 元、5 元等，甚至在利润允许的情况下，返现力度还可以更大。

4．感谢卡

若店铺产品性价比稍低、质量一般，可以采用此方法。通过感情路线，把感谢卡给予买家，通过文字的形式，烘托出买家情感，让其体谅店铺成长的不易。

5．主动回访

只进行短信和旺旺是不够的，不仅浪费机会成本，还会增添沉没成本，回访时需要记住，耐心倾听客户声音，解决客户售后问题才有给五星好评的机会，在有潜力的客户身上深度挖掘。

6．催好评

买家收到货后，在规定时间内未给店铺评价，系统会自动给予店铺好评，但是此评价不记录在店铺评分中。因此，针对收到货且未及时作出评价的买家，可以采用短信通知用户给予五星好评。客户收到商品 3～48 小时内回访是最合适的，有问题就及时解决，并邀请客户给予五星好评。

7．友情提示

在包裹的快递单和包裹箱上打印相应的感情术语，通过简单的文案术语，烘托买家对卖家的重要性。这样，即使物流较慢，买家收到货后看到此文案，也会理解快递员的辛苦，不会对卖家产生不好的印象，给予店铺全五星好评的概率也会提升。

DSR 评分的提升和保持是长期性的工作，激励商家不断提供高质量的商品、优质的服务。DSR 评分升高，商品转化率也会升高，ROI 也会同步升高。这时，平台给店铺的流量能转化为真实的订单，平台会持续不断地给予搜索流量和较高的权重。

## 四、单元思考

### （一）判断题

1．店铺所能分配获得的官方曝光展现扶持与店铺层级没有必然关系。（ ）
2．减少店铺里的产品总数，然后店铺在售的商品销量会增加。（ ）
3．店铺动态评分可以长期有效。（ ）
4．店铺的动态评分直接影响到店铺的搜索排名。（ ）

### （二）简述题

1．简述店铺层级的概念。
2．简述动销率的概念。
3．简述店铺层级的影响因素。
4．简述店铺动销率的提高策略。
5．简述 DSR 的概念。

### （三）课堂讨论

网店运营诊断指标通常包括点击率、收藏情况、加购情况、转化率、跳失率、平均停留时长、人均浏览量、老访客情况、售后、评价等。

讨论：评价一个店铺是否健康发展，应包含哪些内容。

**知识映射：**培养经营的大局观。

## 五、实战操练：DSR 计算

**知识映射：**通过实践，解决 DSR 计算的问题。

### （一）任务导入

刚入职时，小蒋在淘宝店做运营主管。半年后升职，做了运营部经理，相应待遇提升。小蒋负责整个公司自有网站、商城、淘宝及其他线上业务平台的运营，公司所有线下业务信息系统管理，以及运营部团队管理。长期的运营经验告诉小蒋，店铺的 DSR 非常重要。从店铺的 DSR 评分就可以看出来，淘宝店铺的商品好不好。一旦评分有所下降，就要立即采取行动，这样才能保证店铺更利于推广工作，才能拥有更好的排名和销量。

### （二）操作思路

1．制作 DSR 计算的基本表格。
2．登录网店，查看“店铺半年内动态评分”，将对应数据填入表格。
3．将对应公式输入表格中，分别计算同行评分和推算方法。

### （三）小试牛刀

按照 DSR 计算方法，推算同行评分，并根据活动要求测算 5 分好评的增量需求。

# 任务二　网店数据分析与销售预测

## 【学习目标】

### （一）知识目标

了解销售预测的概念、影响因素、方法。
了解时间序列的概念、影响因素。
了解时间序列预测法的步骤与分类。

### （二）能力目标

能结合店铺经营情况，制定店铺时间序列预测步骤。
能结合店铺经营产业情况，选择合适的时间序列预测方法进行店铺销量预测。

### （三）职业目标

能根据销售预测的影响因素和时间序列的影响因素，提炼店铺销量的主要影响因素。

能区分不同时间预测方法的优劣势，掌握好各方法的应用环境。

【学习关键词】

销售预测、销售预测的方法、时间序列分析法、网店销量预测步骤。

【课程案例】以史为鉴：商贵三通

“三天不预测，买卖不归行”“按人做饭量体裁衣，望标行船预测经商”“涨跌先知，称为惯手；壅通预识，可谓智人”等，讲的是经营应做好市场预测，要“商贵三通”。首先，通季节，即注意季节变化，要根据季节变化提前组织营销，季节不同，需求有别。如“冬至年画到，小暑买镰刀”“歉年车马铺，丰年纸成行”“冬则资衣，夏则资裘”等。其次，通生产，即了解产品的供应情况，对整个生产形势变化了如指掌，掌握供给，以利销售。如“柴贵荒年到，米贵熟年来”“凶年之后，必有熟穰”等。最后，通行情，即了解市场行情，熟悉行情涨落，价格变动，就会依据价格反弹，取得营销主动。如“行情在市上，人声在世上”“市价行情，朝更夕改”“早卖鲜，午卖焉，阴晴热冷变价天”“贵极则反贱，贱极则复贵”“贱取如珠玉，贵出如粪土”等。

（资料来源：古代商业智慧_经营．搜狐网，https://www.sohu.com/a/293083926_796605）

**知识映射：**古代商业预测有助于掌握整个生产形势变化。

【课程案例】以今为用：轰然倒下的易果生鲜

易果生鲜成立于2007年2月16日，阿里、苏宁、KKR等知名企业投资易果生鲜，易果生鲜曾先后完成7轮融资，累计融资超59.3亿元。从2013年A轮融资开始，阿里巴巴、云峰基金、天猫多次参与易果生鲜的融资。在阿里巴巴的加持下，易果生鲜很快迎来了高光时刻。2021年1月，作为国内最早入局生鲜电商易果生鲜的运营主体上海易果电子商务有限公司，被上海长宁区法院冻结了价值1029.72万人民币的股权和其他投资权益。

因未能清偿到期债务，易果生鲜和其子公司云象供应链以及安鲜达走向了破产重组的结局。法院裁定文书显示，截至2020年6月30日，上海易果电子商务有限公司账面总资产为34.3亿元，总负债为23亿元，净资产为11.26亿元，但主要资产均为对子公司的长期股权投资和应收账款，且重要子公司均已被申请破产重整，难以回收变现。

（资料来源：易果生鲜倒了，阿里系也没用，生鲜电商赛道到底是蓝海还是血海？百度百家号，https://baijiahao.baidu.com/s?id=1681334782674074434&wfr=spider&for=pc）

**知识映射：**纵使创业不易，也有人毅然前行。

## 一、销售预测

### （一）销售预测概念

销售预测是指根据以往的销售情况以及使用系统内部内置或用户自定义的销售预测模型，获得的对未来特定时间内全部产品或特定产品的销售数量与销售金额的估测。销售预测可以直接生成同类型的销售计划。销售计划的任务之一就是销售预测。无论企业的规模大小、销售人员多少，销售预测影响到包括计划、预算和销售额确定在内的销售管理的各方面工作。

销售预测是在充分考虑未来各种影响因素的基础上，结合本企业的销售实际情况，通过一定的分析方法提出切实可行的销售目标。

### （二）销售预测影响因素

在进行预测和选择最合适的预测方法之前，了解对销售预测产生影响的各种因素是非常重要的。一般来讲，在进行销售预测时要考虑到以下两类因素。

#### 1．外界因素

（1）需求动向

需求是外界因素之中最重要的一项。企业应尽量收集有关对象的市场资料、市场调查机构资料、购买动机调查等统计资料，以掌握市场的需求动向。

（2）经济变动

销售收入深受经济变动的影响，经济因素是影响商品销售的重要因素。为了提高销售预测的准确性，应特别关注商品市场中的供应和需求情况。为了正确预测，应注意经济政策的变化，基础工业、加工业生产、经济增长率等指标变动情况，特别要关注突发事件对经济的影响。

（3）同业竞争动向

销售额的高低深受同业竞争者的影响。为了生存，必须掌握对手在市场的所有活动。

（4）消费者团体动向

考虑政府的各种经济政策、方案措施以及消费者团体所提出的各种要求等。

#### 2．内部因素

（1）营销策略

市场定位、产品政策、价格政策、渠道政策、广告及促销政策等变更对销售额所产生的影响。

（2）销售政策

考虑变更管理内容、交易条件或付款条件、销售方法等对销售额所产生的影响。

（3）销售人员

销售活动是一种以人为核心的活动，人为因素对于销售额的实现具有深远的影响。

（4）生产状况

企业货源是否充足，能否保证销售需要等。

### （三）销售预测法

经济规律的客观性及其可认识性是预测分析方法的基础，系统的、准确的信息及其他有关资料是开展预测分析的前提条件。预测分析所采用的专门方法是随分析对象和预测期限的不同而发生变化的，销售预测法可分为定性预测和定量预测两类。

1．定性预测

定性预测又称“非数量分析法”。一般是在企业缺乏完备、准确的历史资料情况下，首先由熟悉企业经济业务和市场的专家，根据过去所积累的经验进行分析判断，提出预测的初步意见；其次再通过召开座谈会或函询的方式，对初步预测意见进行修正、补充，并作出预测分析最终结论的专门预测方法。

一般来说，在销售预测中常用的定性预测方法有高级经理意见法、销售人员意见法、购买者期望法、德尔菲法、产品生命周期预测法。

2．定量预测

定量预测又称“数量分析法”，即运用现代数学方法对历史数据进行科学的加工处理，并建立经济数学模型，以揭示各有关变量之间的规律性联系的一类科学方法。定量分析法按照预测分析方法论所遵循的原则、依据的理论基础及具体做法不同，分为因果预测法和趋势预测法。

（1）因果预测法

因果预测法是从某项指标与其他有关指标之间的规律性联系中进行分析研究的，即根据各有关指标之间的内在相互依存、相互制约的关系，建立起相应的因果数学模型，以实现预测目标的一种数学预测方法。因果预测法包括量本利分析法、回归分析法等。

（2）趋势预测法

趋势预测法，也叫“时间序列法”“外推分析法”，是根据某项指标过去和现在按时间顺序排列的数据资料，运用一定的数学方法进行加工、计算，借以预计推断事物未来发展趋势的一种数量分析方法。其实质是把未来视作过去和现在的延伸。时间序列分析法是利用变量与时间存在的相关关系，通过对以前数据的分析来预测将来的数据。在分析销售收入时，将销售收入按照年或月的次序排列下来，以观察其变化趋势。时间序列分析法现已成为销售预测中具有代表性的方法。趋势预测法包括简单平均法、移动加权平均法、指数平滑法等。

## 二、时间序列预测法

### （一）时间序列概念

时间序列又称“时间数列”“历史复数”或“动态数列”。它是将某种统计指标的数值，按时间先后顺序排到所形成的数列。时间序列预测法是通过编制和分析时间序列，根据时间序列所反映出来的发展过程、方向和趋势，进行类推或延伸，借以预测下一段时间或以后若干年内可能达到的水平。其内容包括：收集与整理某种社会现象的历史资料；对这些资料进行检查鉴别，排成数列；分析时间数列，从中寻找该社会现象随时间变化而变化的规律，得出一定的模式，以此模式去预测该社会现象将来的情况。

时间序列分析法是根据过去的变化趋势预测未来的发展，它的前提是假定事物的过去延续到未来。事物的过去会延续到未来这个假设前提包含两层含义：一是不会发生突然的跳跃变化，是以相对小的步伐前进；二是过去和当前的现象表明现在和将来活动的发展变化趋向。在一般情况下，时间序列分析法对于短、近期预测比较显著，但如延伸到更远的将来，就会出现很大的局限性，导致预测值偏离实际较大而使决策失误。

## （二）时间序列影响因素

现象的发展变化受许多因素的影响，各因素共同作用的结果形成了该现象时间序列各期的指标值。由于社会经济现象是错综复杂的，通常难以确定影响时间序列变动的具体因素，因此，在统计分析中，一般按作用特点和影响效果将影响时间序列的因素归为四大类，相应的时间序列的变动可以看作四类因素所导致的变动叠加在一起的结果。四类因素分别为长期趋势（T）、季节变动（S）、循环变动（C）和不规则变动（I）。

### 1．长期趋势（Trend）

长期趋势是事物在长时期内增减的变动趋势，是指社会经济现象由于受到某些决定性因素的作用，在相当长一段时间内沿着某一方向持续发展变化的一种态势或规律性。它是时间序列中最基本的构成因素，是受某些长期的、起决定作用的因素影响的结果。例如，受改革开放政策的影响，中国的经济持续增长，国内生产总值逐年递增。在统计学中长期趋势常记作 T。

### 2．季节变动（Season variation）

季节变动是在每期内重复出现的周期性变动。一般季节变动周期为 12 个月。通常农产品的季节变动大于工业产品，消费品大于生产资料，非耐用品大于耐用品。季节变动是指客观现象因受自然条件、社会风俗习惯等原因的影响，在一年内所呈现的较有规律的周期性起伏波动。在统计学中常记作 S。

### 3．循环变动（Cyelical variation）

循环变动又称“周期性波动”，是指现象在一年以上时间内出现涨落相间的波动，是以期数为周期而重复出现的周期性变动。由于这种周期性变动的周期长短不规律，预测方法也无规律可循。一般在短期预测中把循环变动因素当作长期趋势的一部分，不单独分析。循环变动是指在较长时间内呈现出涨落相间、峰谷交替的周期性波动。它与季节变动不同，季节波动的周期小于一年并且有固定的周期，而循环波动的周期大于一年并且规律性较低，通常较难识别。在统计学中循环变动常记作 C。

### 4．不规则变动（Irreglar variation）

不规则变动是指社会经济现象由于受临时的、偶尔的因素或不明原因而引起的无规则、无周期变动，是指由各种偶然性因素引起的无周期变动，是指由各种复杂因素引起的，在时间序列曲线上形成很多微小波动性变动。这种变动也无规律可循，难以预测分析，在时间序列中，通常是采用移动平均法或指数平滑法，以消除被动的干扰。不规则变动又可分突然变动和随机变动。其中，突然变动是指包括战争、自然灾害、地震、意外事故、方针、政策的改变所引起的变动；随机变动是指由于大量的随机因素所产生的影响。在统计学中不规则变动常记作 I。

### （三）时间序列预测法步骤

时间序列预测法步骤主要包括以下四步。

（1）收集历史资料，加以整理，编成时间序列，并根据时间序列绘成统计图，时间序列分析通常是把各种可能发生作用的因素进行分类。

（2）分析时间序列，时间序列中的每一时期的数值都是由许许多多不同的因素同时发生作用后的综合结果。

（3）求时间序列的长期趋势（T）季节变动（S）和不规则变动（I）的值，并选定近似的数学模式来代表它们。对于数学模式中的未知参数，使用合适的技术方法求出其值。

（4）利用时间序列资料求出长期趋势、季节变动和不规则变动的数学模型后，就可以利用它来预测未来的长期趋势值 T 和季节变动值 S，在可能的情况下预测不规则变动值 I。然后用以下模式计算出未来的时间序列的预测值 Y。

$$Y=T+S+I\text{（加法模式）}$$

$$Y=T\times S\times I\text{（乘法模式）}$$

如果不规则变动的预测值难以求得，就只求长期趋势和季节变动的预测值，以两者相乘之积或相加之和为时间序列的预测值。如果经济现象本身没有季节变动或不需预测分季分月的资料，则长期趋势的预测值就是时间序列的预测值，即 T=Y。但要注意，这个预测值只反映现象未来的发展趋势，即使很准确的趋势线在按时间顺序的观察方面所起的作用，本质上也只是一个平均数的作用，实际值将围绕着它上下波动。

### （四）时间序列预测法分类

时间序列预测法可用于短期预测、中期预测和长期预测。根据对资料分析方法的不同，又可分为序时平均数法、移动平均法、趋势预测法、指数平滑法、季节性趋势预测法、市场寿命周期预测法等。

## 三、网店销量预测分析

### （一）制定目标

确定店铺下个月的营业额目标，主要从以下三点出发，制定店铺的营业额目标。

#### 1．分析行业的一个成交趋势

下一个月份是行业的旺季还是淡季，对比本月，增幅或者降幅，算出百分比。

#### 2．观察行业的当前的实时销量

店铺产品的排名在哪里，是否还有较大的上升空间。核心关键词按照销量排名，筛选竞争价格段，分析行业当前的实时销量。

#### 3．分析店铺本身的内功基础

是否还有很多日常的运营工作没有完善。

### （二）分析流量

要从店铺自身出发去挖掘店铺的流量，包括付费流量和免费流量。

#### 1．分析付费流量

通过生意参谋找到店铺付费流量的组成部分。分析付费流量中直通车、钻展、淘宝客等的转化率情况。

#### 2．分析免费流量

通过生意参谋找到店铺免费流量的组成部分。分析手淘搜索、手机淘宝淘抢购、淘内免费其他、手淘问大家、猫客搜索、手淘首页、手淘旺信、手淘有好货等流量情况。

### （三）分析转化

分析店铺现在的产品流量和转化，具体分析哪些产品缺流量，哪些产品转化低。对缺流量的商品加大引流，对缺转化的商品开展优化和促销活动。

### （四）流量提升预测

根据店铺的目标营业额、各个流量的来源与渠道，制定出表格，并且进行数据预估和推理。主要包括：付费流量方面则需要区分开直通车、钻展、淘客的 PPC 并进行预估；区分各个渠道的访客占比，PC 和无线的访客占比。通过流量预测预估出店铺需要引流的渠道增加多少，转化率提升多少才能达到店铺的营业额。

#### 1．付费流量的提升

主要包括直通车调整关键词、优化创意图、提高出价；钻展优化推广图、定向潜客人群、竞争店铺人群；淘宝客后台导出旺旺，联系淘客，报名淘客活动。

#### 2．免费流量的提升

（1）标题 SEO 优化。根据行业的热搜关键词、核心词、精准关键词展开优化。

（2）上下架时间优化。根据店铺和行业的成交时间段，调整店铺产品的上下架时间分布。

（3）微淘发布。根据产品的知识、热门话题、买家关注的热点、买家秀等信息进行发布。

（4）问题引导。寻找买家进行问题提问，并且回复，需要提一些引导性的问题。

（5）淘抢购、天天特卖、官方活动报名。积极报名免费的官方活动，提升店铺的免费流量和曝光机会，不断扩充店铺的基础人群和粉丝。

#### 3．产品的转化提升

（1）主图优化。分析行业的主图，找出差异化，明确产品定位。

（2）详情页优化。挖掘产品本身卖点，放大突出。

（3）官方促销活动、店铺自主主题促销活动。官方活动要多报名，为自己店铺制定每月的主题活动，营造促销氛围。

### （五）销量预测

根据流量、转化率、产品单价等，计算销量预测值。店铺的销量预测需要结合行业、店铺基础、产品等实际情况，继而到店铺的各个维度上面分析，发现店铺需要提升的问题点，最后具体落实到改进工作上。

## 四、单元思考

### （一）判断题

1．为了提高销售预测的准确性，应特别关注商品市场中的供应和需求情况。（　　）
2．德尔菲法对地区、客户、产品分类等预测结果。（　　）
3．季节变动是指现象在一年内所呈现的较有规律的周期性起伏波动。（　　）
4．平滑系数根据经验而定，带有一定的主观性。（　　）

### （二）简述题

1．简述销售预测的影响因素。
2．简述时间序列的影响因素。
3．简述时间序列预测法的步骤。
4．简述指数平滑法的基本概念。

### （三）课堂讨论

电子商务主管一项重要工作就是进行销售预测，而销售预测中最常见的问题是“这个预测准吗”的猜忌或者事后的“你这个预测根本不准”的指责。即使拥有丰富的管理经营和精确的预测模型，也会出现预测失误。

讨论：即使预测会出现失误，在店铺规划的时候，是否还要开展销售预测分析？

**知识映射：**尊重事物的客观发展规律。

## 五、实战操练：销售预测分析

**知识映射：**通过实践，解决销售预测分析的问题。

### （一）任务导入

商品销售预测几乎是每个运营部门的必备数据支持项目，无论是大型促销活动，还是单品营销。销售预测不仅有助于从历史销售数据中找到规律，还有利于商品上架库存，安排各项活动，对店铺活动做到准确预算。

### （二）操作思路

1．用 TREND 函数法开展销售预测。
2．用 INDEX 与 LOGEST 函数法开展销售预测。
3．用趋势预测法开展销售预测。

（三）小试牛刀

按照给定数据，结合实际情况，用常见的统计方法开展销售预测，开展营销分析。

# 任务三　网店数据分析与营销计划

## 【学习目标】

### （一）知识目标

了解店铺促销活动开展的意义。

了解店铺促销活动开展的形式。

掌握店铺营销活动准备期、引爆期、活动后的安排。

### （二）能力目标

根据店铺单品促销需要，选择买赠、限时购、特价、预售、加价购、换购等促销活动。

根据店铺多品促销需要，选择满减、满赠、满件折、套装等促销活动。

根据店铺综合促销需要，选择会员促销、新客户促销、节日促销等促销活动。

根据店铺不同活动阶段需要，确定活动安排。

### （三）职业目标

有较强的集体意识和团队合作精神。

能结合电子商务行业开展的大型促销活动，分析店铺参与促销活动的必要性。

能根据店铺经营商品的情况，给店铺制订不同的促销方案。

## 【学习关键词】

网店促销、单品促销、多品促销、综合促销、网店活动安排。

## 【课程案例】以史为鉴：古人的促销手段

赊销，就是先货后还。在古籍《周礼》的《地官·泉府》中，就已经有了春秋战国时期关于“赊”的记载。在宋代，商贾贩卖的惯例，多是一年后付货款。赊销是以信用为基础的销售，卖方与买方签订购货协议后，卖方让买方取走货物，而买方按照协议在规定日期付款或分期付款形式付清货款的过程。

撒暂，先免费进行试吃，满意后购买商品时再给钱的一种兜售方法。宋代孟元老《东京梦华录·饮食果子》记载：“又有卖药或果实萝卜之类，不问酒客买与不买，散与坐客，然后得钱，谓之‘撒暂’。”

关扑，就是现在的幸运大转盘，顾客需要把飞镖投向旋转着的八卦盘，如果飞镖正好扎

中事先绘好的图案，就算顾客赢，可以拿走店主押下的物品。而宋朝关扑的精髓在于，只有先将钱或物品押给店主作为赌注，才可以参加。

红票，旧时戏剧或杂技等的演出者赠送给人的免费入场券。后来发展成满足一定数额便会赠送的代金券。

削价，就是打折，薄利多销。古代“商业之父”范蠡深谙此道，提出了“贵出如粪土，贱取如珠玉”。他主张货贵时要加强推销，赶紧出手。

（资料来源：被忘却的赊销管控—赊销与应收账款的关系．http://www.360doc.com/content/21/0120/10/73432497_957922947.shtml）

**知识映射：**领略古代的各种促销手段。

【课程案例】以今为用：双十一大促阶段分析

双十一大促是天猫、淘宝全体消费者的年度购物狂欢，也是天猫、淘宝各商家的年度营销重要机会。超级推荐作为阿里妈妈信息流营销的旗舰级平台，已经上线超级推荐双十一大促活动推广定制版，已累计 8 万商家使用，整体流量获取效率，收藏加购等转化效果均有所提升。

双十一大促活动推广包括双十一专属消费者人群、双十一大促活动创意、双十一营销场景智能流转、双十一流量加速通道升级等，帮助商家实现流量获取与转化效果的大爆发。

**知识映射：**电商消费节是消费者的狂欢季，也是残酷的企业战场。

## 一、网店促销活动意义

淘宝的促销活动就是为了提高网店产品曝光率和网店销量。直通车、淘宝客、钻展等直接的推广方式等依赖平台的营销推广，具有短期的爆发力、资金投入大、操作性强等特点。店铺常见的促销活动不可缺少，常见的促销活动既能提升网店信誉，又可以为店铺引入大量的流量。开展店铺促销活动的意义如下。

### （一）激励消费的首次购买

一般来说，消费者对于自己未见过的新品牌都有好奇心理，很多消费者都有尝鲜的心理，此时的促销降低了首次消费成本，刺激了消费者的购买欲望，从而利于消费者购买新品牌。策划一场成功的促销活动，既可以让客户坚定再次购买的信心，也可以让客户的消费周期缩短。

### （二）提高品牌的知名度

品牌商品能更好地满足客户喜欢实惠的心理，得到实惠的客户也会告知自己的亲朋好友。这就在无形中为店铺做了宣传，能更快地提高品牌的知名度。

### （三）缩短品牌打进市场的进程

商家使用促销手段，主要是为了刺激消费者的消费行为。在一段时间内，消费者对品牌的购买热情，使消费者想更多、更快地了解到产品的相关属性。当消费者首次使用觉得满意后，会产生再次购买的意愿，并将此信息传播开来，从而起到扩大与固定消费群的效果。人们都有从众心理，看到交易记录为零，即使自己喜欢，但没有看到别人也喜欢，就容易怀疑自己的眼光或怀疑商品而犹豫不决。一旦有很多人购买了该商品，就很容易打消顾虑。促销活动执行到位，可以调动客户的购买热情，可以让客户忘掉疑虑选择购买。

### （四）提升店铺的销售业绩

促销的最大作用是提高店铺的销售业绩。店铺通过促销活动吸引到大量的人气，刺激客户的购买欲望。在从众心理与利益驱动下，可以极大地提升商品的销量和店铺的利润。网店的业绩越好，信誉越高，购买记录就越多，而购买记录越多，越容易卖出商品。很多买家十分重视店铺信誉，信誉高的店铺比信誉低的店铺更容易卖出产品。

### （五）优化陈列空间

部分滞销产品的陈列会占据一定的店铺货架空间，使其他畅销产品陈列空间不够，新进款式无法正常上货，影响了商品的更替循环。

### （六）改善货品结构

无论是什么品牌，经过一段时间的销售后，可能会成为滞销品。滞销品的存在，会影响到店铺的资金流转，进一步会影响到正常的补货。因此，适当的促销将有助于店铺货品的快速周转，保证货品的结构维持在一个良性的水平。

### （七）保持形象，维系客户

若店铺产品长期不进行周转和更替，对于客户来说，会因无法满足客户的需求导致对店铺失去兴趣，从而减少或改变原本的购物需求，转投其他竞争对手店铺进行消费。

### （八）增加收益机会

部分产品长期滞销一定程度上影响了店铺的投资收益，如果转成其他新款式就会减少一部分的费用开支，并且还可能通过销售其他新款产品获得一定的经营收益。

### （九）抢占市场份额

无论是企业的竞争还是市场的先入者的竞争，促销都能发挥有效作用，店铺用最短的时间抢占市场份额。任何一场促销活动都是以销售量或者销售额作为最终目的的，好的促销活动可以带来更多的客户，也可以提高客户的平均购买金额。有新商品上架时，则可以利用促销活动快速打开市场。

### （十）激励使用者再次购买，建立消费习惯

当买家初次使用了产品以后，如果对商品基本满意，可能会产生重复使用的意愿。对于一些有使用周期的商品，被消费者初次接受十分重要。如果初次使用满意，通过促销可以使他们再次购买。买家习惯了使用这个商品后，有可能会长期购买使用。

## 二、网店促销活动形式

### （一）单品促销类型

1．买赠

买赠是用户购买产品以后，通过向消费者赠送小包装的新产品、金额较低的小件商品、买多少件则送多少件等形式，使消费者快速地熟悉企业的产品，刺激他们的购买欲望。通过买赠可以让产品迅速打开市场，为企业赢得稳定的利润。值得注意的是，在赠品的选择上，最好是与产品有联系，在控制自身成本的基础条件下，保证质量，从而提高商家和品牌的形象。其主要目的是提高新品认知率、提高支付转化率。主要形式如下。

（1）赠品是新品

通常会推出试用装、迷你装，让用户尝试性使用这部分商品，不会单独在市场销售，这样可以避免定价冲突的问题，提高新品认知率。其目的是带动销售、测试市场反馈。前者会捆绑大销量的产品推出，投入的成本比较大且不好监控效果数据。后者是定向对小范围市场投放，会锁定一定的市场范围用来做数据样本。

（2）赠品是金额较低的小件商品

用户在买商品时，以另外有价物质或服务等方式来直接提高商品价值。其目的是通过直接的利益刺激达到短期内销售量的增加，提高支付转化率。赠送金额较低的小件商品能给买家实惠的感受。主要体现在：物质实惠，一定面值的货币能换取更多的同质商品，买家会很乐意的；精神实惠，购买后的客户心理反应，愉快的购后美感，这种实惠加深了客户对该商家的印象，有利于加深商品的竞争力。

（3）赠品是买多少件则送多少件同一商品

卖家对于一些滞销的产品可以通过买多少件则送多少件同一商品的方式，进行清仓销售。商品在淡季的时候，也可以通过这种方式在淡季的时候吸引客流，提高支付转化率。

2．限时购

限时抢购又称“闪购”，是指限制在某个时间段内进行购买。闪购模式即是以互联网为媒介的 B2C 电子零售交易活动，以限时特卖的形式，定期定时推出国际知名品牌的商品。一般以原价 1～5 折的价格供专属会员限时抢购，每次特卖时间持续 5～10 天不等，先到先买，限时限量，售完即止。其主要目的是提高限时商品下单率、提高支付转化率。

3．特价

特价是一种比市场价格要低的一种商品价格，以较市场价偏低的价格、以接近成本价的价格，在同种商品中脱颖而出，对消费者更具有吸引力，从而占有更大的市场份额。成规模的商家往往主打价格优势，以特价的形式，赢得自己的市场空间，在竞争激烈的市场空间中，薄利多销成为众多商家制胜的法宝。其主要目的是减少库存量、提高支付转化率。

特价促销应注意输入特价后的金额，特价是划线价后的价格，一般为直接将商品的原价调低至较低的现价，在某个时间段清库存或回馈用户时推出，以吸引消费者购买。特价可以吸引人气，在促进商品销售方面作用非常突出。但长期做特价会损害品牌形象，透支店铺利润。因此，采用特价的促销手段要慎重。

4. 预售

预售是指在产品还没正式进入市场前进行的销售行为。对于一些设计、发明类的产品，可以通过预售来了解该种产品是否有市场，特别是针对一些只能通过批量化生产的产品而言，通过预售达到一定量后才可以投入生产，有效规避了生产存在的风险。在预售过程中没有成功的产品，表明该产品的实用性以及受欢迎度有待考究与论证，这是一种规避批量化生产造成浪费以及进行市场调研的很好方法。其主要目的是提高用户黏性，进行市场调研，避免批量化生产造成浪费。

5. 加价购

加价购是为了促销商品而进行的一种促销手段，是在用户原来购买的基础上，只要再少增加一部分费用就可以再购得原价比较高的商品，其主要目的是提高带货率。

加价购采用牺牲第二件产品的利润方式，可以吸引人气，刺激消费，增加营业额，并增加整体利润。往往第二件产品是不盈利的，会透支店铺利润率。为达到刺激客户购买产品时，送的东西要对客户有吸引力，因此，产品选择很重要。每种商品，对自己的客户而言，都有可感知的价格范围。

6. 换购

换购是卖家为了能够吸引买家们到其店铺来进行购物和浏览产品信息，而推出的一种促销方式，只要买家在其店铺进行购物，就可以换取一些产品。其主要目的是吸引人气，增强老客户对品牌的忠诚度。

换购要考虑到店铺的经营成本和利润，不是所有的产品都适合参加换购活动。当找到可以换购的产品时，就可以将产品加入购物车。在加入购物车后，就能在购物车找到相关的商品，并且还有换购这样一个选项，再点击换购。换购不仅让客户得到了优惠，也提高了店铺的销量和转化。

## （二）多品促销类型

1. 满减

满减是消费者消费金额达到了商家或者活动规定的一定金额以后，减去规定中相应优惠的部分比例。满减促销是商家打出的促销活动，购物者只要购买满相应商品，价格即可得到一定的减价优惠，其主要目的是提升客单价。对于大单价商品来说，可以做单品满减促进该商品的转化率；对于小单价的商品来说，主要是促进店铺的整体转化率并提升客单价。满减活动主要是满足了用户觉得买得便宜、价格超值的用户心理。主要形式如下。

（1）普通满减

普通满减（减金额）：“满减多少元”是在消费达到规定金额后，可以在总价基础上减免固定金额。

普通满减（减折扣）：“满减折”是在消费达到规定金额后，可以享受总价进行折扣。

普通满减（满减券）：“满减券”是在消费达到相应的金额后，可以用来抵扣商品部分价格的一种券。平台发送的平台券，目的是提升店铺转化率和客单价的作用，最好的效果是客户最后在使用平台券的时候带动多个店铺的销量。

（2）每满减

每满减是指单次消费每满规定金额后，就可以在总价基础上减少固定金额。

（3）阶梯满减

阶梯满减是指每满不同的金额可减对应不同金额或折扣。

（4）百分比满减

百分比满减是指单次消费满规定金额后，总金额可减免固定比例。

（5）商品池满减

在参加活动的多种商品类型中，用户需要购买两种以上不同类型的商品，且满足总金额的要求，才可以享受优惠。这种一般形式是配置日用品，消费者抱着早晚都要用的心理，果断囤货。

### 2. 满赠

满赠是指消费者购买商品满一定金额时，可获得商家赠送的另一种物品。赠品分为自动赠送以及购物车领取两种形式。满返满赠活动细则应以参与的具体活动规则为准。其主要目的是提高用户对新品的认知率，通过赠送金额较低的小件商品来提高商品价值，清商品库存，提升客单数。主要形式如下。

（1）普通满赠。

（2）阶梯满赠。

（3）普通满件赠。

（4）阶梯满件赠。

### 3. 满件折

满件折指的是买家所购买的商品满足一定数量后立刻享受相应的优惠的营销方式。通常为满多少金额可以打多少折叫作“满件折”。其主要目的是清库存、提升客单数。主要形式包括减免金额、减免百分比、减免件数。

满件折的使用场景多数是服饰类的商品，因为服饰要搭配，存在一次买多件的可能性，满件折活动比较适合高频消费品。通常，当某个商品存在一次买多件可能性的时候，可以考虑使用满件折优惠。

### 4. 套装

套装，是在活动有效期内，同一用途的多个商品组合在一起，将几种商品组合销售并给予客户一部分让利的促销方式，实现带动相关商品的销售，提升客单价的目的，其主要目的是连带销售。活动有效期，在单品页、购物车显示套装提示。活动过期后，不再有套装提示。主要形式包括套装直降、套装包邮。

### （三）综合促销类型

1．会员促销

评价和销量上竞争力远不如会员的关注，这就需要充分调动起会员的购买欲望。对于会员的新品活动可以设置好门槛，进行提前预售。指定参加活动的门槛，这样既增加了会员的黏性，又能很好地提高新品的流量和转化率。

会员促销是将老客户纳入会员系统进行管理，使老客户独享一定的会员优惠和服务。会员促销通过给特定人群让利的促销手段，可以提升消费者对品牌的美誉度和忠诚度，稳定和促进店内销售额。一定要坚守原则，只能让特定的人群享受特殊的优惠，这样才能体现活动的严谨性和稀缺性。一般通过搭建会员机制开展相关会员活动，主要包括积分、分享、关注、签到、抽奖大转盘、群聊等促销活动。

2．新客户促销

（1）团购

团购本质也是打折，薄利多销。设置团购商品价格低于正常价格，吸引流量。团购最大的好处就是能够获得非常多的客户，同时为店内其他商品的销售带来可能。拼团是一种免定金的预售。通过开团、参团、分享的模式在社交圈中快速传播，而且利用熟人关系的链接订单转化率高，可以迅速拉新，在群聚效应下可快速成团。团购应该根据不同商品的需求量设计成团人数，快消商品的成团人数可以较大，电器类商品的成团人数需要减少。为了促进成交量，运营人员应积极观察未成团的人数平均值，及时调整同类商品的成团人数。

（2）砍价

砍价的核心是一种引流拉新的手段。用户通过转发砍价页面给好友获得以低价甚至是 0 元购买商品的资格。新用户参与砍价时，帮助砍掉的比例远远高于老客户，因此，砍价玩家总是在争抢周围的新用户资源。在砍价营销中，应注意每人砍价时间、砍价次数、商品底价、老用户每次砍价范围、新用户每次砍价范围、每人限制次数等。

3．节日促销

掌握消费需求，就能策划出更有效的促销活动。节日促销分为节假日促销、淡旺季促销等。节假日促销很重要，要搞好节假日促销的策划，关键是抓好不同节日的消费热点，有新意才能有吸引力；淡旺季的促销，要避免过于重视旺季的促销，而忽略淡季的重要性；淡季促销同样也要进行相应的促销。不过淡季促销的重心在推广，兼销售，为旺季促销打基础。节日促销是利用消费者的节日消费心理，加大折扣力度，从而吸引大量消费者来购物消费。

## 三、网店营销活动安排

### （一）活动准备期

需要做好活动的分析工作，活动策划需要考虑工作要点。

1．活动目的

一般活动目的包括清仓、周年庆、节日促销、回馈老客户、客户体验等。活动之前，一定要把活动目的展示在客户的面前，否则，容易让客户误解店铺的商品是不是卖不出去了，所以才打折清货。这样会影响活动的效果，降低客户满意度。活动要安排得生动。

2．活动规则

如果是参加淘宝官方活动或第三方平台的，都会有活动的规则，需要了解清楚。店铺内的活动也要明确活动规则，确保各部门都能做到一致。

3．产品选择

产品选择，必须以市场数据和活动目的为导向，对产品进行筛选，然后再结合自身的产品供应链来作出判断。两个方面的产品数据需要重点关注：一方面，关注行业内的宏观数据；另一方面，关注单品的微观数据。

4．活动形式

活动安排切勿过于复杂，因为客户在选择活动时，耐心往往是有限的。做店铺活动时，活动形式不要超过三种，而且在定活动折扣时，要与上级协商好，以免泄露底价。

5．活动预热造势

活动结果能否达到预想，很大程度取决于店铺预热阶段。做得好，可以事半功倍。很多活动不成功，往往是活动前期预热阶段重视不够。

### （二）活动引爆期

1．跟踪活动情况

（1）流量跟进：活动流量是否达到预期的效果？流量结构是否跟预期有所出入？流量出入的问题在哪儿？

（2）销量跟进：活动产品的销量是否达到预期效果？分析产品销量变化的原因是什么？客服转化水平如何？流量是否不足？产品价格是否合理？客户购买的时候关注点是什么？

（3）库存跟进：若出现需求旺盛库存不足，是否能调配资源？若出现库存积压，后续是否有解决办法？

（4）紧急状况：库存超卖怎么办？电子商务系统出现问题如何解决？旺旺咨询量是否超出承接范围？突然停电停网如何应对？

（5）应急措施：对症下药、调整价格、调整客服、调整设备等。

2．岗位之间的沟通

（1）客服分工：售前客服专门开辟团单渠道，让团单不因为大促而遗漏；催款客服安排专人分别负责短信、电话、旺旺等方式的催款；售后客服则分为处理退款、与仓库对接异常订单、处理投诉等专职人员。

（2）推广分工：及时跟进流量变化，找准价值流量如何加大推广力度；及时跟进产品变化，对关联较好的产品或者流量关联较大的产品进行及时调整。

（3）美工分工：关注客服提供信息，在经常出现相同问题时，迅速调整页面，减少客服压力；关注产品变化，对售罄产品和关联较好产品及时优化页面位置。

## （三）活动后工作

### 1. 异常订单的处理

对购买未付款信息进行催付；对信息问题订单跟进；对产品问题订单跟进；对部门衔接问题跟进。

### 2. 发货速度

（1）部门监控

订单从前台流转到审单组再到仓库，每一个环节都应该有处理异常的机制，正常订单的流转速度不能因为异常订单而停止，每一个异常订单，都应该有专人去跟进解决，不能让其成为影响店铺评分的定时炸弹；在单品大促期间，订单如果流转不通畅，可能会让整个发货体系崩溃。

（2）发货速度提升

调配人力资源扩充发货团队，发货和活动同时进行。在 72 小时内，无论如何都要发完，如果发不完，售后问题会让店铺烦恼不断。

（3）检查发货流程

确保出库准确迅速、有条不紊，尽量减少人为的漏发或错发。

（4）跟进物流情况

对已经出库在路上出现异常的订单，及时与快递企业沟通，同时尽量主动向客户解释快递问题。

### 3. 调整产品价格

活动结束后，流量会下降，但是整体来看，仍然比日销流量要大；相关库存较大的产品针对性调整；活动产品的价格，慢慢提高，最好在三天之后恢复正常价格。调整过早，不利于充分消化活动尾期流量；调整太晚，会让活动期间购买的客户产生认知失衡，会增加店铺退款率、不利于店铺 DSR 评分。

### 4. 开展会员维护

统计买家的信息，建立数据库，对消费者进行友好添加，完善会员标签。

逐级区分管理会员，根据消费客单价对消费者进行会员等级分类，优先对高客单价消费者进行后续服务。

后期展开回访活动，适当地开展精准的客户营销，促成回头购买率，要让大促积累下来的用户成为店铺的流量红利。

### 5. 活动复盘

（1）产品偏好信息方面

在活动中销量好的产品是否有共性？客户对店铺产品的欣赏视点在哪里？后续店铺主要

产品的推广方向如何？

（2）客户偏好信息方面

分析大部分客户在进行购买行为的时候，询问产品的哪部分？客服在沟通的时候，客户看中的卖点是什么？

（3）流量结构信息方面

分析活动期间主要的流量有哪些？哪方面的流量更加精准、转化率更高？活动流量与店铺平时流量质量差距主要体现在哪里？

## 四、单元思考

### （一）判断题

1．部分滞销产品的陈列会占据一定的店铺货架空间，使新进款式无法正常上货，影响了商品的更替循环。（　　）

2．限时购营造了紧张的氛围，每个场景推出的时间短暂，可反复多次使用。（　　）

3．满赠是指购物满一定金额的情况下获得赠品，赠品分为自动赠送和购物车领取两种形式。（　　）

4．选择产品，必须以市场数据和活动目的为导向。（　　）

### （二）简述题

1．简述店铺营销活动准备期的安排。

2．简述店铺营销活动引爆期的安排。

3．简述店铺营销活动活动后的安排。

4．简述店铺单品促销活动形式。

5．简述店铺多品促销活动形式。

6．简述店铺综合促销活动形式。

### （三）课堂讨论

当店铺申请参加大促活动时，有时会出现如下提示：

天猫商城活动海选审核不通过提示："您的店铺综合排名不符。"

亲爱的商家，基于品牌知名度、活动契合度、消费者喜好度、店铺经营情况等综合因素评估，您的店铺暂无法参与本次营销活动，感谢您对本次活动的关注。

亲，活动确实无法让所有商家都能参与，我们会根据商家店铺的总体资质、行业排名进行分析。如提示您无法报名，建议您选择其他活动报名。

讨论：当店铺无法参加大促活动时，应该如何应对。

**知识映射：**从错过中理解过错。

## 五、实战操练：店铺月度营销计划

**知识映射：**通过实践，解决店铺营销计划制订的问题。

## （一）任务导入

正在参加实习的李明，对电子商务专业有着无限的热爱。虽然实习期从事的只是电子商务的基础工作，但他深知只有打好基础才能有更好的发展。李明的目标是做一名网店运营主管，老师告诉他运营主管首先需要学会安排活动时间。

现在李明就跟老师学习营销计划安排，对当月天猫平台开展的活动有较全面的了解，并安排对应的促销计划。

## （二）操作思路

1．通过搜索“淘宝天猫活动表”的关键词，找到当年淘宝天猫的活动表，选择对应月份的活动数据。

2．根据对应数据制作店铺月份营销计划甘特图。

根据查找的对应月份的活动数据制作店铺月份营销计划甘特图。

（如：https://www.hishop.com.cn/ecschool/wztb/huodong/show_31199.html）

## （三）小试牛刀

通过搜索引擎搜索“淘宝天猫活动表”的关键词，找到当年当月淘宝天猫的活动表，按照当月活动安排制作店铺月份营销计划甘特图。

# 参考文献

[1] 黄睿，朱慧洋，夏治坤．企业经营数据分析［M］．微课版．北京：人民邮电出版社，2022．

[2] 王力建．新媒体和电商数据化运营［M］．2版．北京：清华大学出版社，2022．

[3] 贾俊平，何晓群，金勇进．统计学［M］．8版．北京：中国人民大学出版社，2021．

[4] 黄成明．数据化管理：洞悉零售及电子商务运营［M］．北京：电子工业出版社，2021．

[5] 胡超．极简市场营销：完整体系和落地打法［M］．北京：北京联合出版有限公司，2020．

[6] 蒋晖．淘宝天猫网店运营从入门到精通［M］．北京：人民邮电出版社，2019．

[7] 杨飞．流量池［M］．北京：中信出版社，2018．

[8] 贾真．淘宝天猫店是如何运营的［M］．北京：电子工业出版社，2017．

[9] 夏治坤，支侃．SEO 搜索引擎优化教程［M］．上海：上海交通大学出版社，2016．

[10] 阿里巴巴商学院．数据化营销［M］．北京：电子工业出版社，2016．

[11] 夏治坤．网络营销教程：基于工作过程［M］．北京：北京交通大学出版社，2014．

[12] 蔡德容，王赞新．论消费时间的价值和性质：对消费者剩余的再认识［J］．消费经济，2004（2）：61-63．

[13] 用公式拆解法分析客单价变化问题，知乎，2021-02-26，https://zhuanlan.zhihu.com/p/353095140．